中国轻工业"十四五"规划教材

职业本科 **智能制造领域** 产教融合新形态教材

智能生产线
数字化工艺仿真及应用
（NX MCD）

主　编　王明伟　姜　翰
副主编　张　尧　张文超　赵秀君
参　编　王　珍　郭方营　张苗苗　张海波　李小虎
　　　　李孟龙　谢灿宇　刘　澳　刘绍亮

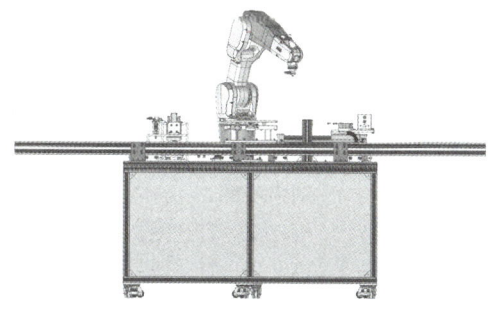

机械工业出版社
CHINA MACHINE PRESS

本书详细讲解了智能生产线从设备建模到虚拟仿真，再到虚拟调试的全过程的相关理论知识和技能操作方法。全书共有6个项目：项目1主要基于西门子机电一体化概念设计(NX MCD)认识装备虚拟调试；项目2介绍了原料库的工艺仿真；项目3介绍了装备内部的信号控制仿真；项目4介绍了装备软件的在环虚拟调试；项目5介绍了包装工作站的工艺仿真；项目6介绍了仓储工作站的工艺仿真。本书内容涵盖了设备的虚拟仿真、内部信号仿真和虚拟调试。

本书内容由浅入深、循序渐进、图文并茂、实操性强。可作为高等院校和职业本科院校智能制造工程技术、机械电子工程技术和自动化技术与应用等专业相关课程的教材或教学参考书，也可作为从事相关工作的工程技术人员的参考用书。

本书配有微课视频，可扫描书中二维码直接观看，还配有授课电子课件、习题答案等，需要的教师可登录机械工业出版社教育服务网www.cmpedu.com免费注册后下载，或联系编辑索取（微信：13261377872，电话：010-88379739）。

图书在版编目（CIP）数据

智能生产线数字化工艺仿真及应用：NX MCD / 王明伟, 姜翰主编. -- 北京：机械工业出版社, 2025.8.
（职业本科智能制造领域产教融合新形态教材）. -- ISBN 978-7-111-78802-7

I. TP278

中国国家版本馆CIP数据核字第2025X5N008号

机械工业出版社（北京市百万庄大街22号　邮政编码100037）
策划编辑：曹帅鹏　　　　　　　　　责任编辑：曹帅鹏　戴　琳
责任校对：王文凭　王小童　景　飞　责任印制：任维东
唐山楠萍印务有限公司印刷
2025年9月第1版第1次印刷
184mm×260mm・13印张・280千字
标准书号：ISBN 978-7-111-78802-7
定价：55.00元

电话服务　　　　　　　　　　网络服务
客服电话：010-88361066　　　机　工　官　网：www.cmpbook.com
　　　　　010-88379833　　　机　工　官　博：weibo.com/cmp1952
　　　　　010-68326294　　　金　书　网：www.golden-book.com
封底无防伪标均为盗版　　　　机工教育服务网：www.cmpedu.com

前言
PREFACE

随着制造业与信息技术的不断发展和进步，尤其在新一代信息技术及工业技术迅猛发展的推动下，制造业正面临信息新时代带来的巨大冲击与挑战。为此，各国提出了相应的发展战略，如德国的"工业4.0"、美国的"工业互联网"和英国的"工业2050"等战略。两化融合、互联网+以及新型工业化战略的不断深入推进和深化发展，对推进我国制造业数字化转型、网络化协同和智能化变革，实现制造业的高质量发展具有重要意义。

生产线作为工业自动化的核心组成部分，是现代工业中应用非常普遍的生产体系。智能生产线作为智能制造的一种重要表现形式，更能反映工业智能化水平。智能生产线是在专业化和自动化生产线相结合的基础上，通过将大量智能设备、智能元器件应用到产品加工关键环节，同时在其他生产环节应用自动化技术，从而实现物料、设备和工装等的自动识别、搬运和装夹。相比于传统生产线，智能生产线更多依赖于智能化的生产流程，节省了人力、物力和财力，提高了企业的竞争力。然而，智能生产线在无人柔性生产过程中也面临着一些困难，尤其是存在着生产线组装调试周期长、优化实施难、监控不准确以及预测维护难等关键问题。

利用数字孪生技术可以通过建造生产制造的虚拟仿真模型，利用生产线的历史数据、实时数据等信息，建立物理空间与虚拟空间的交互链接，实现物理本体与虚拟模型之间的不断迭代循环和交互反馈，以达到虚实融合的目的。通过在信息空间中建立生产线的数字化模型与仿真环境，以虚拟仿真的方式完成生产线的优化以及优化方法的验证，然后将优化数据导入实际生产线，实现生产优化。利用数字孪生技术对智能生产线的应用进行研究，能够帮助制造企业在生产线建设及投产前，在虚拟空间中对拟建生产线进行建模仿真、调试验证以及分析优化，尽早发现生产线中的缺陷和问题；同时，能够在生产线实际运行过程中，对生产过程进行可视化监控和设备预测性维护，以提高生产线智能化水平，从而实现生产过程优化。

MCD 是基于 Siemens PLM Software 的 NX 系列产品，主要用于机电一体化产品零件和组件运动行为的模拟，从而实现机构的虚拟仿真和评估。NX MCD 集机械、电气和自动化设计于一体，可以进行多学科协同设计。借助 MCD 中基于物理场的交互式仿真，动力学模型的运动行为与物理世界中真实设备的行为是一样的，亦即"所见即所得"。MCD 还具有面向其他工具和学科的开放式接口，支持软件在环和硬件在环的虚拟调试。

TIA 博途是将工程组态和软件项目环境相结合，以支持基于模型的虚拟调试并通过控制组件与机器或系统的机电系统进行交互。实现这一目标的关键是 S7-PLCSIM Advanced 高级仿真器，它支持生成虚拟 PLC，以模拟 S7-1500 或 ET 200SP 硬件，同时支持将虚拟 PLC 连接到 NX MCD 仿真平台，在系统或机器环境中对机电一体化设备进行全面验证。

本书着眼于数字孪生这一前沿技术，按照由易到难、由部分到整体的设计思路，围绕数字孪生技术在企业中的具体应用，详细讲解了智能生产线的设备建模、虚拟仿真、内部信号仿真和虚拟调试的全过程，同时还介绍了生产线的操作方法以及相关的理论知识和技能操作要点。

本书基于成果导向的模式编写，将来源于企业的实践案例分解成项目，再细化到任务，详细讲解了任务完成过程中用到的理论知识和实践技能，条理清晰，目标明确，可操作性强。同时，本书参考《生产线数字化仿真应用职业技能等级标准》，对接职业技能要求，更具有实用性。

本书由大连工业大学王明伟教授、科斯特数字化智能科技（深圳）有限公司姜翰总经理任主编，张尧、张文超和赵秀君任副主编，参编人员有王珍、郭方营、张苗苗、张海波、李小虎、李孟龙、谢灿宇、刘澳、刘绍亮。本书在编写过程中参阅了相关著作，以及有关期刊、互联网资料。同时本书获得了中国轻工业"十四五"规划教材立项支持，在此表示衷心感谢！

由于编者水平有限，书中内容难免有不当之处，恳请各位读者不吝斧正。

编　者

目录

前言

项目1　认识装备虚拟调试　1

项目描述　1
技能证书要求　2
学习目标　2
学习导图　2
任务1.1　认识基于NX的虚拟调试技术　3
　任务提出　3
　知识准备　3
　　1.1.1　虚拟调试技术　3
　　1.1.2　虚拟调试的目的　4
　　1.1.3　虚拟调试的优点　4
　　1.1.4　NX 简介　5
　　1.1.5　NX MCD 简介　6
任务1.2　安装NX软件　7
　任务提出　7
　知识准备　7
　　1.2.1　NX软件的安装环境　7
　　1.2.2　NX软件安装的注意事项　8
　任务实施　8
　　1.2.3　NX 软件安装　8
　　1.2.4　NX界面介绍　12
练习题　15

项目2　原料库工艺仿真　16

项目描述　16
技能证书要求　17
学习目标　17
学习导图　17
任务2.1　原料库基本机电对象创建　18
　任务提出　18
　知识准备　18

  2.1.1 伺服模组介绍 18

  2.1.2 伸缩气缸介绍 21

  2.1.3 软件术语及指令 23

 任务实施 25

  2.1.4 原料库站点的模型处理 25

  2.1.5 创建基本机电属性 26

任务2.2 原料库仿真序列的创建 39

 任务提出 39

 知识准备 39

  2.2.1 立体库介绍 39

  2.2.2 工艺过程分析 40

  2.2.3 软件术语及指令 41

 任务实施 41

  2.2.4 条件序列的创建 41

  2.2.5 执行序列的创建 45

 练习题 51

项目 3　装备内部信号控制仿真 52

项目描述 52

技能证书要求 53

学习目标 53

学习导图 53

任务3.1 信号对象设置 54

 任务提出 54

 知识准备 54

  3.1.1 信号的定义及应用 54

  3.1.2 MCD信号 55

  3.1.3 软件术语及指令 55

 任务实施 57

  3.1.4 装备输出信号创建 57

  3.1.5 装备输入信号创建 61

任务3.2 信号控制仿真 65

 任务提出 65

 知识准备 65

  3.2.1 控制逻辑 65

  3.2.2 信号与设备的映射 66

  3.2.3 软件术语及指令 67

任务实施 69
　　　　3.2.4　逻辑关系指定 69
　　　　3.2.5　信号控制仿真验证 71
　练习题 79

项目4　装备软件在环虚拟调试　80
　项目描述 80
　技能证书要求 80
　学习目标 81
　学习导图 81
　任务4.1　虚拟环境搭建及通信 81
　　任务提出 81
　　知识准备 82
　　　　4.1.1　在环测试 82
　　　　4.1.2　MCD通信方式 83
　　　　4.1.3　软件术语及指令 85
　　任务实施 85
　　　　4.1.4　虚拟软件设置 85
　　　　4.1.5　MCD通信建立 88
　任务4.2　PLC程序的虚拟调试 90
　　任务提出 90
　　知识准备 90
　　　　4.2.1　PLC编程 90
　　　　4.2.2　软件术语及指令 91
　　任务实施 96
　　　　4.2.3　PLC程序编辑 96
　　　　4.2.4　MCD虚拟调试 109
　练习题 115

项目5　包装工作站仿真　116
　项目描述 116
　技能证书要求 116
　学习目标 117
　学习导图 117
　任务5.1　包装站点仿真设置 117
　　任务提出 117
　　知识准备 118
　　　　5.1.1　包装站点认识 118

	5.1.2 包装站点设备介绍	118
任务实施		120
	5.1.3 包装站点的模型处理	120
	5.1.4 包装站点的机电对象设置	123
任务5.2 包装站点仿真创建		155
任务提出		155
知识准备		155
	5.2.1 包装站点工艺过程	155
	5.2.2 包装站点工艺过程仿真	156
任务实施		156
	5.2.3 工作站操作创建	156
	5.2.4 仿真验证	166
练习题		168

项目6　仓储工作站仿真　　169

项目描述		169
技能证书要求		169
学习目标		170
学习导图		170
任务6.1 仓储站点仿真设置		170
任务提出		170
知识准备		171
	6.1.1 仓储站点认识	171
	6.1.2 仓储站点设备介绍	171
任务实施		173
	6.1.3 仓储站点的模型处理	173
	6.1.4 仓储站点的机电对象设置	176
任务6.2 仓储站点仿真创建		192
任务提出		192
知识准备		193
	6.2.1 仓储站点工艺过程	193
	6.2.2 仓储站点工艺过程仿真	194
任务实施		194
	6.2.3 仓储站点操作创建	194
	6.2.4 仿真验证	197
练习题		198

参考文献　　199

PROJECT 1

项目 ①

认识装备虚拟调试

项目描述

装备虚拟调试（Virtual Commissioning，VC）是一种通过计算机仿真技术在虚拟环境中对制造设备或生产线进行调试和验证的方法。它在实际设备安装和运行之前进行，旨在确保设备设计和控制逻辑的正确性，从而减少实际调试的时间和成本，避免潜在的问题。通常使用 NX（Siemens NX）软件进行装备虚拟调试，从而完成设备生产前的调试和验证。在进行虚拟调试之前，需要掌握虚拟调试技术的相关理论知识、NX 软件及其安装步骤。利用虚拟调试技术进行码垛机虚拟调试的场景如图 1-1 所示。

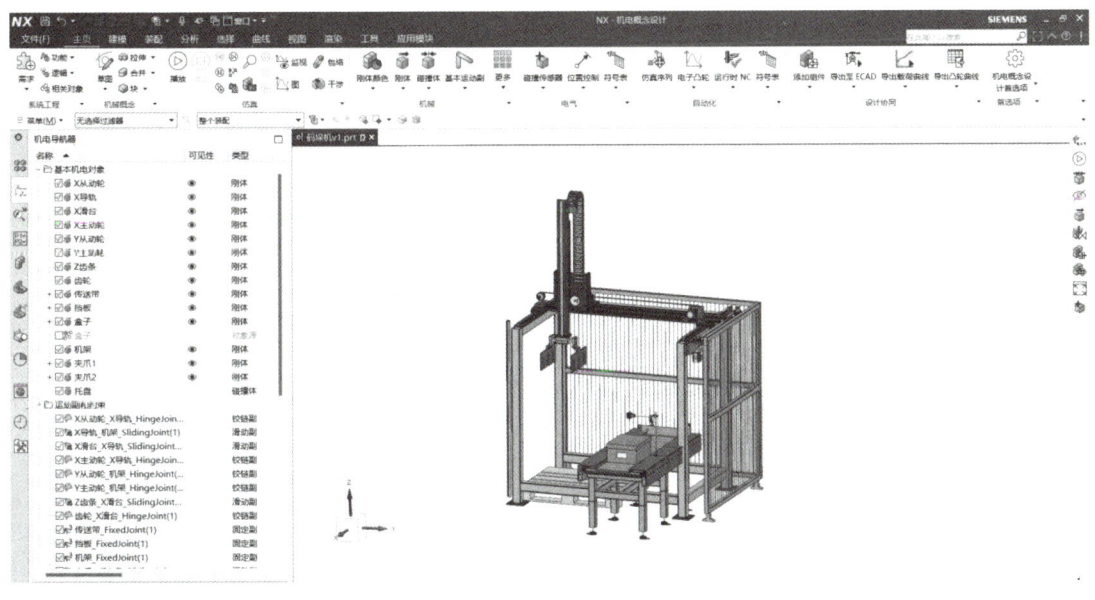

◆ 图1-1 码垛机的虚拟调试 ◆

技能证书要求

对应 1+X 生产线数字化仿真应用证书技能点	
初级	能够根据图纸、模型等资料，确认驱动机构
	能根据设备的运动要求，定义各个运动机构的运动参数及极限位置
	能够根据生产线工艺及运动机构的运动关系，建立仿真顺序
中级	能够根据动作原理进行结构分析
	能够根据动作原理对运动部件进行关系定义并建立约束
	能够根据信号映射的要求，将仿真 PLC 与仿真软件之间的通信采用虚拟方式进行连接
高级	能够根据生产线实际需求，利用现有软硬件资源进行工艺分析规划
	能够根据生产线设备机械结构原理，对运动关系进行约束限位
	能够根据生产线工艺要求，导入并调试物理 PLC 的程序
	能够根据仿真需求，设置仿真软件中的信号适配器

学习目标

1. 了解虚拟调试技术的定义、目的及优势。
2. 了解 NX 软件的定义、功能及作用，并能够熟悉 NX 软件的安装环境。
3. 掌握 Java 和 NX 软件的安装步骤，并能够正常打开 NX 软件。
4. 掌握 NX 软件 MCD 模块的常见功能和指令，并能够熟练使用常见指令。

学习导图（图 1-2）

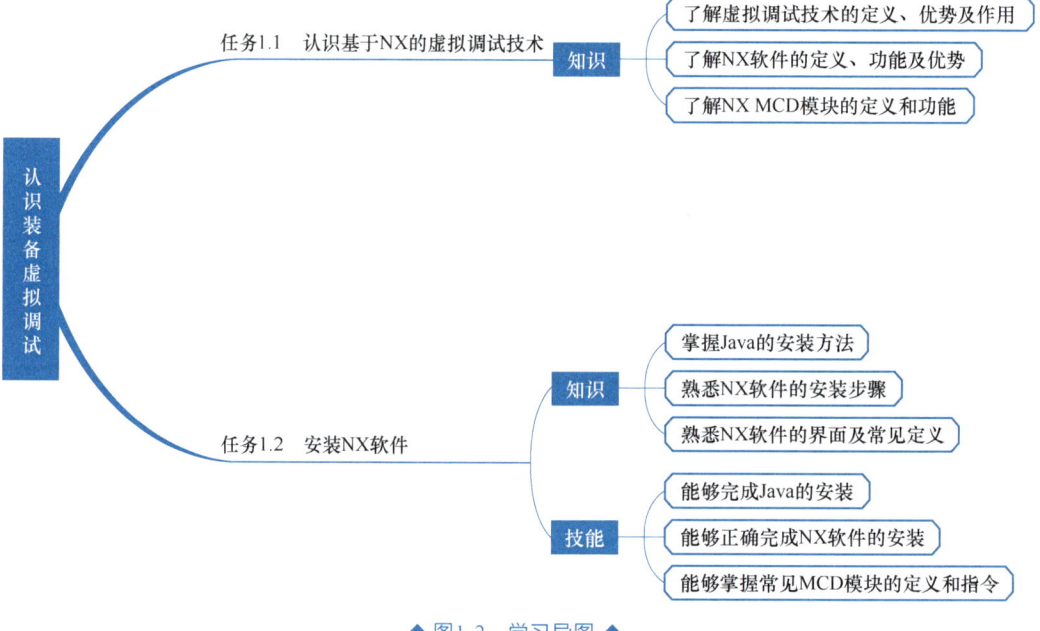

◆ 图 1-2　学习导图 ◆

任务1.1 认识基于NX的虚拟调试技术

虚拟调试技术是一种在制造和工程领域中应用的先进技术，旨在通过计算机仿真和建模，在虚拟环境中进行系统和设备的调试。它主要用于验证和优化自动化系统、生产线和机械设备的设计和控制程序，从而在实际部署之前识别和解决潜在问题。

目前，用于虚拟调试的工程软件有很多，例如 Siemens NX、Siemens Tecnomatix、Ansys、CATIA 等。由于项目需求，本书使用的工程仿真软件是 NX 2206。NX 软件是西门子公司开发的一款 CAD/CAE/CAM 综合性软件系统，广泛应用于产品设计、工程分析和制造过程中的各个环节，在工业生产中发挥着至关重要的作用。

任务提出

在工作过程中，请结合表 1-1 中的内容了解本项目的任务和关键指标。

表1-1 任务书

任务名称	认识基于 NX 的虚拟调试技术	任务来源	企业综合项目
姓名		实施时间	
任务描述	本任务是"认识基于 NX 的虚拟调试技术"。在任务进行之前，要了解虚拟调试技术，主要包括虚拟调试技术的定义、目的、优点这三个方面。通过任务实施，主要掌握 NX 软件的相关知识，包括 NX 软件的定义、模块、作用，尤其要重点掌握 NX 软件的 MCD 模块。通过任务学习，在进行虚拟仿真之前，对虚拟调试技术，尤其是 NX 软件进行深入了解，为后期使用 NX 软件进行虚拟仿真工作打下理论基础		
关键指标要求	1. 虚拟调试技术的定义 2. 虚拟调试的目的 3. 虚拟调试的特点和优势 4. NX 软件的定义、功能、优势 5. MCD 模块的功能及作用		

知识准备

1.1.1 虚拟调试技术

虚拟调试其实就是通过虚拟技术创建出物理制造环境的数字复制品（虚拟装备模型），以测试和验证产品设计的合理性，即在虚拟环境（计算机）下完成和现实环境中一模一样的事件操作。例如，在计算机上模拟某产品的整个生产过程，包括机器人和自动化设备、PLC、变频器、电机等单元。

具体来说，虚拟调试技术就是在虚拟环境（计算机）中调试软件代码，通过虚拟仿真来验证设备自动化实现过程，再将调试合格的软件代码复制到真实设备中，从而大幅度缩短调试周期。与传统调试不同的是，虚拟调试技术可以在现场实施前期，直接在虚拟环境下对机械设计、工艺仿真、电气调试等进行整合，让设备在未安装之前就完成调试。

1.1.2 虚拟调试的目的

众所周知，发生自动化编程和软件错误时可能要付出高昂的代价，特别是在生产过程中才发现这些错误，就需要花费大量的时间和金钱去纠正。而使用虚拟调试来提前编程和测试产品，可以减少过程停机时间，同时降低将设计转换为产品的过程风险。

虚拟调试必须在整个工厂或生产线的全过程中进行整合，才能充分发挥其应有的潜力，即虚拟调试将贯穿整个工厂或生产线，从规划、设计、施工、设备安装到调试等的工程阶段。

1.1.3 虚拟调试的优点

系统集成商和工厂工程师们最能在日常工作中体会到虚拟调试的种种好处，大致可以归纳为以下几点。

1）验证设备的可行性。虚拟调试允许设计者在设备生产之前进行修改和优化，解决设备的设计开发过程中难以预测到的生产和使用过程中可能会出现的问题，从而避免造成硬件资源的浪费。

2）数字模型（虚拟装备）的使用可以降低更改流程的风险，方便复制/重建现有生产线或工厂，满足数量大、工期紧的产品生产需要。例如汽车制造工厂在制造与装配产品时，可以使用虚拟调试重新编程数百台机器人，而不需要花费大量时间在现场停机进行调试。

3）有利于软件开发与上下游流程（机械、电气、安装、介质供应、运输）解耦，减少调试崩溃，可在工厂/生产线搭建或者工艺变更前完成软件错误检测和优化，降低昂贵的修改成本，因为在虚拟环境中构建和测试设备是非常节省成本和时间的。在测试过程中可以及早发现错误，甚至可以预见未来的挑战，最终以最可靠的方案进行生产，有效降低传统制造停机或生产损失的风险。

4）缩短工期。项目整体调试时间显著缩短，工厂/生产线的启动时间可缩短60%左右，产品交货时间可缩短20%左右。

5）减少现场调试次数，缩短现场调试时间，降低差旅成本。

6）方便进度跟踪，减少项目管理中的风险。

7）可以在项目初期就开始对机器/工厂操作人员进行培训。

8）提高操作者对交付设备的信任度。

9）将编程工作从工厂现场转移到办公室。

虚拟调试在复杂的自动化项目中具有显著优势。如果有多个控制系统，虚拟调试可以在不同系统的同一个仿真模型中对机器人代码进行仿真。同时，PLC也可以集成到程序中，从而使整个加工单元的自动化技术得以投入运行。

1.1.4　NX 简介

1. NX 技术

NX 是由西门子数字化工业软件（Siemens Digital Industries Software）开发的高级 CAD（计算机辅助设计）、CAM（计算机辅助制造）和 CAE（计算机辅助工程）集成软件套件。它用于产品设计、工程分析和制造规划，是制造业中广泛使用的工具。NX 技术能够支持从概念设计到生产制造的整个产品生命周期，提供了强大的功能和灵活性。

同时，NX 是一个交互式 CAD/CAM 系统，功能强大，可以轻松实现各种复杂实体及造型的建构。它在诞生之初主要基于工作站，但随着 PC 硬件的发展和个人用户的迅速增长，在 PC 上的应用取得了迅猛的增长，已经成为模具行业三维设计的主流工具之一。

2. NX 的优势

利用 Siemens NX 软件可以使企业通过新一代数字化产品开发系统实现向产品全生命周期管理转型的目标。NX 包含了企业中应用最广泛的集成应用套件，可用于产品设计、工程和制造全范围的开发过程。以下是 NX 软件的主要优势。

（1）集成性

NX 拥有无缝集成 CAD、CAM 和 CAE 的功能，并将设计、工程和制造功能集成在一个平台上，使用户可以在不同模块之间切换，提高工作效率和协同能力；无须在不同软件之间转换数据，减少了数据转换和重复工作，降低了出错的风险。

（2）强大的功能

NX 提供从概念设计到详细设计的全面工具，包括参数化建模、自由曲面建模、装配设计等；拥有先进的加工编程和优化工具，支持复杂的数控加工路径生成和仿真；具备强大的工程分析能力，支持结构分析、热分析、流体分析和多物理场仿真。

（3）创新技术

NX 引入最新的设计和制造技术，如增材制造（3D 打印）、拓扑优化、逆向工程和虚拟现实（VR）等；通过不断更新和优化软件功能，确保用户能够用到前沿的技术和工具。

（4）高效的协同设计

NX 支持全球团队协同设计，同时和 Teamcenter 等 PLM（产品生命周期管理）系统无缝集成，支持全球团队的协同工作和数据管理；提供强大的协作工具，支持实时共享和协同编辑，提高团队的工作效率和沟通效率。

（5）高质量的可视化和仿真

NX 提供高质量的渲染和可视化工具，生成逼真的产品图像和动画，帮助用户更好地展示和评估设计方案；支持复杂的加工路径仿真和优化，确保加工过程的安全性和效率。

（6）优化设计和制造流程

NX 通过集成的 CAD、CAM、CAE 功能和优化工具，帮助用户在设计和制造过程中发现并解决问题，提高产品质量和制造效率；支持并行工程和仿真驱动设计，缩短产品开发周期，降低开发成本。

(7) 广泛的应用领域

NX 软件广泛应用于航空航天、汽车、消费品、重工业、医疗设备等多个行业，具有很强的适应性和丰富的行业应用经验；提供专门的行业解决方案和模块，满足不同行业的特殊需求。

3. NX 的功能

(1) 工业设计和风格造型

NX 为培养创造性和产品技术革新的工业设计和风格提供了强有力的解决方案。利用 NX 建模，工业设计师们能够迅速地建立和改进复杂的产品形状，并且使用先进的渲染和可视化工具来最大限度地满足设计概念的审美要求。

(2) 产品设计

NX 包括了强大而全面的产品设计应用模块。NX 具有高性能的机械设计和制图功能，为制造设计提供了高性能和灵活性，以满足客户设计任何复杂产品的需要。NX 优于通用的设计工具，具有专业的管路和线路设计系统、钣金模块、专用塑料件模块和其他行业设计所需的专业应用程序。

(3) 仿真、确认和优化

NX 允许制造商以数字化的方式仿真、确认和优化产品及其开发过程。通过在开发周期中较早地运用数字化仿真性能，制造商可以改善产品质量，同时减少或消除对于物理样机的昂贵且耗时的设计、构建，以及对变更周期的依赖。

(4) 加工

NX 加工基础模块提供联接 NX 所有加工模块的基础框架，它为 UG NX 所有加工模块提供一个相同的、界面友好的图形化窗口环境，用户可以在图形方式下观测刀具沿轨迹运动的情况并可对其进行图形化修改，如对刀具轨迹进行延伸、缩短或修改等。

(5) 模具设计

NX 功能强大，是当今较为流行的一种模具设计软件。从概念设计到最终制造的整个模具开发过程中，它可以帮助工程师和设计师提高效率和精度。

1.1.5 NX MCD 简介

MCD 是 Mechatronics Concept Designer（机电一体化概念设计解决方案）的缩写，是支持硬件在环调试的产品设计平台。作为产品设计阶段的一个落地实现平台，MCD 可以缩短产品调试的试验时间，减少设计成本，降低创新设计的风险，管理产品设计全过程的信息。

NX MCD 主要用于模拟机械零件和组件的运动行为，可以实现机构运动轨迹的虚拟模拟和评估。对控制器而言，MCD 中虚拟模型的运动行为和真实机器行为是一样的，因此，通过 CAD 模型可以模拟真实的机器。显然，在开发过程中修改 CAD 模型的成本很低。

当前工业环境下，数字化企业最大的挑战莫过于缩短产品的上市时间，增强生产的灵活性，提升工作效率，而 MCD 让这一切成为可能。MCD 对于降低工程成本、减少试验样机数量效果明显。在虚拟环境中快速评估样机概念，增强了机械、电子和自动化设计师的协作,至少可以缩短 30% 的开发时间,节省 20% 的成本。如图 1-3 所示,通过 MCD 技术可以实现真实设备和数字模型之间的联系。

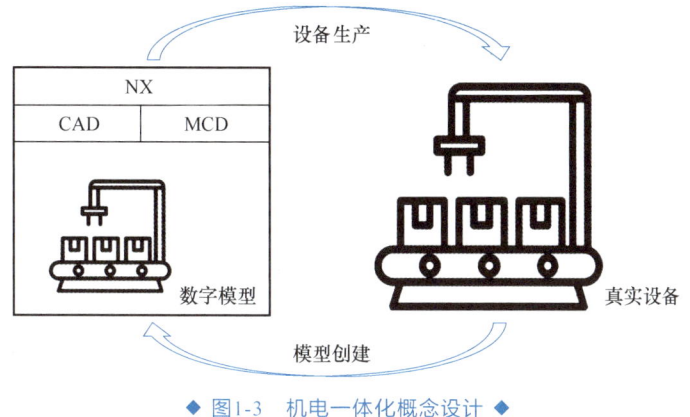

◆ 图1-3　机电一体化概念设计 ◆

▶ 任务1.2　安装NX软件

根据原料库建模需要,本文以 NX 2206 版本为例讲解 NX 的安装过程。如果使用低于此版本的 NX,可能会产生模型无法打开的情况,所以尽量选择相同版本。

任务提出

在工作过程中,请结合表 1-2 中的内容了解本项目的任务和关键指标。

表1-2　任务书

任务名称	安装 NX 软件	任务来源	企业综合项目
姓名		实施时间	
任务描述	本任务是"安装 NX 软件"。为了项目需求,需要借助 NX 软件对生产线进行虚拟仿真调试工作。在虚拟调试之前,需要下载 NX 软件,下载软件的版本是 NX 2206。本任务分为 NX 软件安装和 NX 界面介绍两个部分。NX 软件安装主要掌握 Java 和 NX 软件的安装步骤;对于 NX 界面,要掌握 NX 界面中常见的模块及功能		
关键指标要求	1. NX 软件安装的环境要求 2. Java 的安装步骤 3. NX 软件的安装步骤 4. NX 软件界面的常见模块和功能		

知识准备

1.2.1　NX软件的安装环境

1. 硬件环境

(1)处理器

Intel Core i5 或 AMD Ryzen 5 以上。

（2）内存

最低要求为 8GB，推荐配置 16GB 或以上，尤其对于大型装配和复杂仿真任务。

（3）硬盘

存储空间至少 50GB 的可用空间，用于软件安装和临时文件。

（4）显卡

要求支持 OpenGL 4.0 及以上的独立显卡。

（5）显示器

分辨率最低 1920×1080 像素，推荐 2560×1440 像素或更高。

2. 软件环境

（1）操作系统

1) Windows：Windows 10（64 位），建议使用 Service Pack 和更新版本。

2) Linux：Red Hat Enterprise Linux（RHEL）7.6 或更新版本。

（2）必需的组件和库

1) NX 软件需要特定版本的 Microsoft Visual C++ Redistributable，通常在安装过程中会自动安装。

2) 某些模块和功能可能需要 Java 支持，确保系统安装了合适版本的 JRE。

（3）网络要求

1) 需要稳定的网络连接以激活软件许可证和访问在线资源。

2) 如果使用网络许可证管理，需要配置合适的许可证服务器（例如 Siemens PLM License Server）。

1.2.2　NX 软件安装的注意事项

在进行 NX 软件安装时，以下关键的注意事项可以确保安装过程顺利并使软件运行正常：

1) 确保计算机的操作系统版本与 NX 软件兼容，同时检查安装的硬件要求。

2) 检查许可证是否正确配置并运行，同时要安装 Java。

3) 安装时尽量关闭防火墙，并检查网络设置。

任务实施

1.2.3　NX 软件安装

（1）安装 Java

1) 右击选择"以管理员身份运行"，如果已安装 Java 可以跳过此步，如图 1-4 所示。

2) 进入 Java 安装程序界面，单击"安装"按钮，如图 1-5 所示。

3) 安装完成后，单击"关闭"按钮即可，如图 1-6 所示。

项目1　认识装备虚拟调试

◆ 图1-4　以管理员身份运行Java ◆

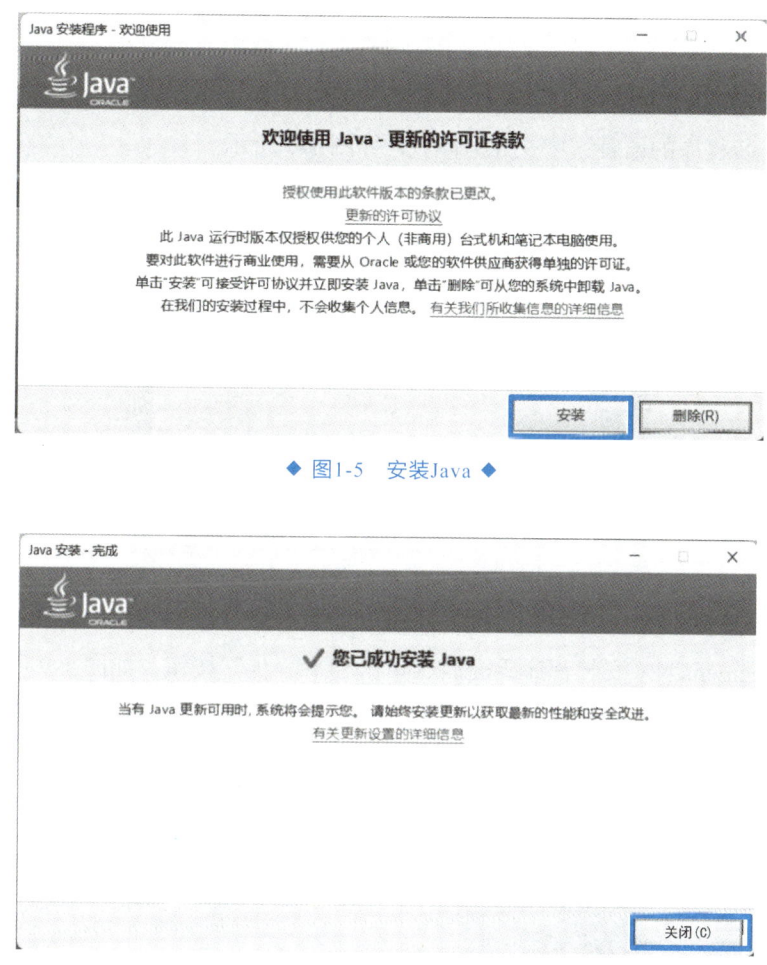

◆ 图1-5　安装Java ◆

◆ 图1-6　Java安装完成 ◆

（2）安装主程序

1）找到 NX 2206 文件所在的位置，选中"Setup.exe"，然后右击，选择"以管理员身份运行"，如图 1-7 所示。

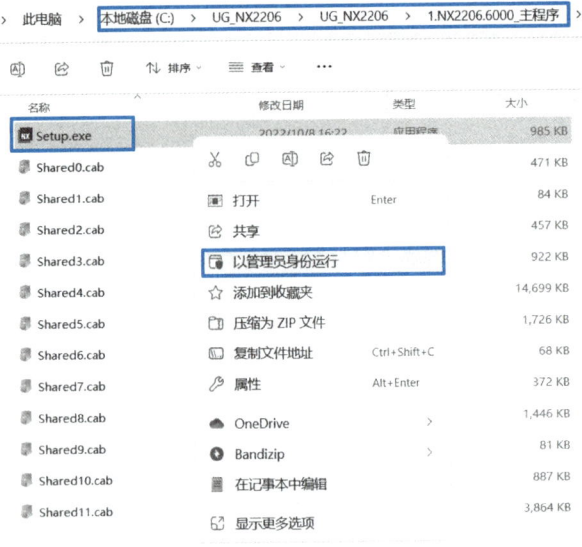

◆ 图1-7 以管理员身份运行主程序 ◆

2）选择安装程序的语言"中文（简体）"，如图1-8所示。

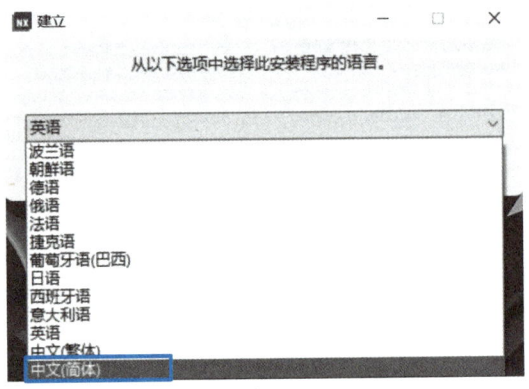

◆ 图1-8 选择安装程序的语言 ◆

3）进入Siemens NX安装程序界面后，单击"下一步"按钮，如图1-9所示。

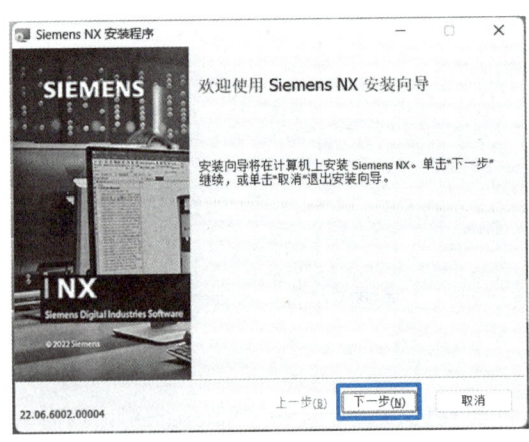

◆ 图1-9 单击"下一步"按钮 ◆

4）选择所需的功能安装方式（默认即可），并修改安装路径，然后单击"下一步"按钮，如图 1-10 所示。

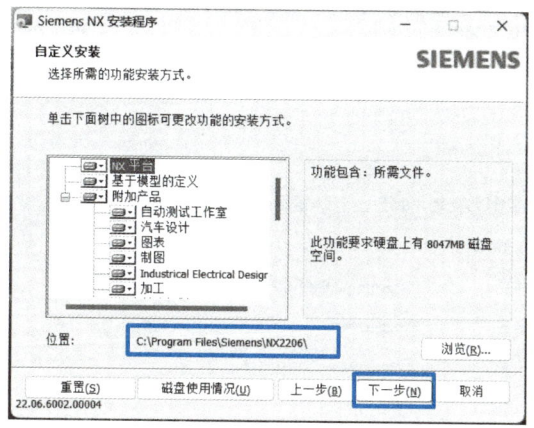

◆ 图1-10　选择所需的功能安装方式 ◆

5）进行许可证设置，然后单击"下一步"按钮，如图 1-11 所示。

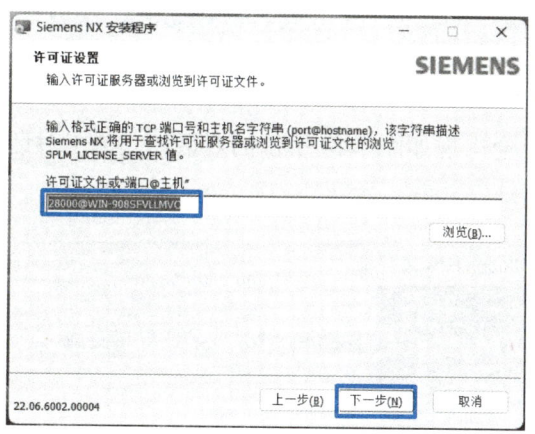

◆ 图1-11　许可证设置 ◆

6）"运行时语言"选择"简体中文"，单击"下一步"按钮，如图 1-12 所示。

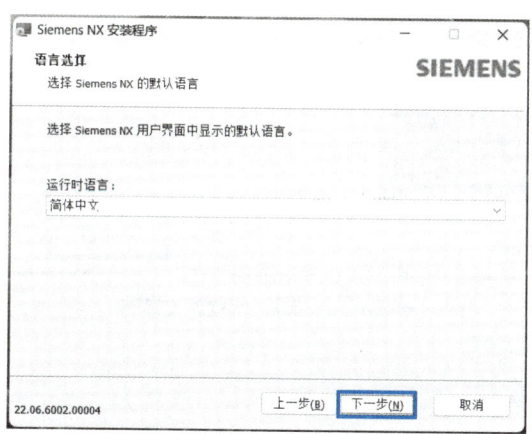

◆ 图1-12　选择"运行时语言" ◆

7）检查安装文件夹、运行时语言、许可证设置，确认无误后，单击"安装"按钮，如图 1-13 所示。

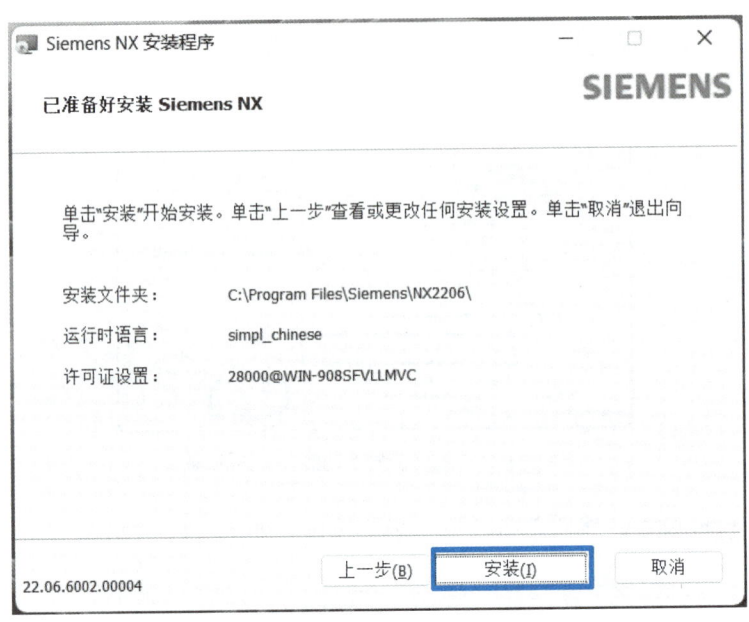

◆ 图1-13 检查安装文件夹、运行时语言、许可证设置 ◆

8）等待一段时间，会出现如图 1-14 所示的对话框，单击对话框中的"完成"按钮即可完成 NX 软件的安装。

◆ 图1-14 完成NX软件安装 ◆

1.2.4 NX界面介绍

本任务中，主要使用的软件术语为机电对象、运动副、传感器和执行器等。打开 NX

的第一个界面，如图 1-15 所示。

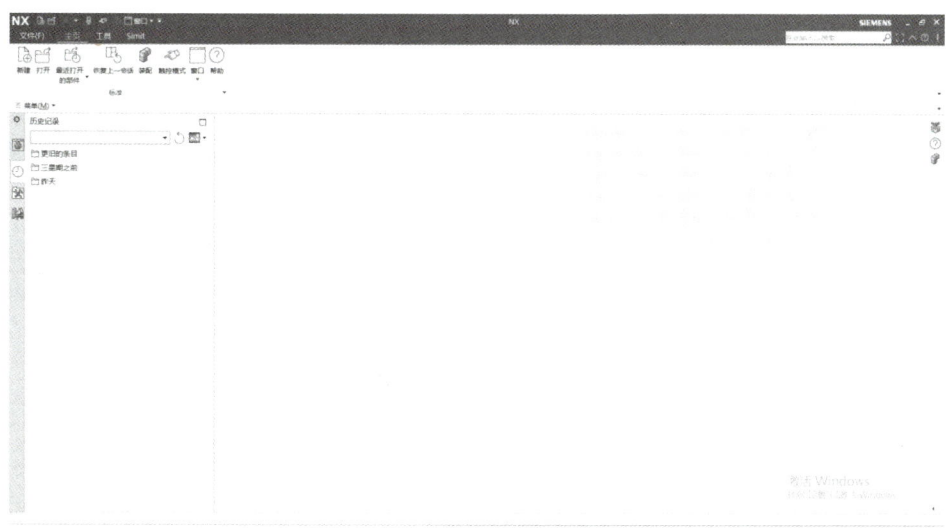

◆ 图1-15　主界面 ◆

"主页"最左侧三个功能依次是"新建""打开""最近打开的部件"，如图 1-16 所示。

◆ 图1-16　主页 ◆

"新建"功能中，MCD 一般用到的只有"模型"和"装配"，如图 1-17 所示。

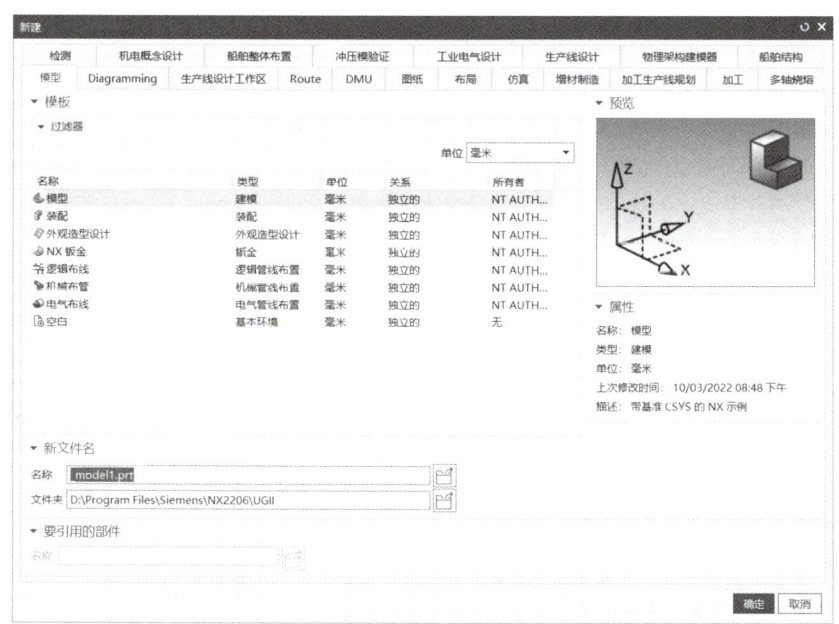

◆ 图1-17　新建 ◆

"打开"功能是从本地找到之前创建好的模型，选择打开，如图 1-18 所示。

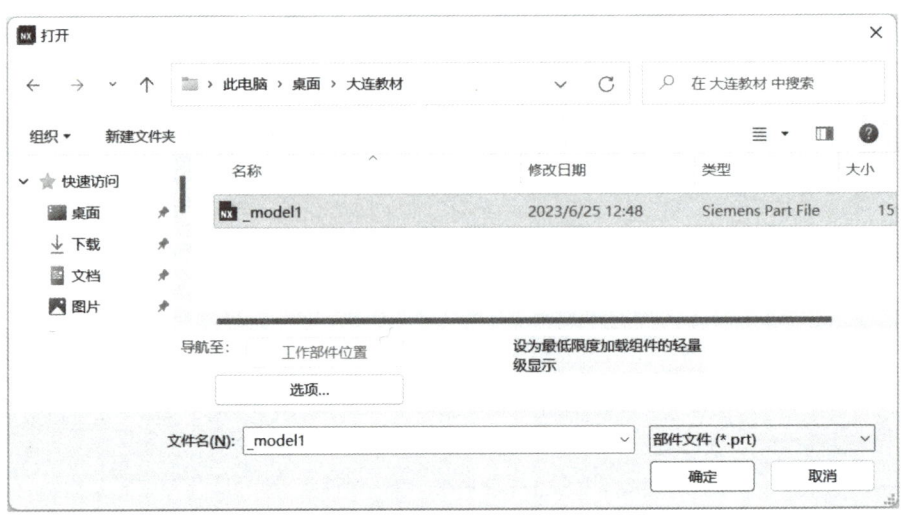

◆ 图1-18　打开 ◆

选择"应用模块"→"更多"→"机电概念设计"，即可进入 MCD 模块，如图 1-19 所示。

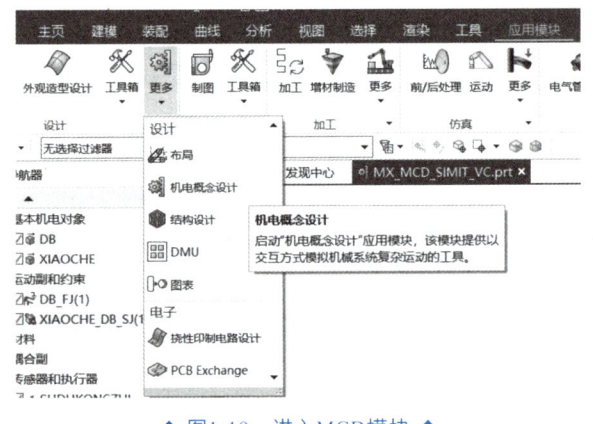

◆ 图1-19　进入MCD模块 ◆

基本指令如图 1-20 所示。

◆ 图1-20　基本指令 ◆

运动关系如图 1-21 所示。

◆ 图1-21　运动关系 ◆

"工匠精神"理念

"工匠精神"对于个人，是干一行、爱一行、专一行、精一行，务实肯干、坚持不懈、精雕细琢的敬业精神；对于企业，是守专长、制精品、创技术、建标准，持之以恒、精益求精、开拓创新的企业文化；对于社会，是讲合作、守契约、重诚信、促和谐，分工合作、协作共赢、完美向上的社会风气。

——摘自《工匠精神与工业文明》，作者：李海舰，徐韧

作为未来的从业者，在本书的学习中，要严格秉承"工匠精神"，加强职业敬业精神的培养，注重职业道德、职业能力和职业品质的提升，努力在敬业、精益、专注、创新等方面不断突破自我，培育从业者必备的良好的职业价值取向和行为表现。

练习题

1. 什么是虚拟调试技术？虚拟调试的意义是什么？
2. NX软件主要包括哪些模块？
3. NX软件主要的应用有哪些？
4. NX软件中的机电概念设计模块（MCD模块）的主要作用是什么？
5. 在进行NX软件安装时，注意事项有哪些？

PROJECT 2 项目 ②

原料库工艺仿真

项目描述

　　工艺仿真是自动化生产线设计过程中常用的手段。运用 NX MCD 软件内部逻辑可对工艺流程进行仿真模拟。本项目从介绍标准机电组件开始，逐步完成了 MCD 内部机电对象的创建、运动副及约束的建立、传感器和执行器的配置、信号的设定，最终通过序列编辑器实现数字模型对工艺流程的仿真。通过本项目的学习和训练，读者将能够熟练地运用 NX MCD 软件进行非标自动化设备的工艺仿真，从而提升设计效率和质量。设备模型如图 2-1 所示。

◆ 图2-1　设备模型 ◆

> **技能证书要求**

对应 1+X 生产线数字化仿真应用证书技能点
能够将所给模型导入 NX 并进入 MCD 模式
能够根据生产线工作原理，对生产线模型进行设备和零件分类
能够根据各个机构运动关系，完成基本机电对象、运动约束、信号等的创建
能够根据生产线工艺要求，测量设备中各个运动机构的相对位置参数
能根据设备的工艺过程要求，定义序列来完成各个动作
在虚拟仿真环境下，能够对输入、输出信号建立逻辑关系

> **学习目标**

1. 掌握模型导入的方法，并能够导入运动机构的模型。
2. 掌握运动机构定义基本机电对象的方法，并能够创建设备的基本机电对象。
3. 掌握运动机构定义运动副及约束的方法，并能够创建机电对象的运动关系。
4. 掌握定义序列的方法，并能够创建工艺过程的序列仿真。
5. 掌握监测设备运行时参数的方法，并能够准确读取各个机构的运行状态及参数。

> **学习导图**（图2-2）

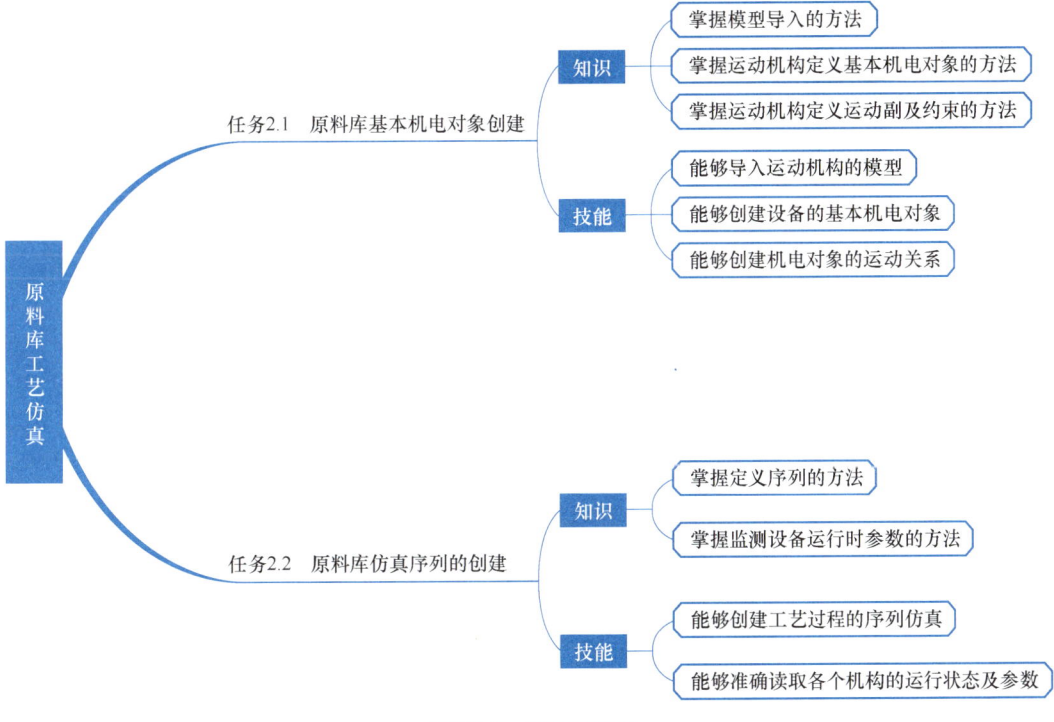

◆ 图2-2 学习导图 ◆

▶ 任务2.1 原料库基本机电对象创建

任务提出

在工作过程中,请结合表 2-1 中的内容了解本项目的任务和关键指标。

表2-1 任务书

任务名称	原料库基本机电对象创建	任务来源	企业综合项目
姓名		实施时间	
任务描述	本任务是"原料库基本机电对象创建",即完成某生产线在进行设备工艺仿真时所需基本运动副的创建。通过学习 NX MCD 软件相关命令,对原料库的任务进行深入分析,以选择最合适的方式来完成原料库的基本机电对象创建。这个过程将有助于构建准确的仿真模型,为工艺流程的仿真提供坚实基础		
关键指标要求	1. 基本机电对象的创建 2. 运动副和约束的创建 3. 传感器和执行器的创建 4. 信号的创建 5. 序列的创建		

知识准备

2.1.1 伺服模组介绍

1. 伺服

伺服(Servo)是指系统跟随外部指令进行人们所期望的运动,而其中的运动要素包括位置、速度和力矩等物理量。

伺服系统(Servomechanism)又称随动系统,是用来精确地跟随或再现某个过程的反馈控制系统。伺服系统是一种自动控制系统,可使物体的位置、方位、状态等输出量以任意变化方式跟随输入目标(或给定值)。图 2-3 所示为伺服装置。

◆ 图2-3 伺服装置 ◆

伺服系统的主要任务是按控制命令的要求对功率进行放大、转换与调节等处理，以实现对输出的力矩、速度和位置的高度灵活和方便的控制。在许多情况下，伺服系统特指一种反馈控制系统，其被控制量（系统的输出量）是机械位移或位移速度、加速度。该系统的作用是确保输出的机械位移（或转角）能够准确地跟踪输入的位移（或转角），并且其结构和组成与其他形式的反馈控制系统在原则上没有区别。

最初，伺服系统主要应用于国防军工领域，如火炮的控制、船舰和飞机的自动驾驶、导弹发射等。随后，这项技术的应用逐渐扩展到国民经济的多个领域，如自动机床、无线跟踪控制等。通过伺服系统的应用，实现了在不同领域中的精准控制和自动化功能，为提高效率和精度做出了重要贡献。

2. 伺服模组

伺服模组（Servo Module）是一种集成了伺服驱动器和电机的模块化设备，通常包括电机、编码器、控制电路、功率放大器等关键部件，用于实现位置、速度和力矩的精确控制，广泛应用于各种自动化系统和机械设备，提供高性能的运动控制和定位能力。

伺服模组的优点在于其集成度高，降低了系统集成的复杂度和成本。它们通常具有紧凑的外形，适用于空间有限的应用场景。通过连接到适当的控制器，伺服模组可以实现精确的运动控制，广泛应用于工业自动化、机械加工、机器人技术、半导体设备、医疗设备等领域。伺服模组的使用可以大大简化系统设计和集成过程，同时提供了更高的运动精度、可靠性和效率。这使得伺服模组成为现代自动化和机械领域中的重要组成部分。

在本项目中，伺服模组扮演着关键的角色，可实现对托盘的取放和运送功能。这些伺服模组能够在一个限定的平面上任意点进行操作，为操作者提供了极大的灵活性和精准性。具体来说，当需要对存储在料库上的托盘进行取放时，伺服模组通过控制 Y 轴和 Z 轴的运动，实现了托盘的左右和上下移动，最终将托盘准确地运送到指定位置。Y 轴和 Z 轴的示意如图 2-4 所示。

通过这些伺服模组的精确运动控制，使得整个工作流程得以顺利进行，确保了托盘的准确取放和运送，为生产流程提供了高效、可靠的支持。伺服模组的应用使得整个系统具备了高度的自动化和精准性，有助于提升生产率和产品质量。

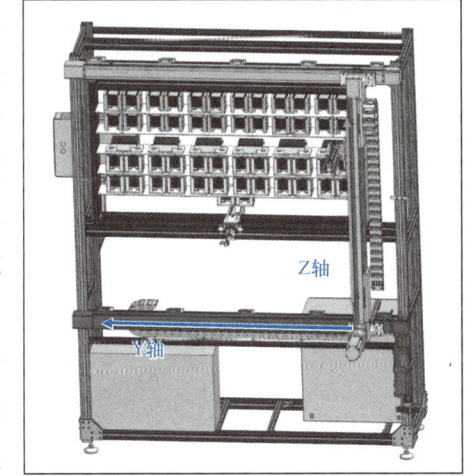

◆ 图2-4 伺服模组运动的方向 ◆

3. 伺服模组组成

伺服模组通常包括以下几个主要部分。

（1）电机与驱动器

电机是伺服模组的动力源，驱动器则控制电机的运动和速度。电机通常是伺服电机，具有高精度和高性能特点，其位置、速度和力矩能被精确控制。

（2）传感器

传感器用于实时监测伺服模组的位置、速度和力矩等状态信息，并提供反馈信号给控制系统，确保运动的准确性和稳定性。

（3）编码器

编码器是一种常用的传感器，用于测量伺服模组的旋转角度或线性位移，并提供精确的位置反馈，帮助控制系统实时监测和校正位置。

（4）控制器

控制器是伺服模组的大脑，负责接收传感器的反馈信号并根据预设的运动轨迹和参数来控制电机的运动。控制器可以是硬件控制器或者嵌入式控制器。

（5）运动轨道

伺服模组通常是在一条特定的路径上运动的，其运动轨道可以是线性轨道、旋转轨道或者其他形式的轨道。

（6）传动装置

传动装置将电机的运动转化为伺服模组的实际运动，常见的传动装置包括丝杠、齿轮等。

（7）机械结构

伺服模组的机械结构包括支架、连接件、滑轨等，用于支承和保持模组的稳定性。

（8）控制算法

控制算法用于计算和调整电机的输出，以实现对伺服模组所需位置和运动的控制。

伺服模组的各组成部分共同协作，实现精确的位置和运动控制，适用于各种自动化应用场景，包括工业生产、机械加工、物料搬运等。

在本项目中，设计与仿真伺服模组时，需要综合考虑以下关键组成部分：Y轴和Z轴的丝杠模组、连接板、限位装置以及Y轴工作板等。

Y轴和Z轴的丝杠模组均由伺服电机、丝杠和移动块构成，如图2-5所示。伺服电机作为伺服系统的动力源，驱动丝杠旋转，从而带动移动块在导轨上进行平稳移动。为了实现Y轴和Z轴方向上的移动，需要在Y轴的移动块上安装Z轴的丝杠模组。Z轴的安装原理与之类似。

◆ 图2-5 丝杠模组 ◆

丝杠模组通常由专门的制造商生产，为成品部件，可供用户选购，也可按用户需求进行设计和制作。在设计中，需要充分考虑移动块的接触面较小以及安装位置单一等特点，为了满足机械设计的稳定性要求，有必要引入一个连接板。

连接板用来连接固定各种设备，其作用在于增加被连接件之间的接触面积，提供更加稳定的支撑和固定作用。连接板一般通过螺钉紧固在移动块上，为安装其他设备提供了扩展平台，如图2-6所示。根据特定需求，可以对连接板进行开孔和改动，以适应不同设备的连接要求。连接板的存在有助于优化系统整体布局，为集成其他设备提供了方便和可靠的安装基础。通过连接板的合理设计和安装，可以有效减少振动和误差，从而提高系统的整体性能。

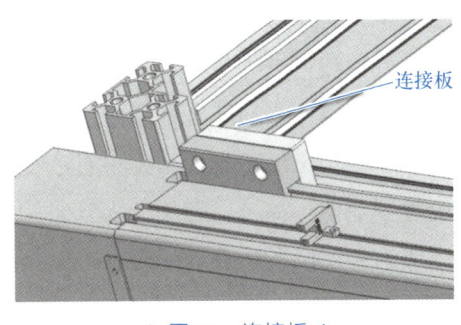

◆ 图2-6　连接板 ◆

此外，为了确保伺服模组的运动范围受控且安全，还需要引入限位装置，目的是防止工作板和移动块的运动超出连接板的范围。

限位装置由槽型光电传感器和伺服连接板上的T形块组成，当T形块位于槽型光电传感器槽口中间时，传感器便会感应到并触发信号使伺服停止运动，如图2-7所示。在Y轴和Z轴的左右限位处都需要安装这种槽型光电传感器，以确保机械元件的移动范围受到有效的控制。

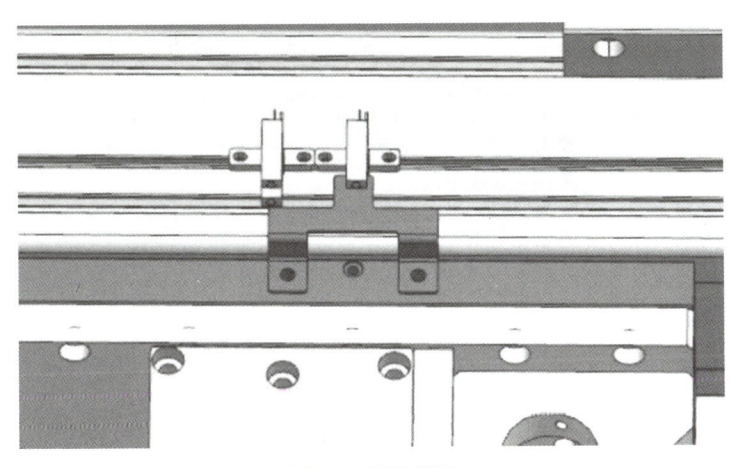

◆ 图2-7　限位装置 ◆

限位装置在工业机器人系统中起着重要作用，它不仅可以监测伺服模组的位置，在到达设定位置时停止或转向，防止元件的过度运动，还可以确保机械系统的稳定性和安全性。通过及时检测并停止运动，限位装置有助于防止机械元件的损坏和意外事故的发生，从而保障整个系统的正常运行和操作人员的安全。

2.1.2　伸缩气缸介绍

伸缩气缸，也称为活塞气缸，是一种常见的线性执行元件，通常由气动力驱动。它的工作原理是通过压缩气体产生动力，从而使活塞在气缸内来回运动，实现机械系统的线性位移。伸缩气缸广泛应用于自动化和机械控制系统，用于执行推拉线性运动、定位、夹持动作。

伸缩气缸的主要组成部分包括气缸筒、活塞、活塞杆、气源接口、密封件等。当气体通过气源接口进入气缸筒内部，气体的压力将使活塞受力并产生运动，从而实现活塞杆的伸缩。控制气体的进出可以通过气控阀等元件来实现，从而控制伸缩气缸的动作。

伸缩气缸在工业自动化中有广泛的应用，例如在机械加工、装配线、搬运、夹持、定位等环节中，都可以利用伸缩气缸来完成特定的操作。其简单、可靠的工作原理和结构使其成为自动化系统中不可或缺的重要组成部分。

1. 气动

气动是"气动技术"或"气压传动与控制"的简称。气动技术是以空气压缩机为动力源，以压缩空气为工作介质，进行能量传递或信号传递的工程技术，是实现各种生产控制、自动控制的重要手段。图 2-8 所示的气动元件（Pneumatic Components）是利用压缩空气作为动力源进行控制和执行的机械元件，广泛应用于工业自动化、制造、机械、运输、包装等领域。气动系统因其高效、清洁和安全的特点，在许多应用中都非常受欢迎。

◆ 图2-8　气动元件 ◆

2. 元件组态

元件组态是指在工程设计中，根据系统的需求和功能，将不同的元件（如传感器、执行器、控制器等）按照一定的布局和连接方式进行组合和配置，以构建出一个完整的系统或设备的过程。这个过程包括选择适当的元件，确定它们的位置、连接方式以及相互之间的关系，以确保系统能够按照预定的方式运行并实现所需的功能。

在工业自动化领域，元件组态是非常重要的，因为它直接影响着系统的性能、可靠性和效率。通过合理的元件组态，可以实现系统的协调运作、精准控制及高效生产。同时，元件组态还涉及电气、机械、控制等多个领域的交叉，需要综合考虑不同方面的因素。在元件组态过程中，需要考虑以下几个方面。

（1）元件的选择

根据系统的要求，选择合适的传感器、执行器、控制器等元件，确保它们能够实现所需的功能。

（2）布局和位置

确定各个元件在系统中的布局和位置，确保元件之间的连接和交互能够顺畅进行。

（3）连接方式

设计元件之间的连接方式，包括电气连接、通信连接等，确保信号传输和能量传递的可靠性。

（4）控制逻辑

确定元件之间的控制逻辑和工作流程，确保系统能够按照预定的方式运行。

（5）安全考虑

考虑系统的安全性，包括紧急停止、故障处理等方面的元件配置。

总之，元件组态是工程设计中的重要环节，它直接关系到系统的性能和功能实现。通过合理的元件组合和配置，可以打造出高效、可靠的工业自动化系统。

如图2-9所示，本任务所使用的气动装置是一个单作用气缸，活塞在气缸内部只有一段直线行程。气缸通过支架固定在伺服模组的执行装置上，跟随其运动；活塞上面固定一个叉爪，用来夹取物料盘。

◆ 图2-9 机构组成 ◆

一般的气动元件都会配有限位开关，用来检测活塞伸出或者缩回是否到达预定位置，如图2-10所示。这些限位开关在气缸运动过程中起到非常重要的作用，帮助确保活塞的位置准确，从而保证了气动装置的稳定性和可靠性。限位开关的作用类似于系统的"感知器"，它们向控制系统提供关键的位置信息，以便进行相应的控制和调节。

气动装置和限位开关组合使用，使得机器人工作站能够精准地执行夹取和放置物料盘的动作，从而实现了工作站的自动化操作，极大地提高了自动化生产线的生产率和产品质量。

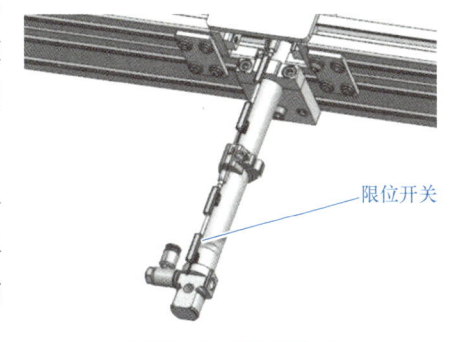

◆ 图2-10 活塞组件 ◆

2.1.3 软件术语及指令

在本任务中，主要使用的软件术语为机电对象、运动副、传感器和执行器等。

（1）机电对象

机电对象是指在数字化仿真环境中对实际物理设备的虚拟建模。通过创建机电对象，可以模拟和分析实际设备的运动、交互和行为，从而进行有效的仿真和优化。

（2）运动副

运动副是指连接机械构件并允许它们相对运动的装置。仿真过程中，使用运动副来模拟机械零部件之间的运动关系，如转动、滑动等，以实现物体在仿真环境中的运动。

（3）传感器

传感器是用于感知环境中各种物理量或信息的设备。仿真过程中，可以模拟各种传感器，如光电传感器、接近传感器等，以监测物体的位置、状态或其他特性。

（4）执行器

执行器是指根据控制信号执行动作的设备。仿真过程中，执行器可以用来模拟各种设备的动作，如电机、气缸等，以实现机械部件的运动和操作。

通过掌握这些软件术语，能够更好地理解和操作仿真软件，有效地建立和分析工作站的模型，从而优化工作流程和提高生产率。

1. 创建机电对象

创建机电对象说明见表2-2。

表2-2 创建机电对象说明

软件术语	创建机电对象
种类	刚体、碰撞体、对象源、对象收集器等
作用	刚体一般设置在相对运动的两个物体之间；碰撞体一般是相互接触的两个物体，不能有重叠时设置；对象源、对象收集器顾名思义用于物料的产生或收集

2. 创建运动副

创建运动副说明见表2-3。

表2-3 创建运动副说明

软件术语	创建运动副
种类	固定副、滑动副、铰链副等
作用	固定副是将两个刚体固定到一起，使其不会产生相对运动；滑动副用于实现两个物体之间的相对滑动；铰链副限制物体绕轴的转动

3. 创建传感器和执行器

创建传感器和执行器说明见表2-4。

表2-4 创建传感器和执行器说明

软件术语	创建传感器和执行器
种类	位置控制、速度控制、角度控制、碰撞传感器等
作用	从种类名称可看出，其作用是控制位置、速度、角度等物理量；碰撞传感器则能在传感器检测范围与碰撞体产生重叠时被触发

任务实施

在进行工艺仿真之前,需要按照以下步骤依次进行基本机电属性的创建。

1)模型的导入和微调,确保其完整且准确地定位在预期的位置,与实际装配属性相符。

2)创建基本机电对象。

3)创建运动副和约束。

4)创建传感器和执行器。

5)创建 NX MCD 内部信号。

通过以上步骤,可以完成工艺仿真之前的基本机电属性创建,确保模型和元件的准确性和一致性,为后续的工艺仿真做好准备。

2.1.4 原料库站点的模型处理

在 NX MCD 中,原料库模型导入思路如图 2-11 所示。

原料库站点的模型处理

1)选择相应版本的 NX 并打开(高版本可以打开低版本的模型,最好选用对应的版本)。

2)单击"文件"→"打开",找到对应的模型"原料库-仿真序列-模型",单击"确定"按钮,如图 2-12 所示。

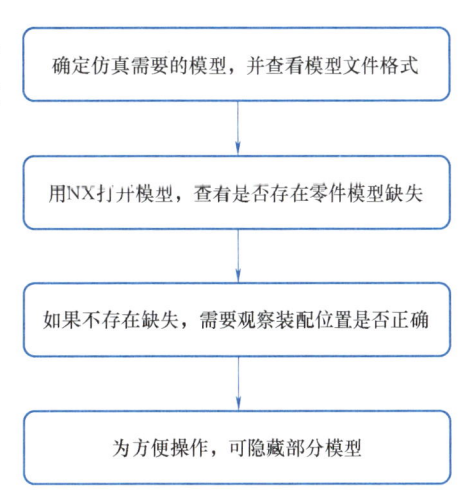

◆ 图2-11 原料库模型导入思路 ◆

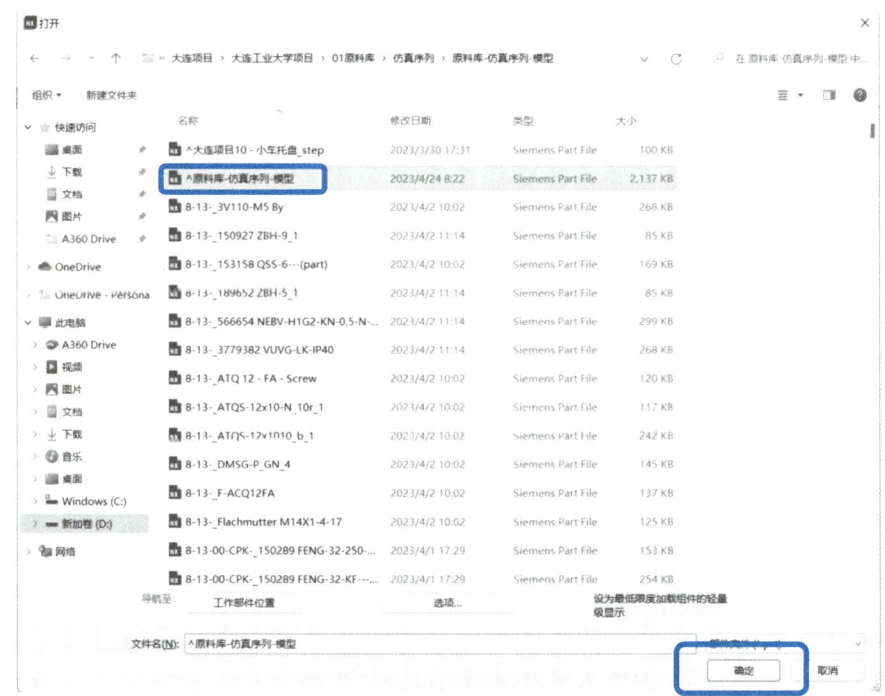

◆ 图2-12 原料库模型导入 ◆

3）确定模型是否存在缺失，并确定数字模型装配是否准确。

4）选择"应用模块"→"更多"→"机电概念设计"，并进入其中，如图2-13所示。

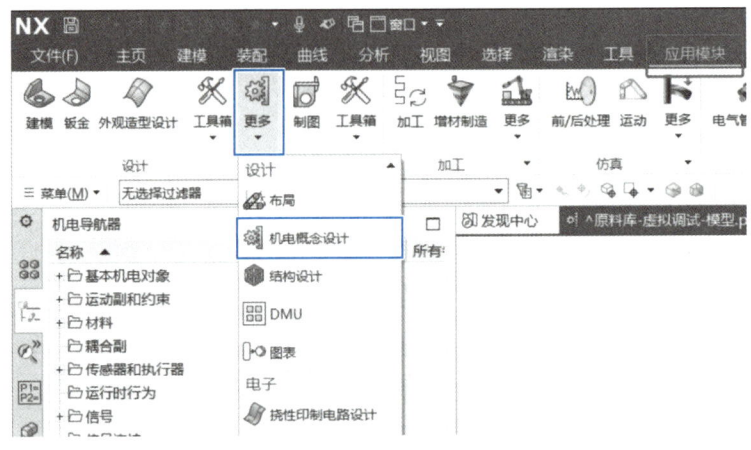

◆ 图2-13 进入MCD步骤图 ◆

2.1.5 创建基本机电属性

真实设备有其确定的运动方式和工作范围，在 NX MCD 中创建基本运动属性的思路如图 2-14 所示。

1. 基本机电对象的创建

本文涉及的机电基本属性主要有刚体、碰撞体、对象源、对象收集器。下文根据分类进行详细的说明。

创建基本机电属性

（1）刚体

选择"主页"→"机械"→"刚体"，如图 2-15 所示。

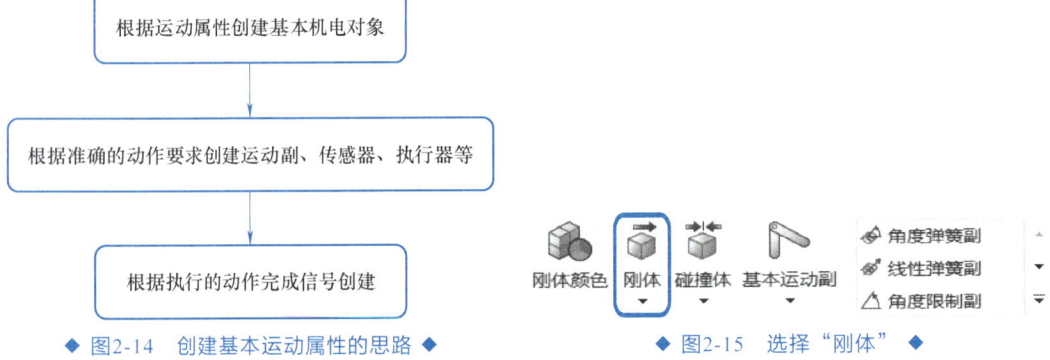

◆ 图2-14 创建基本运动属性的思路 ◆　　　◆ 图2-15 选择"刚体" ◆

单击"刚体"，出现如图 2-16 所示对话框。

第一步是选择对象，通常都会将设备运行过程中不产生相对运动的零件设为同一刚体，以免设置刚体过多使得模型卡顿。

选择对象有两种方法。第一种是直接在总装配中选择，隐藏不需要选择的零件，如果需要选择的零件比较复杂，而不需要选择的零件比较简单，可以考虑将不需要选择的零件全部隐藏，只留必选的零件，最后按住鼠标左键框住所有非隐藏零件，就可以选择想要的零部件。第二种是从各个机构入手，可减少工作量，并且重复的零件可一次添加所有刚体，在立体库中有非常多的相同物料时运用这种方法非常合适。上述两种方法也可联合运用，能大大加快创建基本机电对象的速度。

第二步是修改名称，以方便记忆。

1）上下料台传动部分。在刚体的"选择对象"中选择料台滑动部分和活塞，因为活塞带动料台滑动，两者不存在相对位移，将名称改为"料台气缸活塞"，如图2-17所示。

2）手臂伸出部分。根据运动关系，将叉手及活塞组件定义为同一刚体，命名为"手掌部分"，如图2-18所示。

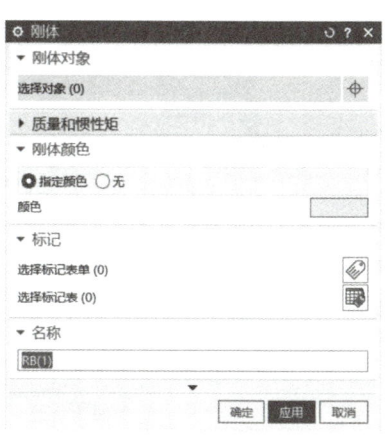

◆ 图2-16 "刚体"对话框 ◆

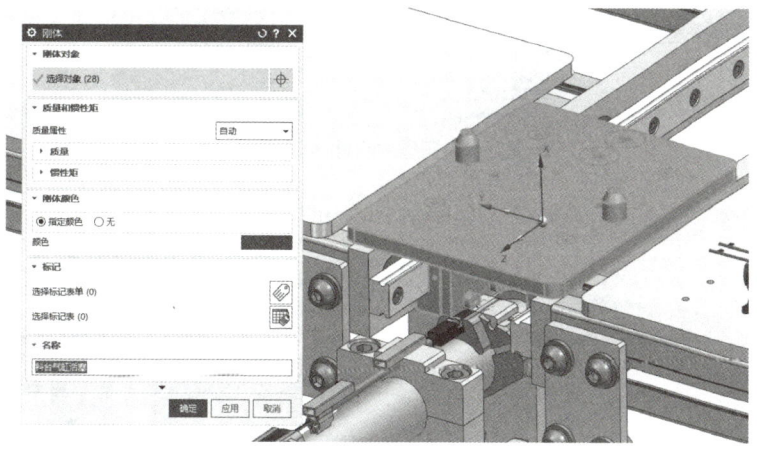

◆ 图2-17 刚体"料台气缸活塞" ◆

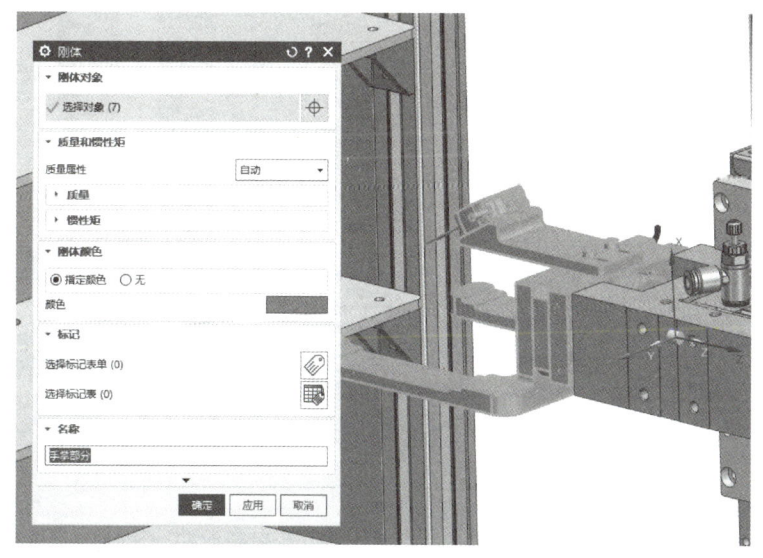

◆ 图2-18 刚体"手掌部分" ◆

3）手臂气缸升降部分。手臂气缸部分在工艺流程中沿伺服模组上下移动，所以设为同一刚体，如图2-19所示。

◆ 图2-19　刚体"手臂气缸升降" ◆

4）设置刚体"左右滑动部分"，如图2-20所示。

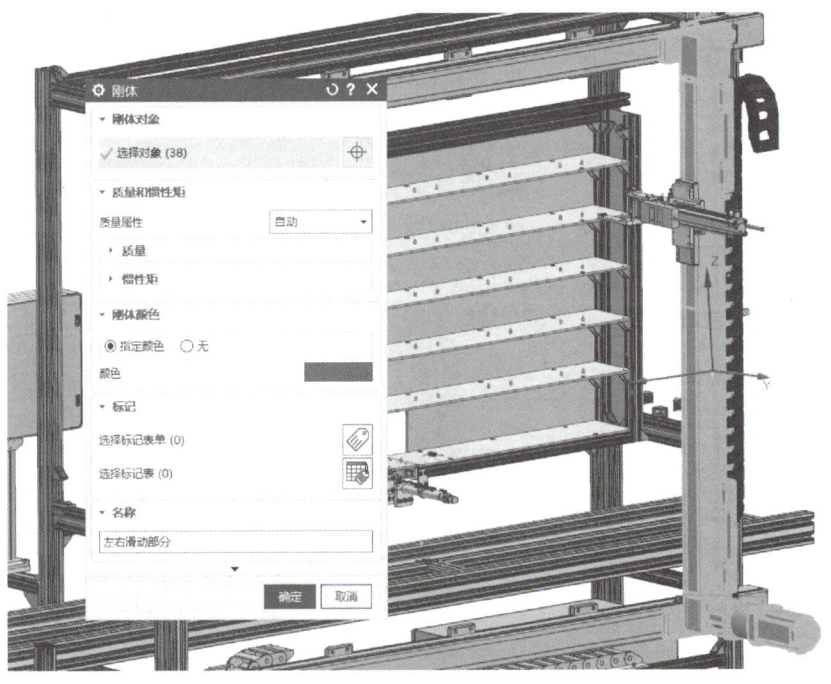

◆ 图2-20　刚体"左右滑动部分" ◆

5）设置刚体"链"，如图2-21所示。

6）将每个物料单独设为刚体，第一行从左往右依次命名为"物料1.1"至"物料1.6"，第二行命名为"物料2.1"至"物料2.6"，依此类推，直至完成第五行物料的命名。

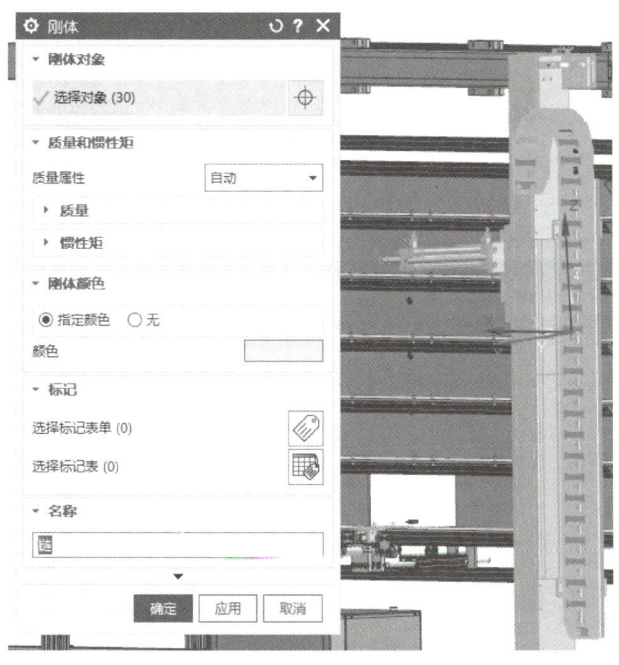

◆ 图2-21 刚体"链" ◆

（2）碰撞体

从物料开始定义，单击"碰撞体"指令，根据零件的实际形状选择碰撞形状（方块、圆柱、球、多凸面体、网格面等），以尽量接近实际情况为原则，同时也要考虑虚拟模型的运行情况。碰撞体定义越复杂，就会使模型运行延迟越严重，所以根据实际情况以及让模型更简单的原则，选择一个缸体定义为两个碰撞体。

1）料仓碰撞体。料仓内部摆放物料的垫板要设置为碰撞体，选择一个面即可，用于防止物料下落。所有层的物料垫板都需要添加碰撞体，同第一个一样，这里不再赘述，如图2-22所示。

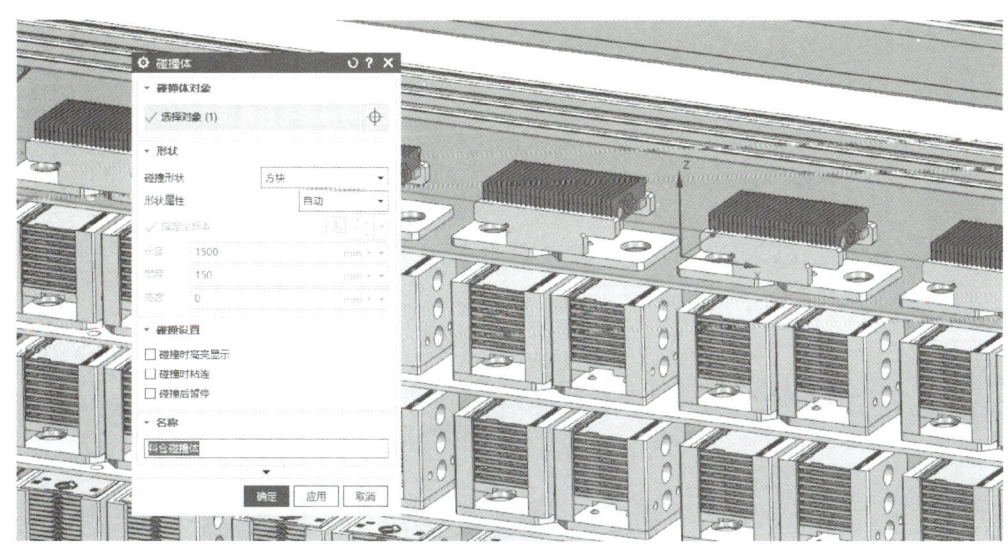

◆ 图2-22 料仓碰撞体 ◆

2）上料机构碰撞体。在"碰撞体"对话框中，碰撞形状选择"方块"，形状属性选择"自动"，然后选择对象，只需要选择图形的其中三个互相垂直的面就可自动识别为长方体。可以从图中看出，实际的物体并不是规则的长方体，这差别不大，不仅对于后续的仿真结果没有影响，并且在这种简单设置碰撞体的情况下，可减少模型仿真的延迟，如图 2-23 所示。

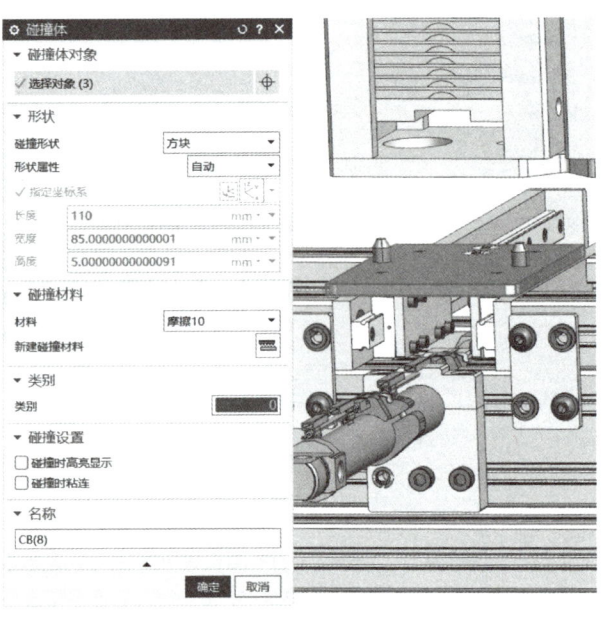

◆ 图2-23　上料机构碰撞体 ◆

3）手掌部分。大部分碰撞体的形状都设置为方块，是因为方块稳定且在仿真时比其他的形状流畅。其中，最容易引发仿真延迟的是网格面，在非必要的情况下尽量避免采用网格面，如图 2-24 所示（应注意的是两侧都需要设置）。

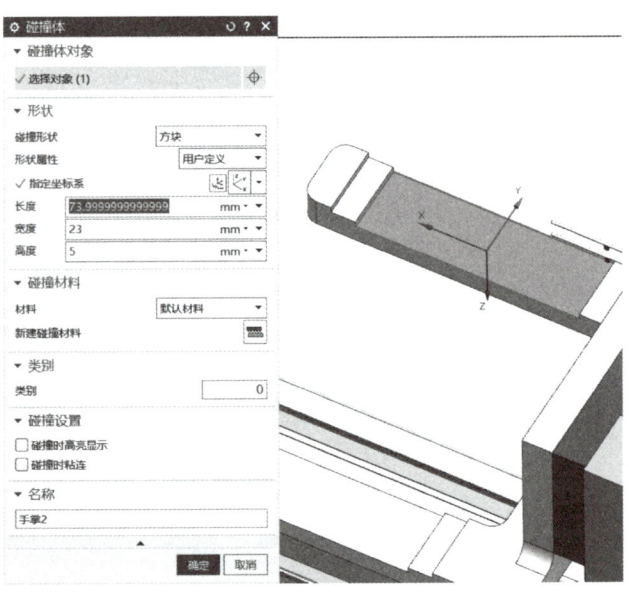

◆ 图2-24　手掌部分碰撞体 ◆

4）物料碰撞体。上面凹槽的六个面单独设置六个碰撞体面，底面设置一个碰撞体块。如果物料在装配时采用同一个模型，那么模型之间就可以通过根目录的方式创建碰撞体，来达到同时创建多个碰撞体的效果。虽然此模型物料之间看起来没差别，但却不是用同一模型阵列而来，所以想要给物料创建碰撞体就显得非常烦琐，但为了确保仿真结果准确，应该仔细设置和调整，如图 2-25 所示。

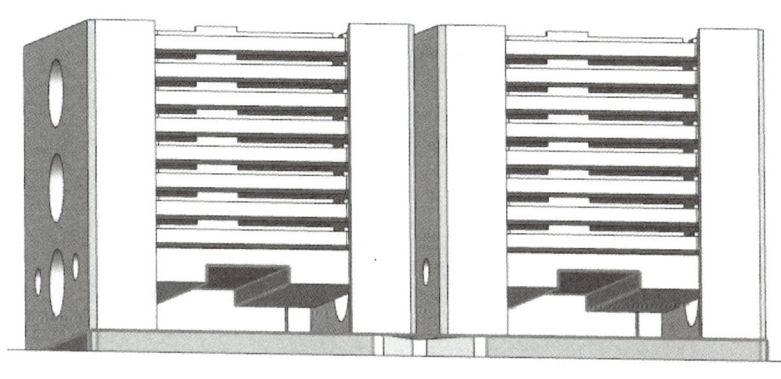

◆ 图2-25　物料碰撞体 ◆

（3）对象源和对象收集器

对象源，从字面理解是一个对象的源头，可以源源不断地产生，当需要它时，就让它产生。通常将原料设为对象源，来模仿物料的取放。

对象收集器，顾名思义是收集对象源产生对象的装置。一般来说，对象源和对象收集器是分不开的，两者相互配合使用，一个为源头、一个为结尾。

对象源指令可按如图 2-26 所示进行操作和设置。

1）物料对象源。一般来说，物料是最常被设为对象源的东西，本站也同样，将所有物料设为对象源，如图 2-27 所示。

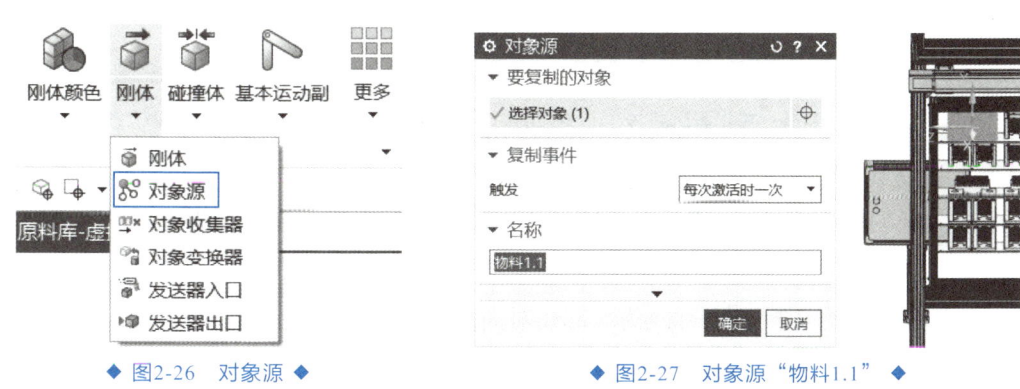

◆ 图2-26　对象源 ◆　　　　◆ 图2-27　对象源"物料1.1" ◆

2）对象收集器。对象收集器基于传感器定义，本站也同样选择传感器。就本实例而言，当对象源产生的带有碰撞体的实体碰到传感器，就会触发对象收集器，收集实体。碰撞传感器触发条件就是碰撞体与传感器检测范围重叠，从而触发收集器，所以，对象收集器要在碰撞传感器创立之后创建，如图 2-28 所示。

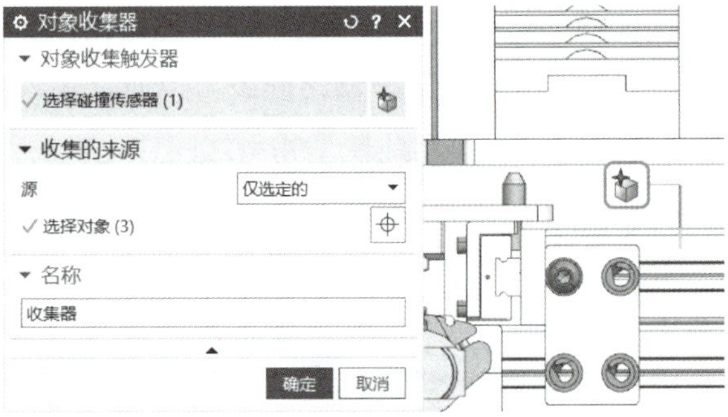

◆ 图2-28 对象收集器"收集器" ◆

本节不对传感器的创建进行介绍，请学完碰撞传感器的创建，再来创建对象收集器。

2. 运动副和约束的创建

运动副跟实际意义上的运动副差别不大，首先需要选择运动方式，然后选择基本体和连接体，连接体相对基本体以选择的方式运动（注意：无论是连接体还是基本体，其对象都是前面创建的刚体）。

单击"基本运动副"，弹出下拉菜单，如图2-29所示。

单击"基本运动副"，弹出"基本运动副"对话框，运动副类型选择"固定副"，命名为"FJ（1）"，也可以是其他名称，如图2-30所示。

◆ 图2-29 基本运动副 ◆

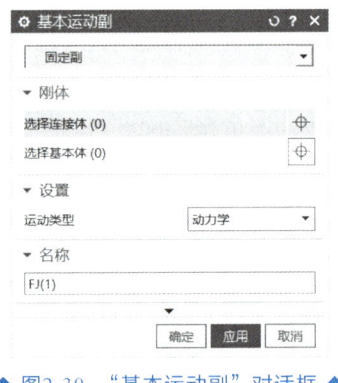

◆ 图2-30 "基本运动副"对话框 ◆

（1）链的固定副

以坦克链为例，它绝不是一个刚体，而是每个关节都会转动，为了节约资源，减少延迟，将它设置为刚体，这对于仿真效果并没有负面影响。运动副类型选择"固定副"，运动类型选择"动力学"，名称改为"链相对固定"，基本体和连接体的选择如图2-31所示。

（2）伺服模组的上下、左右滑动副

连接体选择名称为"手臂气缸升降"的刚体，基本体选择"左右滑动部分"，矢量方向选择Z轴正方向。其他属性选择如图2-32所示。

（3）手臂气缸伸缩滑动副

运动副类型选择"滑动副"，基本体选择刚体"手臂伸缩气缸"，连接体选择刚体"手掌部分"，矢量方向选择Y轴负方向，如图2-33所示。

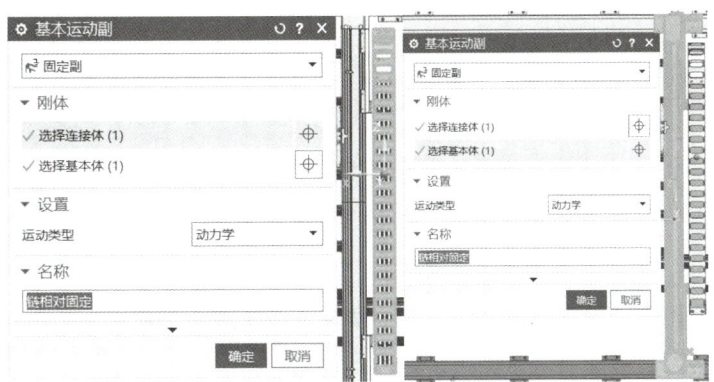

◆ 图2-31 固定副的连接体与基本体 ◆

◆ 图2-32 滑动副属性设置 ◆

◆ 图2-33 手臂气缸伸缩滑动副属性设置 ◆

（4）送料气缸伸缩滑动副

送料气缸伸缩滑动副属性的设置如图2-34所示。

◆ 图2-34 送料气缸伸缩滑动副属性设置 ◆

3. 传感器和执行器的创建

本书只涉及碰撞传感器、位置控制。

（1）传感器

如图 2-35 所示，"碰撞传感器"指令位于"电气"栏中，单击"碰撞传感器"弹出如图 2-36 所示的"碰撞传感器"对话框。

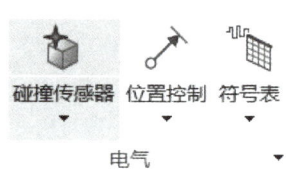

◆ 图2-35　碰撞传感器指令 ◆

传感器依附于某个模型体创建，可将碰撞形状选为"直线"，形状属性改为"自动"，选择如图 2-36 所示零件。

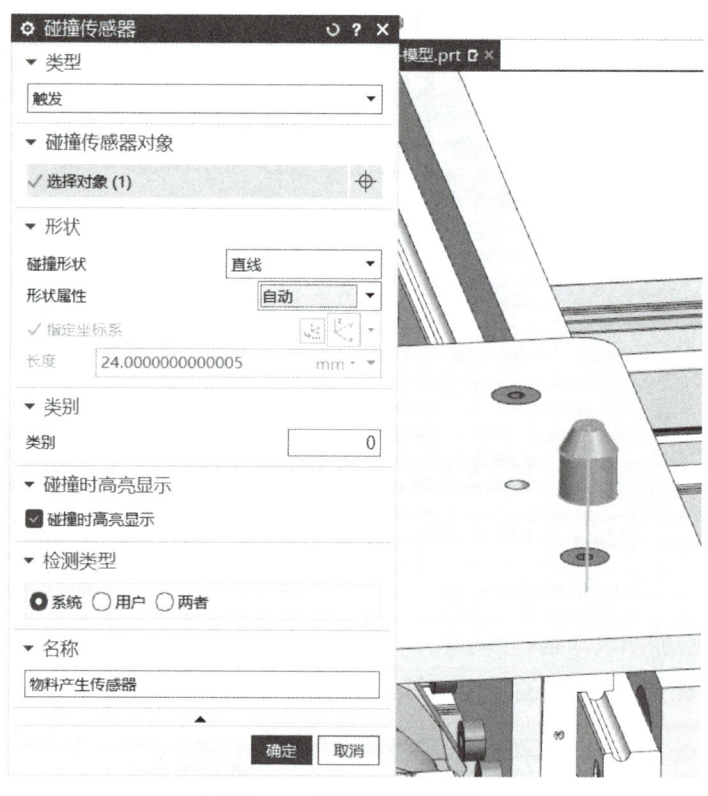

◆ 图2-36　碰撞传感器的创建 ◆

将形状属性改为"用户定义"，设置相关参数，如图 2-37 所示。

单击图示"指定坐标系"，按住右侧箭头拖动改变位置，权衡位置和长度的关系，不必与图中完全一样，只要达到目的即可。

（2）执行器

本书中执行器只涉及位置控制，位置控制也是最常用的。

如图 2-38 所示，在"电气"栏中可找到"位置控制"指令，单击后弹出如图 2-39 所示的"位置控制"对话框。

1）手臂伸缩位置控制。如图 2-39 所示，在"位置控制"对话框中单击"选择对象"，从左侧导航栏中选择"手臂伸缩气缸"滑动副，速度设为"200mm/s"。

◆ 图2-37 碰撞传感器其他属性 ◆

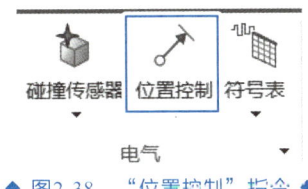

◆ 图2-38 "位置控制"指令 ◆

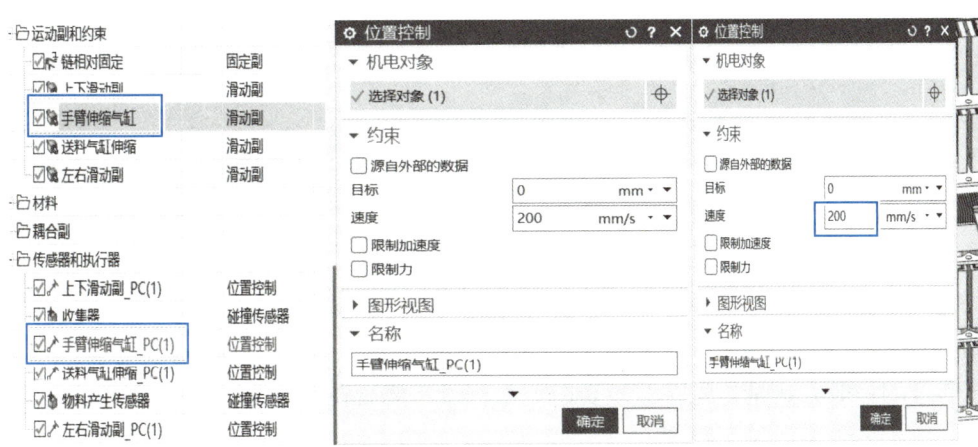

◆ 图2-39 "位置控制"对话框 ◆

2）上下滑动位置控制。同理，选择相应的滑动副作为"选择对象"，按图 2-40a~c 所示修改设置。

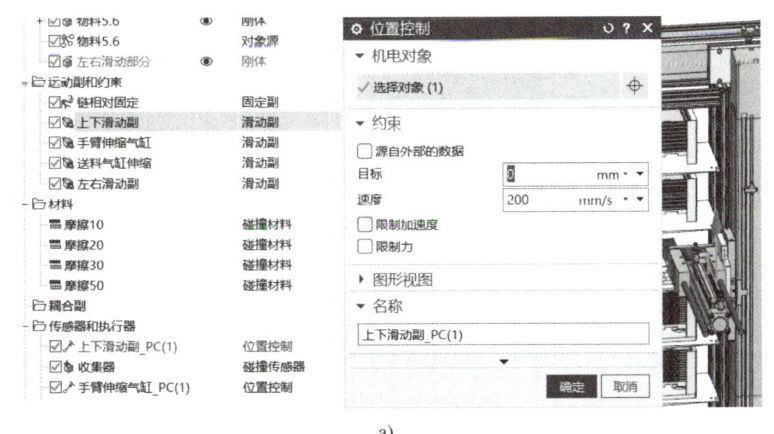

a)

◆ 图2-40 修改设置 ◆

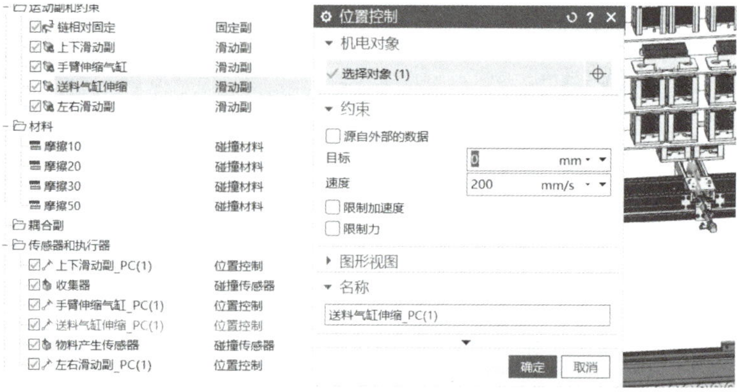

◆ 图2-40 修改设置（续）◆

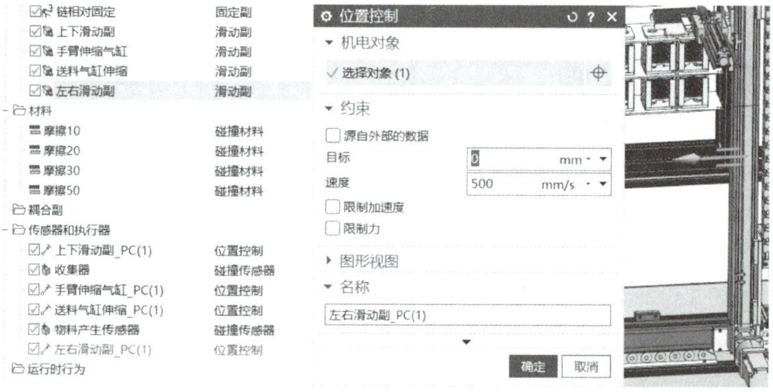

4. 信号

创建信号的一般方法是首先在符号表内添加符号，然后在信号适配器中创建信号。符号表和信号适配器指令如图2-41所示。

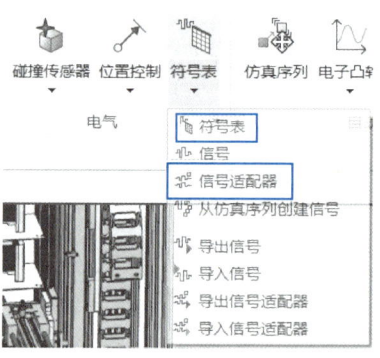

◆ 图2-41 符号表和信号适配器指令 ◆

（1）符号表

首先对运动副的信号进行创建，在工具栏中找到"电气"里面的"符号表"。单击进入符号表，单击"添加信号"按钮，如图2-42所示。

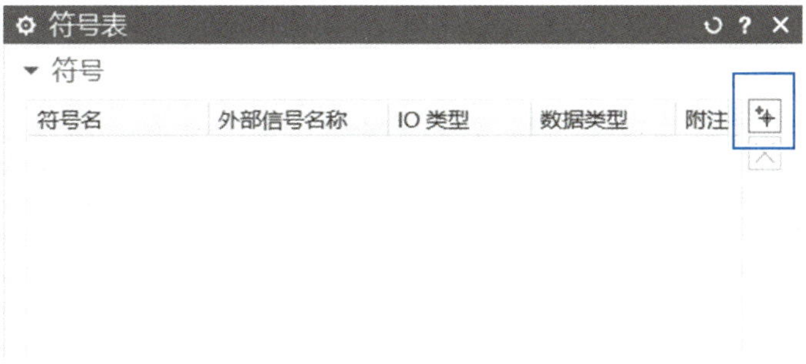

◆ 图2-42　在符号表中添加信号 ◆

添加需要的信号，并修改名称（双击符号名即可修改），如图 2-43 所示。

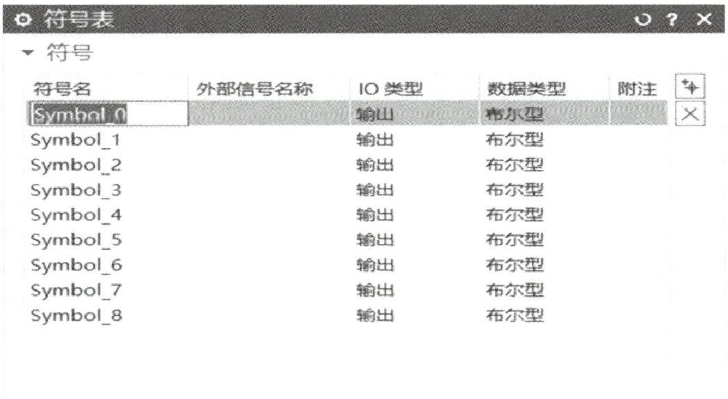

◆ 图2-43　在符号表中修改符号名 ◆

此处按照运动副的执行部件进行命名（也可自行命名），并且注意修改 IO 类型。将 MCD 的虚拟模型看作执行单元的话，由外部设备（PLC）发出的指令信号作为"输入"信号（IO 类型改为"输入"），如图 2-44 所示。

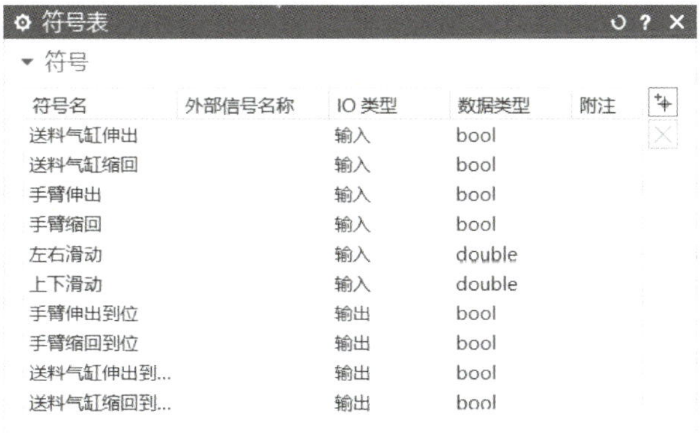

◆ 图2-44　在符号表中修改IO类型和数据类型 ◆

（2）信号适配器

1）选择机电对象。在信号适配器中选择机电对象，可以从左侧"机电导航栏"的"传感器和执行器"中选取。选取之后，"信号适配器"中"添加参数"按钮亮起，如图 2-45 所示。

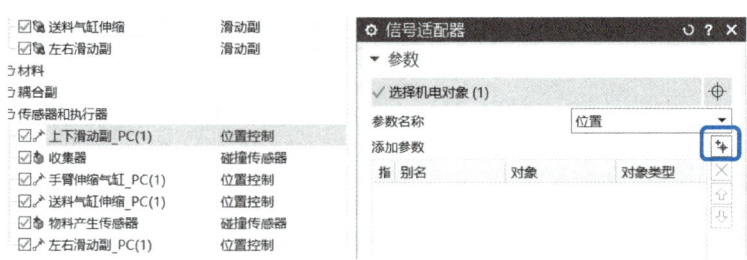

◆ 图2-45　在信号适配器中选择机电对象 ◆

单击"添加参数"按钮，添加所有的机电对象，"别名"可以修改也可以不修改，此处不做修改，如图2-46所示。

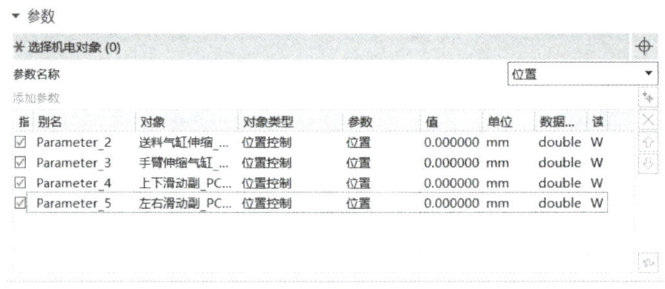

◆ 图2-46　在信号适配器中添加所有机电对象 ◆

2）添加信号。选择机电对象之后，信号栏中的"添加参数"按钮就会亮起，如图2-47所示。

◆ 图2-47　在信号适配器中添加信号 ◆

因为在符号表中每个执行部件创建了10个信号，所以这里可以添加10个信号，如图2-48所示。

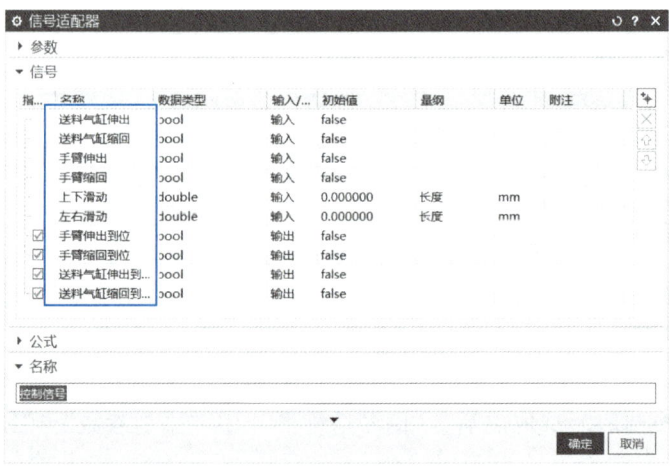

◆ 图2-48　信号适配器中的所有信号 ◆

勾选"手臂伸出到位""手臂缩回到位""送料气缸伸出到位""送料气缸缩回到位",之后添加信号的公式,如图 2-49 所示。

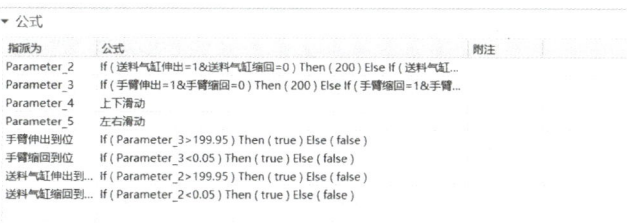

◆ 图2-49 添加公式 ◆

公式可以直接输入,也可以从条件构建器中添加,如图 2-50 所示。图中公式所表示的意义是:当"送料气缸伸出"为 true 且"送料气缸缩回"为 false 时气缸伸出 200mm,相反,当"送料气缸伸出"为 false 且"送料气缸缩回"为 true 时气缸缩回,其他情况下气缸位置不变。其他公式的意义不再一一赘述,信号创建完毕。

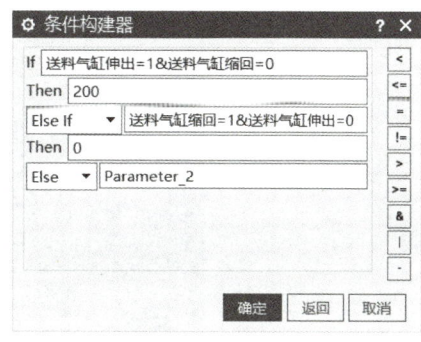

◆ 图2-50 条件构建器 ◆

▶任务2.2 原料库仿真序列的创建

任务提出

请结合表 2-5 中的内容了解本项目的任务和关键指标。

表2-5 任务书

任务名称	原料库仿真序列的创建	任务来源	企业综合项目
姓名		实施时间	
任务描述	本任务是"原料库仿真序列的创建"。某生产线在进行设备工艺仿真时,要完成基本运动副创建。请根据本任务中 NX MCD 软件相关命令的学习,对原料库的任务进行分析,选择合适的方式完成对原料库仿真序列的创建			
关键指标要求	1. 序列编辑器基本特性的理解 2. 找到序列编辑器 3. 针对当下模型完成工艺过程创建 4. 仿真序列的测试			

知识准备

2.2.1 立体库介绍

随着科技的迅速发展,自动化生产线越来越成为各大企业的主力生产线,其中自动化装配生产线尤为突出。在完全脱离人工干预的情况下，所需物料如何应对自动化生产线的需要，如何以更好的摆放方式、调用方式服务于自动化生产线，成为重要研究内容。

此处所介绍的立体库（Vertical Automated Storage and Retrieval System，VASRS）是一种高效的自动化仓储系统，旨在优化物料的存储和检索过程，为自动化装配生产线提供支持。它利用垂直空间，将货物以立体化的方式进行存储，从而节省地面空间，并提高仓储效率，为自动化生产线提供便利，最大限度地减少甚至消除人工干预。通过这一创新的原料库系统，企业能够更加高效地管理物料，实现生产过程的无缝连接，提升生产线的自动化水平，从而在竞争激烈的市场中保持优势。一种立体码放原料的立体库如图 2-51 所示。

◆ 图2-51　立体库 ◆

2.2.2　工艺过程分析

1. 功能

原料库的主要功能分为两种：第一种是人工上料，通过人机交互界面将控制系统改为手动上料模式，可完成手工上料；第二种是物料的自动调用，配合 AGV 上搭载的机械臂完成物料的调用。

2. 工艺

对于第一种功能来讲，当系统切换至手工上料模式时，底部的上料平台伸出，人工将所需补充的物料按照正确方向摆放到上料台上面，完成物料摆放后，物料台缩回，伺服模组带动物料手臂到达取料位，手臂伸出并抬起物料，然后手臂缩回原位，最后将物料放到原料库，伺服模组随后返回原位置。

对于第二种功能来讲，当生产线需要物料时，MES 系统下单之后，给予原料库指令，伺服模组带动手臂来到相应库位，手臂伸出，抓取所需物料，然后手臂缩回将物料送至下料口，等待 AGV 过来取料。

通过这两种功能，原料库能够在人工和自动两种模式下灵活运作，满足不同的生产需求，实现物料的高效管理和供应。

2.2.3 软件术语及指令

在本任务中,主要使用的软件术语为仿真序列等。仿真序列是指对某个系统、过程或操作进行虚拟仿真,以便在计算机环境中模拟和分析系统的行为和性能的一系列步骤或操作。创建仿真序列说明见表2-6。

表2-6 创建仿真序列说明

软件术语	创建仿真序列
种类	执行序列、条件序列
作用	执行序列的主要作用是控制每一个执行机构,使其完成一个工艺过程;条件序列的作用是控制序列执行条件、循环方式等

任务实施

完成工艺的序列仿真,需要依次进行以下工作。

1)创建条件序列,以确保执行序列能够按照预期正确运行。条件序列可以包括系统的各种状态、参数和约束,例如运动范围、速度、位置等。这些条件将为后续的执行序列提供必要的保障,以确保仿真过程的准确性和可靠性。

2)创建执行序列,以确保工艺过程各步骤按预期正确运行。使用序列编辑器,可以逐步编辑和控制工艺过程中每一步的机构运动和操作,包括机械臂、传送带、平台等各种元素的运动轨迹、时序和动作。通过编辑器,可以精确地规划和调整每个步骤,确保仿真能够按照实际工艺过程进行模拟。

通过完成以上两个步骤,可以建立一个完整的工艺序列仿真模型。这个模型将模拟工艺的每个细节,从条件设置到实际执行,以实现仿真环境下的工艺流程。这样的仿真可以帮助预测和解决潜在的问题,优化工艺参数,提高生产率,并最终指导实际操作的改进和调整。

2.2.4 条件序列的创建

在 NX MCD 中,条件序列创建思路如图 2-52 所示。

条件序列的创建

◆ 图2-52 条件序列创建思路 ◆

(1)打开序列编辑器

1)如图 2-53 所示,选择"主页"→"自动化"→"仿真序列"指令。

◆ 图2-53 仿真序列 ◆

2）单击打开"仿真序列"对话框，如图2-54所示。

（2）条件序列编辑

1）如图2-55所示，单击机电导航栏左侧的"序列编辑器"按钮。

2）为更好地将序列进行分类，右击空白处，在弹出的快捷菜单中选择"创建组"指令，如图2-56所示。

◆ 图2-54 "仿真序列"对话框 ◆

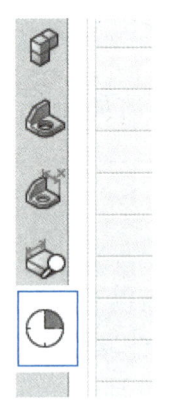
◆ 图2-55 序列编辑器 ◆

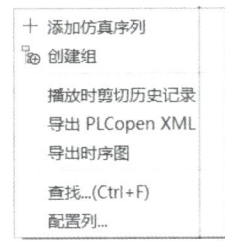
◆ 图2-56 选择"创建组"指令 ◆

3）双击可修改名称，如图2-57所示。

4）创建两个组，如图2-58所示。

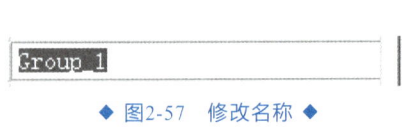
◆ 图2-57 修改名称 ◆

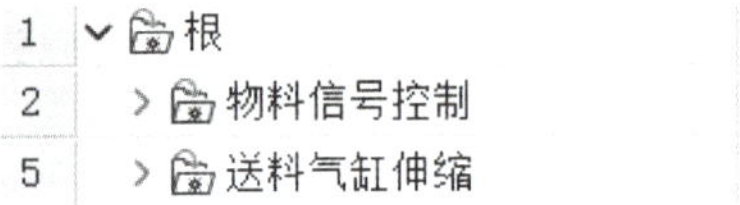

◆ 图2-58 创建组 ◆

5）右击后选择"添加仿真序列"，如图2-59所示。

6）在弹出的对话框中单击"选择条件对象"，找到信号栏中的"控制序列信号"，选择并修改参数为"物料产生"，值改为"true"，单击"确定"按钮，如图2-60所示。

7）继续创建序列，这次选择上面的"选择对象"，然后在"基本机电对象"中选择名为"上料源"的对象源，在"运行时参数"栏勾选"活动"，值改为"true"，名称改为"物料源开启信号"，单击"确定"按钮，如图2-61所示。

◆ 图2-59 选择"添加仿真序列" ◆

8）将两个新创建的序列放到"物料信号控制"组中。选中两个序列，右击弹出快捷菜单，选择"移到组"，再选择"物料信号控制"并单击"确定"按钮，如图2-62所示。

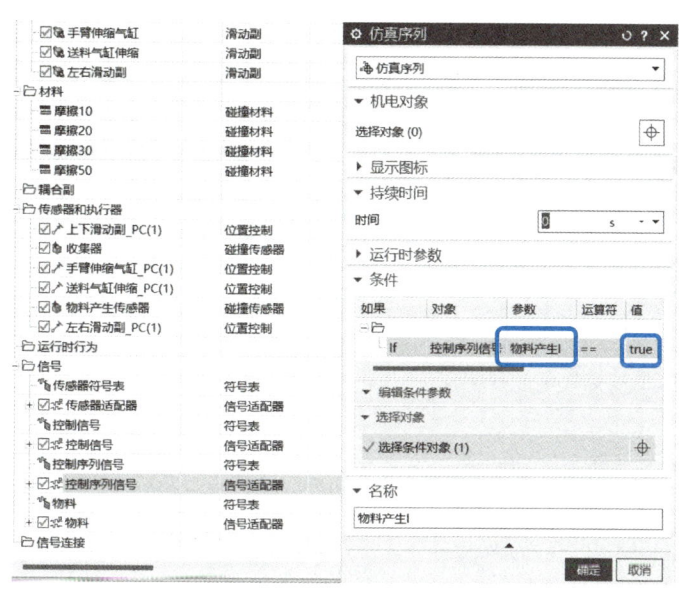

◆ 图2-60 对象选择方法 ◆

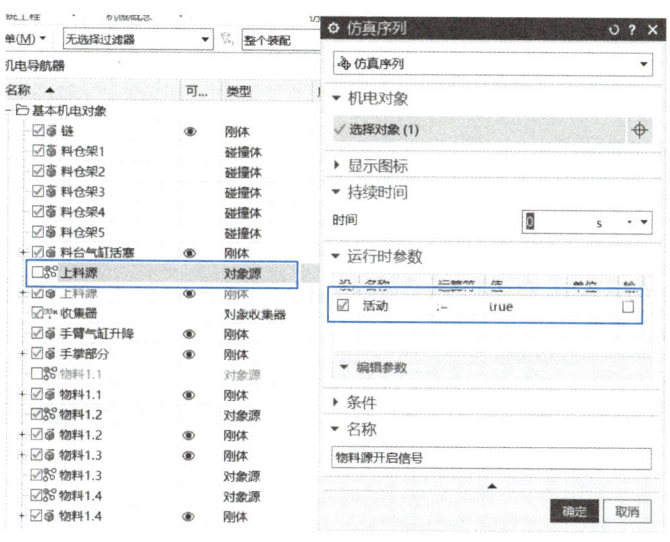

◆ 图2-61 机电对象选择方法 ◆

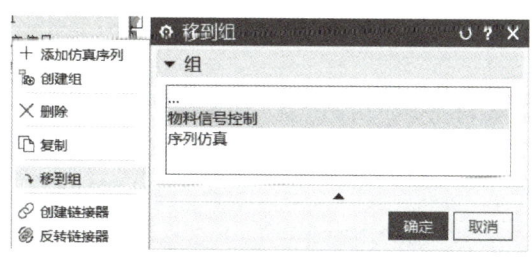

◆ 图2-62 分组方式 ◆

9）继续创建序列，选择对象为"传感器适配器"，持续时间为0s，参数为"物料产生传感器信号"，值为"false"，名称改为"物料传感器false"，单击"确定"按钮，如图2-63所示。

10）选择对象为"控制信号"，持续时间为1s，参数勾选"送料气缸伸出"，值为"true"，名称改为"送料气缸伸出true"，单击"确定"按钮，如图2-64所示。

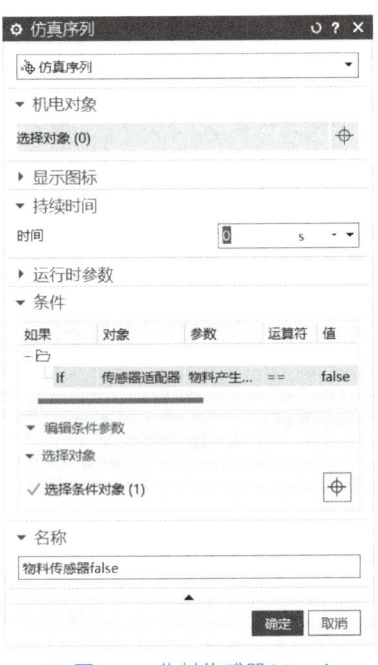

▲ 图2-63　物料传感器false ◆

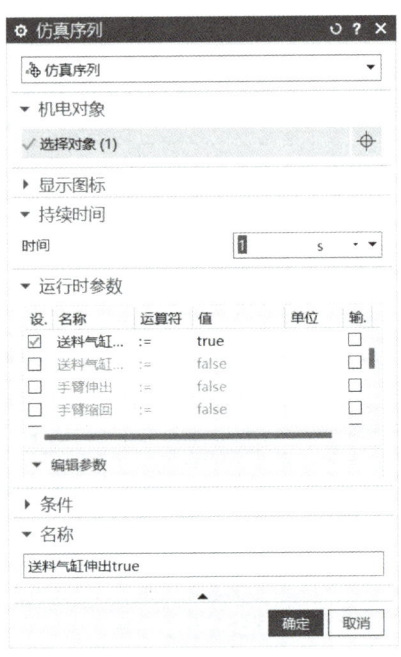

◆ 图2-64　送料气缸伸出true ◆

11）选择对象为"控制信号"，持续时间为0s，参数勾选"送料气缸伸出"，值为"false"，名称改为"送料气缸伸出false"，单击"确定"按钮，如图2-65所示。

12）选择对象为"传感器适配器"，持续时间为0s，参数为"物料产生传感器信号"，值为"true"，名称改为"物料传感器true"，单击"确定"按钮，如图2-66所示。

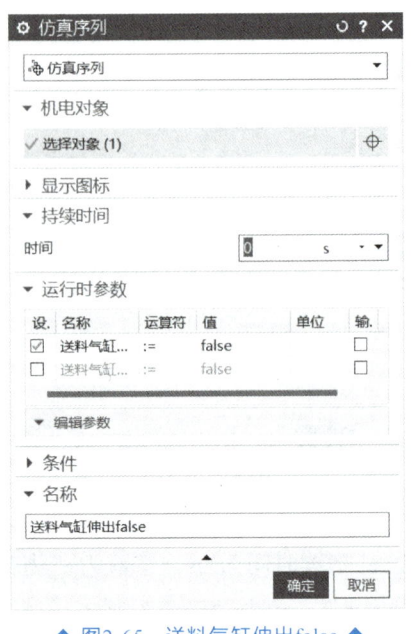

◆ 图2-65　送料气缸伸出false ◆

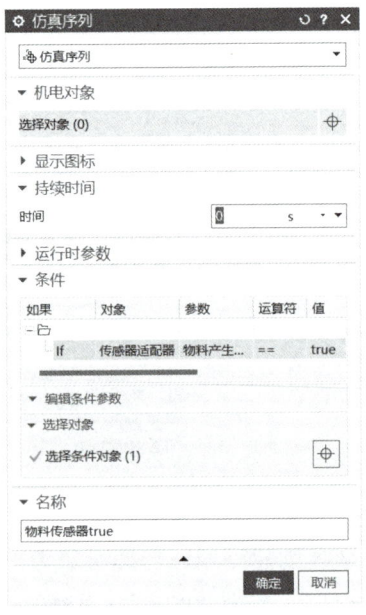

◆ 图2-66　物料传感器true ◆

13）选择对象为"控制信号"，持续时间为 1s，参数勾选"送料气缸缩回"，值为"true"，名称改为"送料气缸缩回 true"，单击"确定"按钮，如图 2-67 所示。

14）选择对象为"控制信号"，持续时间为 0s，参数勾选"送料气缸缩回"，值为"false"，名称改为"送料气缸缩回 false"，单击"确定"按钮，如图 2-68 所示。

◆ 图2-67 送料气缸缩回true ◆

◆ 图2-68 送料气缸缩回false ◆

15）创建链接器，选择要链接的序列，并且由上到下顺序正确，右击弹出快捷菜单，选择"创建链接器"即可，如图 2-69 所示。

16）按照以上方法，创建其他链接，如图 2-70 所示。

◆ 图2-69 创建链接器 ◆　　　　　　◆ 图2-70 所有链接 ◆

2.2.5 执行序列的创建

执行序列需要根据工艺过程创建，每一个步骤都需要添加，其创建思路如图 2-71 所示。

执行序列的创建

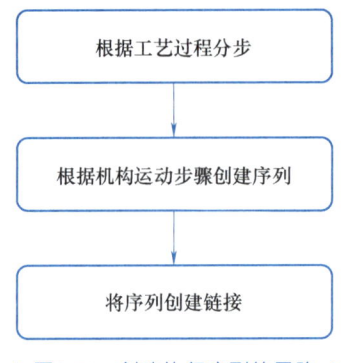

▲ 图2-71　创建执行序列的思路 ▲

1. 序列创建

执行序列基本指令及创建方法与条件序列基本一致，此处不再赘述。

1）首先以"送料气缸缩回到位"和"物料产生传感器信号"为条件，使执行工艺的序列运行，所以，单击"选择条件对象"，添加两个条件，如图2-72所示。

2）选择对象为"控制信号"，持续时间为1.5s，参数勾选"手臂伸出"，值为"true"，名称改为"手臂伸出true"，单击"确定"按钮，如图2-73所示。

▲ 图2-72　添加条件 ▲

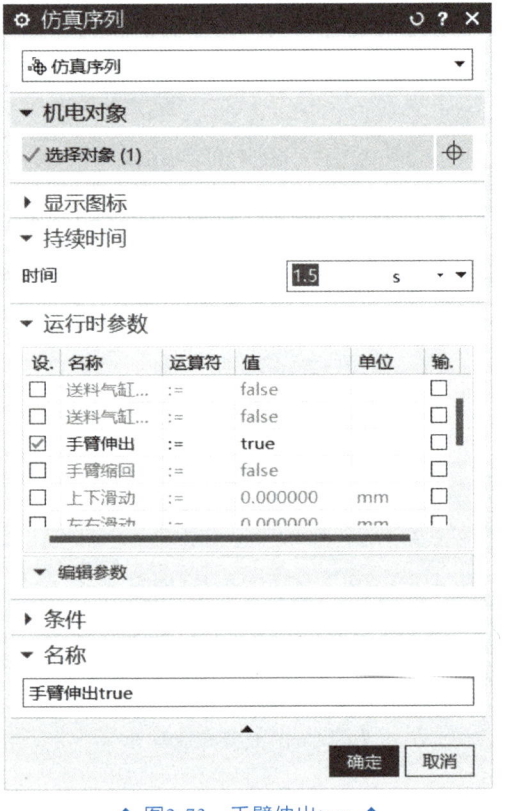

▲ 图2-73　手臂伸出true ▲

3）选择对象为"控制信号"，持续时间为1s，参数勾选"手臂伸出"，值为"false"，"上下滑动"值为"20"，名称改为"手臂伸出false，上下20"，如图2-74所示。

4)选择对象为"控制信号",持续时间为 1s,参数勾选"手臂缩回",值为"true",名称改为"手臂缩回 true",单击"确定"按钮,如图 2-75 所示。

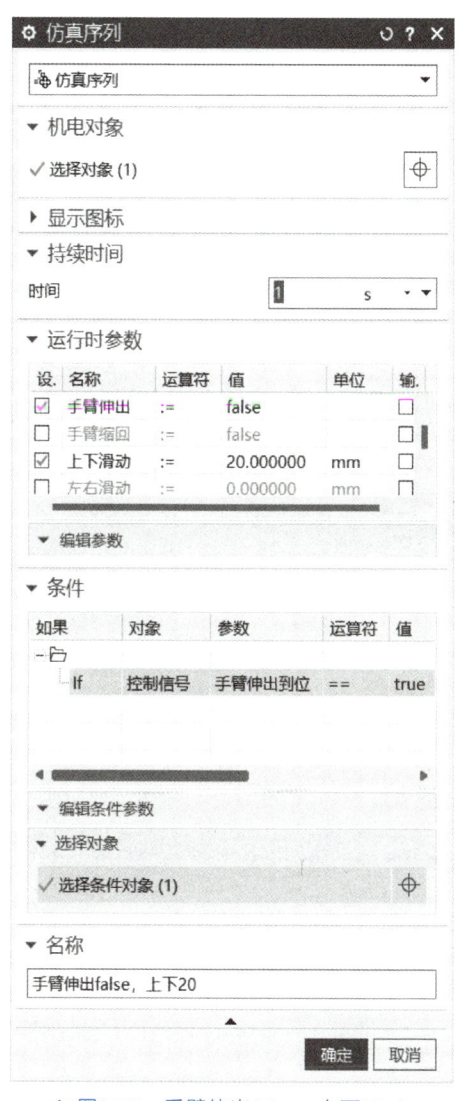

◆ 图 2-74 手臂伸出 false,上下 20 ◆

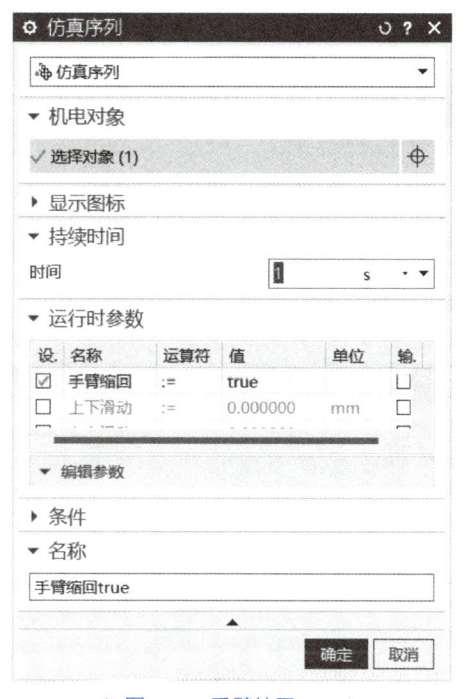

◆ 图 2-75 手臂缩回 true ◆

5)选择对象为"控制信号",持续时间为 3s,参数勾选"手臂缩回",值为"false","上下滑动""左右滑动"值分别为"650""598",名称改为"手臂缩回 false,左右 598,上下 650",单击"确定"按钮,如图 2-76 所示。

6)选择对象为"控制信号",持续时间为 1s,参数勾选"手臂伸出",值为"true",名称改为"手臂伸出 true",单击"确定"按钮,如图 2-77 所示。

7)选择对象为"控制信号",持续时间为 1s,参数勾选"手臂伸出",值为"false","上下滑动"值为"630",名称改为"手臂伸出 false,上下 630",如图 2-78 所示。

8)选择对象为"控制信号",持续时间为 1s,参数勾选"手臂缩回",值为"true",

名称改为"手臂缩回 true",如图 2-79 所示。

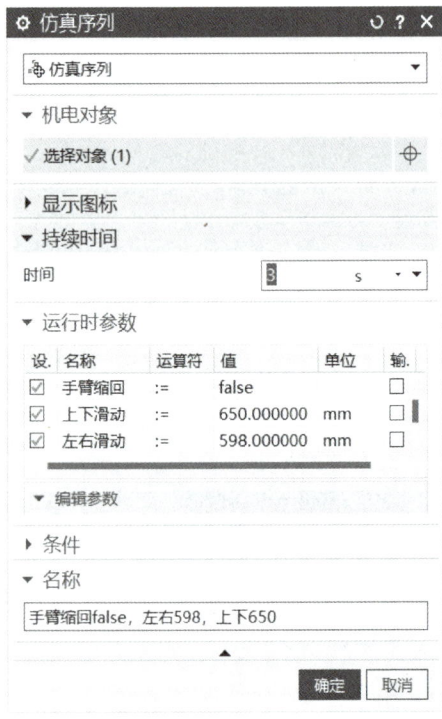

◆ 图2-76　手臂缩回false，左右598，上下650 ◆

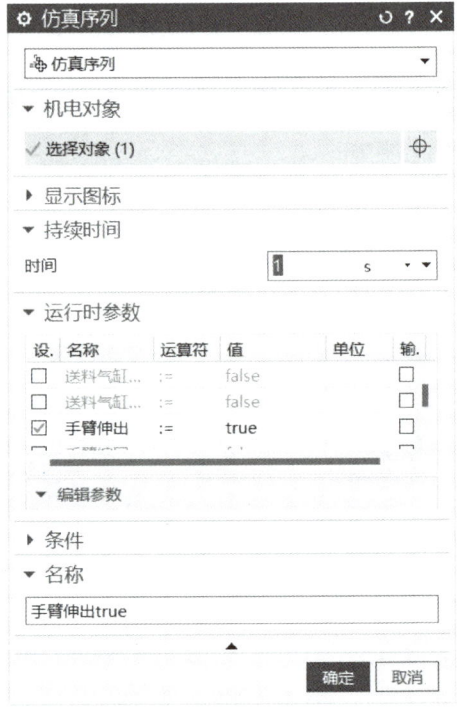

◆ 图2-77　手臂伸出true ◆

◆ 图2-78　手臂伸出false，上下630 ◆

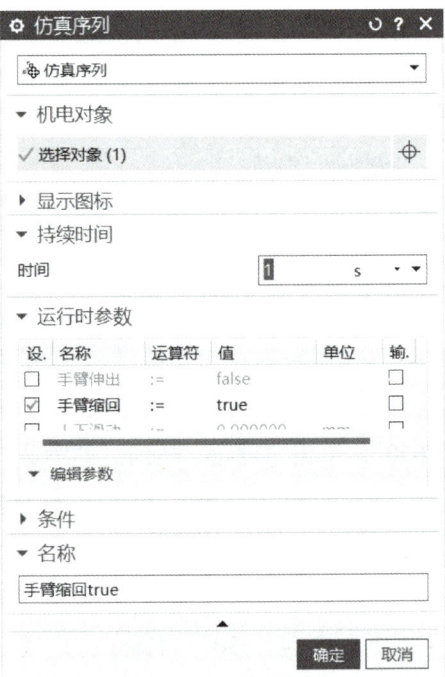

◆ 图2-79　手臂缩回true ◆

9）选择对象为"控制信号"，持续时间为1s，参数勾选"手臂缩回"，值为"false"，"上下滑动""左右滑动"值均为"0"，名称改为"手臂缩回 false，归位0，0"，单击"确定"按钮，如图2-80所示。

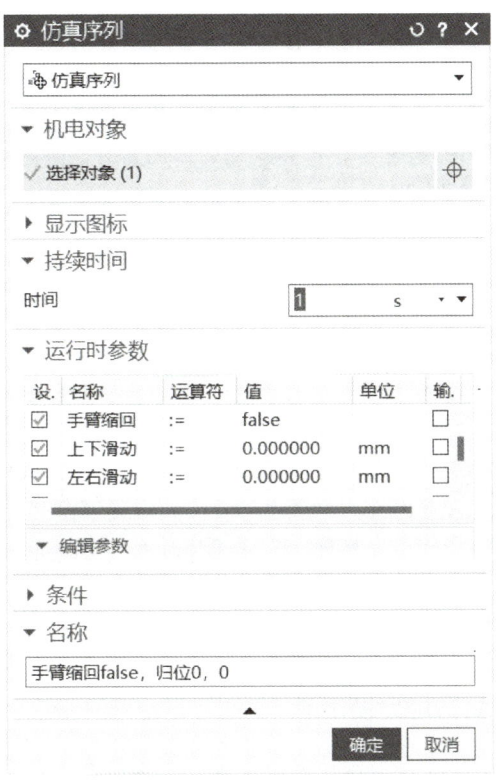

◆ 图2-80　手臂缩回false，归位0，0 ◆

10）创建链接，选中要链接的全部工序，右击弹出快捷菜单，选择"创建链接器"（注意检查序列的顺序是否符合工艺要求），如图2-81所示。

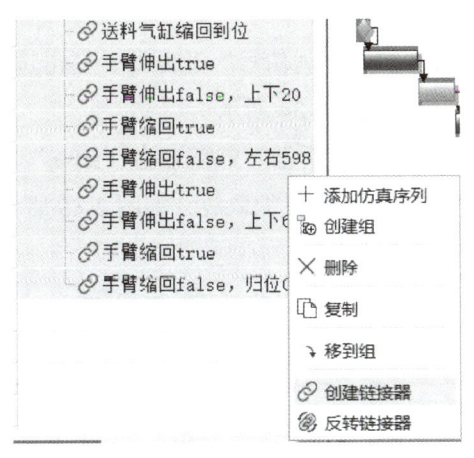

◆ 图2-81　创建链接 ◆

11）所有序列如图2-82所示。

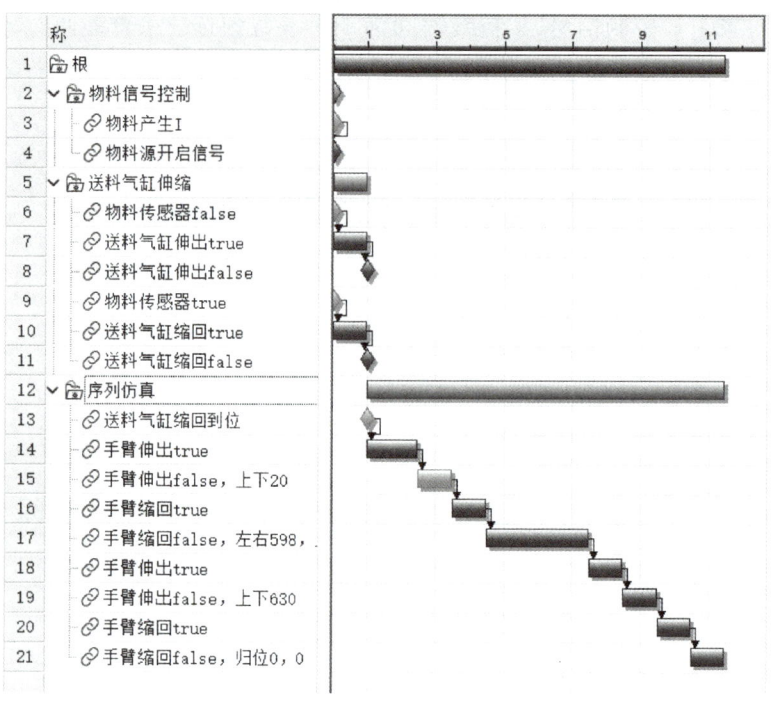

◆ 图2-82 所有序列 ◆

2. 播放序列

1）单击"播放"按钮，如图 2-83 所示，模型会有一个偏置归位的操作，当所有机构回到初始位置之后就可以进行触发操作了。

◆ 图2-83 "播放"按钮 ◆

2）找到"信号"栏中的"控制序列信号"适配器，右击选择"添加到察看器"。这里已经添加进去，所以变为灰色，如图 2-84 所示。

3）单击导航栏左侧按钮，进入察看器，然后双击"false"将其变为"true"。观看模型的动作变化，逐步调整至能完成一个物料的取放，如图 2-85 所示。

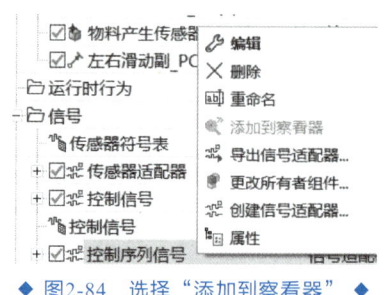

◆ 图2-84 选择"添加到察看器" ◆

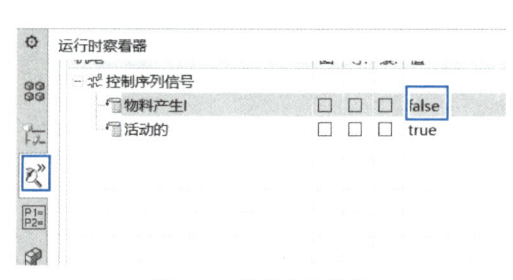

◆ 图2-85 物料产生触发 ◆

"工匠精神"内涵

经过初步归纳研究,"工匠精神"可以从六个维度加以界定,即专注、标准、精准、创新、完美、人本。其中,专注是工匠精神的关键,标准是工匠精神的基石,精准是工匠精神的宗旨,创新是工匠精神的灵魂,完美是工匠精神的境界,人本是工匠精神的核心。

——摘自《工匠精神与工业文明》,作者:李海舰,徐韧

通过本书的学习,我们要深刻领悟到"工匠精神"内涵的落脚点就在于实事求是。生产线工艺仿真同样要遵守实事求是这一科学观点,即要从企业的功能定位、生产需求、生产线现场布置以及产品的工艺流程等实际出发来开展工艺仿真,这是生产线总体方案设计的前提,也只有这样,才有可能做到"专注、标准、精准、创新、完美、人本"。

练习题

1. 在进行机电概念设计之前进行模型校准的意义是什么?
2. 传感器的创建需要真实的传感器作为载体吗?
3. 按照模型设置碰撞体,但不能达到其工艺过程要求,应如何解决?
4. 在创建基本机电对象时,哪些零部件需要设置为"刚体"?
5. 在创建信号适配器之前需要在符号表中添加信号,那么添加的输入信号和输出信号有何区别?

PROJECT 3
项目 ③

装备内部信号控制仿真

项目描述

NX MCD 不仅可以实现序列直接控制机构进行运动仿真,也可以通过信号间接控制机构进行运动仿真。信号控制仿真不仅可以实现用简单的序列控制复杂的工艺过程,还能将控制精度直接运用公式写入信号内部,从而实现高效精准的工艺仿真。立体库的设备模型如图 3-1 所示。

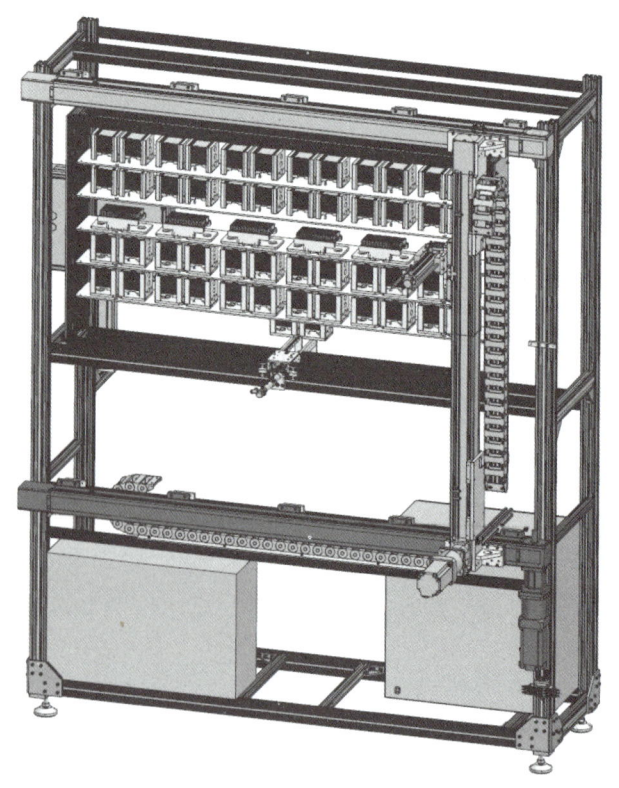

◆ 图3-1 设备模型 ◆

项目3 装备内部信号控制仿真

技能证书要求

对应 1+X 生产线数字化仿真应用证书技能点
能够根据生产线中的设备逻辑关系，添加仿真软件中的信号
能够根据生产线仿真需求，添加非仿真信号
能够根据仿真需求，设置仿真软件中的信号适配器
能够根据调试需求，选择合理的信号通信方式
能够根据生产线控制要求，分配信号地址、定义信号类型

学习目标

1. 掌握 MCD 信号的创建，并能够根据生产线的实际情况创建对应的信号。

2. 掌握 MCD 信号逻辑公式的编写，并能够根据生产线的运动情况创建正确的逻辑公式。

3. 掌握站点内部控制仿真序列的创建，并能够根据生产线工艺过程完成仿真序列的创建。

4. 掌握信号控制的仿真验证方法，并能够在 MCD 中用信号调试验证生产线。

学习导图（图3-2）

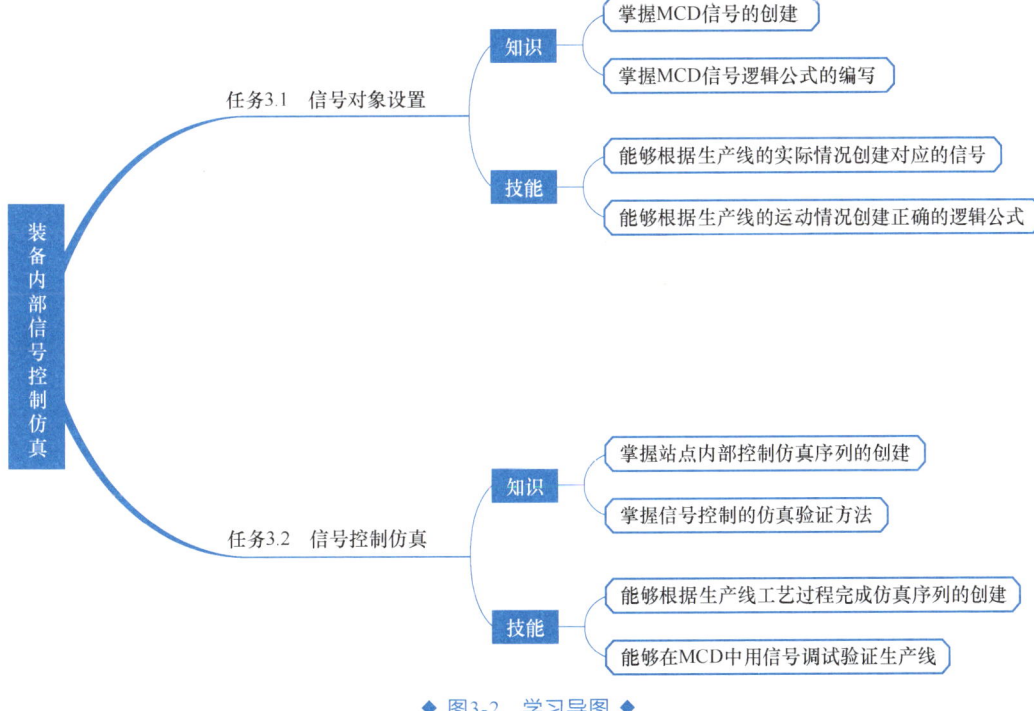

◆ 图3-2 学习导图 ◆

任务3.1 信号对象设置

任务提出

在工作过程中，请结合表 3-1 中的内容了解本项目的任务和关键指标。

表3-1 任务书

任名称	信号对象设置	任务来源	企业综合项目
姓名		实施时间	
任务描述	本任务是"信号对象设置"。某生产线在进行设备工艺仿真之前，要完成信号对象的设置。请根据本任务中 NX MCD 软件相关命令的学习，对原料库的任务进行分析，设置合适的信号对象		
关键指标要求	1. MCD 信号概念的了解 2. NX MCD 软件术语及指令的应用 3. 输出信号的创建 4. 输入信号的创建		

知识准备

3.1.1 信号的定义及应用

信号是指在某一时间内携带有意义的信息的物理量或事件。信号可以是连续的（模拟信号）或离散的（数字信号）。信号可以通过不同的特征来描述，例如振幅、频率、相位、时间等。

信号在各个领域中都有广泛的应用，包括但不限于以下几个方面。

（1）通信系统

信号是在无线通信、有线通信和光纤通信中传输信息的媒介。调制和解调技术被应用于将信息转换为适合传输的信号形式，并从接收端解码还原出原始信息。

（2）音频处理

音频信号是声音的表示，广泛应用于语音通信、音频录制和音乐播放等方面。音频处理技术包括声音增强、降噪、音频编解码等。

（3）图像和视频处理

图像信号和视频信号是视觉信息的表示，在图像处理、视频压缩、图像识别和计算机视觉等领域有重要应用。

（4）控制系统

在自动控制系统中，信号用于传递控制命令和反馈信息，控制系统根据信号的变化来实现对被控对象的控制。例如，传感器采集的信号可以用来控制机器人、工业生产线和自动化设备等。

（5）生物医学工程

在医学诊断和治疗中，信号被广泛应用于生物信号检测（如心电图、脑电图、血压信号等）、医学成像（如 X 射线、磁共振成像等）和生物信号分析等方面。

（6）传感器网络

传感器网络利用各种传感器采集环境信息，并通过信号传输将数据传输到中央处理器进行处理和分析，在环境监测、智能交通、农业和物流等领域得到了广泛应用。

（7）视频编解码

通过信号编码和解码技术，视频可以被压缩和传输，实现高质量的视频传输和存储。

（8）数字信号处理

数字信号处理技术可用于信号滤波、频谱分析、时域和频域特征提取、模式识别和信号恢复等。

除了以上应用领域，信号在科学研究、航天航空、雷达和导航系统、金融市场分析等领域也发挥着重要作用。信号的定义和应用在不同领域和学科中都有着广泛的研究和应用价值。

3.1.2 MCD信号

在 NX MCD 软件基本操作中所用到的信号是指由用户自行创建的，用来表示执行某种操作或者表征一些信息的符号。创建 MCD 信号之前，需要在符号表中创建相应的符号，包括符号名称、IO 类型、数据类型等，为了注明含义还可以添加备注。信号的数据类型如下。

（1）整数型（Integer）

用于表示整数值，例如 –1、0、1、2 等。

（2）字符串型（String）

用于表示一串字符组成的文本，例如"Hello""World"等。

（3）布尔型（Boolean）

用于表示真（True）或假（False）的逻辑值。

（4）双精度（Double precision）

它通常用于存储具有更高精度要求的实数值。

在图 3-3 所示的信号适配器中创建信号。

首先需要选择机电对象，所谓的机电对象就是信号控制的对象，例如气缸的伸缩、滑动副、铰链副等；其次，添加参数，一个滑动副包括速度、位移、加速度等很多参数，需要具体到某个量；再次，添加信号，从符号表中选择创建好的符号作为信号，修改输入/输出类型；最后，为需要特殊控制的信号指派公式。

3.1.3 软件术语及指令

本任务中主要使用的软件术语为 I/O 类型、数据类型和运行时参数等。

◆ 图3-3　信号适配器 ◆

1. I/O 类型

创建 I/O 类型说明见表 3-2。

表3-2　创建I/O类型说明

软件术语	I/O 类型
说明图	输入/输出
种类	I 输入、O 输出
作用	输入信号作为外部控制的信号，不可以指派为公式，而输出是可以的

2. 数据类型

选择数据类型说明见表 3-3。

表3-3　选择数据类型说明

软件术语	选择数据类型
说明图	数据类型 bool / bool / int / double / string
种类	int、double、bool、string 等
作用	整型、双精度、布尔型、字符串型

3. 运行时参数

创建运行时参数说明见表 3-4。

表3-4 创建运行时参数说明

软件术语	创建运行时参数
说明图	运行时参数(R)...
种类	单层数量、放置层数、目标位置等
作用	从种类名称可看出，分别是运行时不断变化的参数

4. 序列仿真

创建序列仿真说明见表 3-5。

表3-5 创建序列仿真说明

指令	序列仿真
说明图	仿真序列
参数	运行时参数、选择对象、条件等
作用	控制基本路径，完成工艺路径的仿真

任务实施

3.1.4 装备输出信号创建

输出信号创建思路如图 3-4 所示。

装备输出信号创建

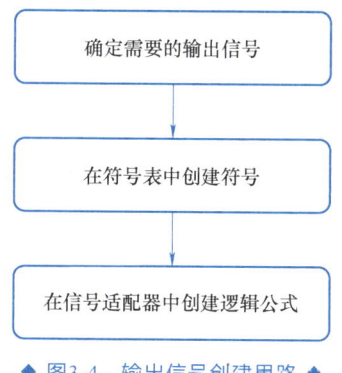

◆ 图3-4 输出信号创建思路 ◆

1. 确定输出信号

对于 NX MCD 而言，输出信号的对象是指从 MCD 输出到外部 PLC 的信号。由控制程序对数字模型发出指令，数字模型接收到指令后完成相应的动作，动作结束之后再发出下一个指令，此时，需要一个反馈信号让程序知道其发出的指令动作已完成。输出信号需要准确地将数字模型的瞬时状态告知控制程序，如"取料到位""放料到位""Z 轴取料到位""Z轴放料到位""Y轴取料到位""Y轴放料到位"等到位信号,以及"传感器触发"信号等。

2. 创建符号

(1) 创建符号表

1) 在NX MCD模块"主页"的"自动化"一栏找到"符号表",单击打开"符号表"对话框创建符号来表示输出信号,如图3-5所示。

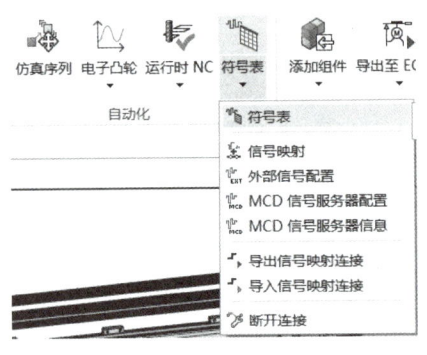

◆ 图3-5 符号表位置 ◆

2) 单击右上角"新建符号"按钮,如图3-6所示。

3) 单击修改符号名称和符号表名称,分别创建"取料到位""放料到位""Z轴取料到位""Z轴放料到位""Y轴取料到位""Y轴放料到位"6个输出信号,如图3-7所示。

◆ 图3-6 新建符号 ◆

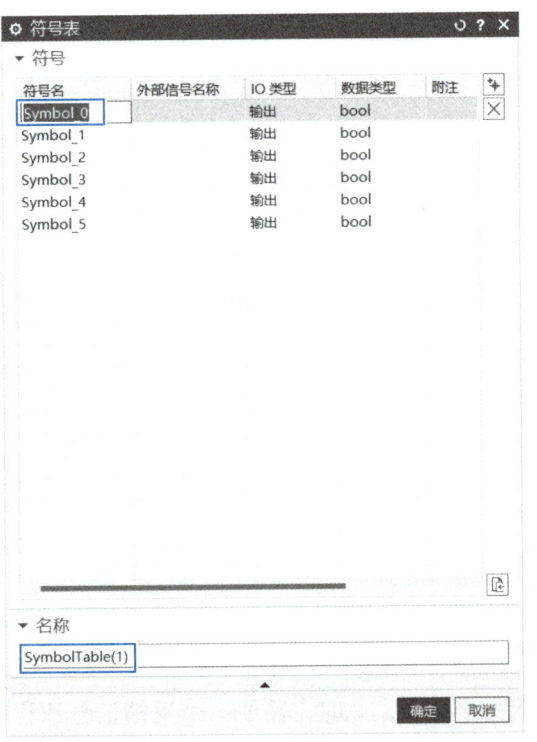

◆ 图3-7 修改名称 ◆

4）名称修改完毕，I/O 类型改为"输出"，数据类型改为"bool"，如图 3-8 所示。

（2）创建信号适配器

1）在"主页"的"电气"栏中找到"符号表"，打开其子菜单后选择"信号适配器"，如图 3-9 所示。

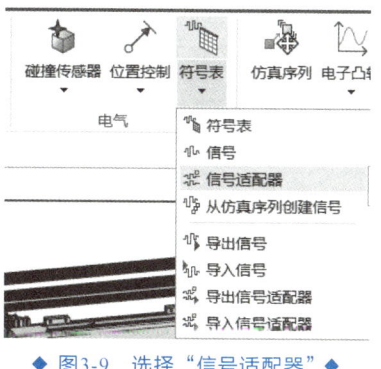

◆ 图3-8　输出变量 ◆　　　　　　　　◆ 图3-9　选择"信号适配器" ◆

2）在弹出的"信号适配器"对话框中，单击"信号"栏右上角的"添加"按钮，如图 3-10 所示。

◆ 图3-10　"信号适配器"对话框 ◆

（3）选择机电对象

可选择的机电对象有很多种，如运动副和约束、传感器和执行器、运行时参数等，一般情况下，一次性添加所有需要的机电对象。

1）单击选择机电对象，选择左侧"左右滑动副_PC（1）"的位置控制执行器，参数名称选择"位置"，在右侧单击"添加参数"按钮，如图 3-11 所示。

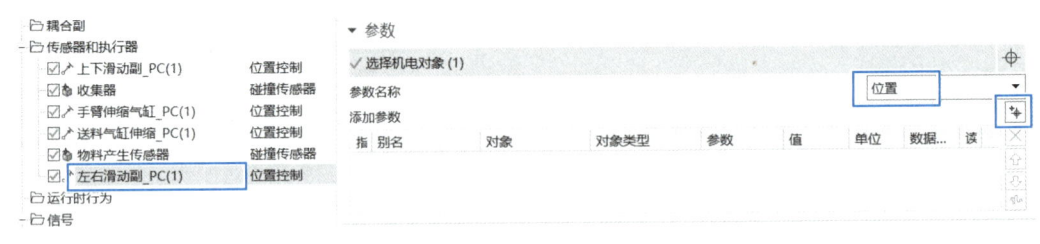

◆ 图3-11　添加机电对象 ◆

2）修改别名为"Y轴位置"方便记忆，当需要在下方添加公式时，勾选左侧的"指派为"，如图 3-12 所示。

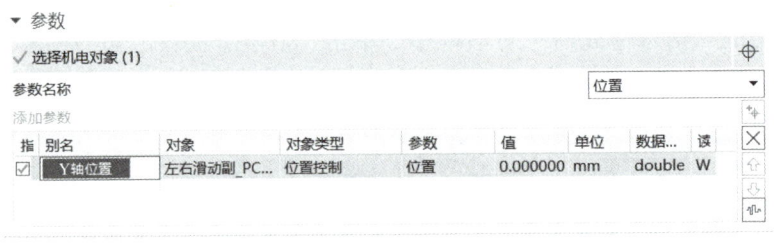

◆ 图3-12　对象添加完成 ◆

3）通过"对象类型"，如"位置控制"和"滑动副"，找到相应的"机电对象"并选择，如图 3-13 所示。

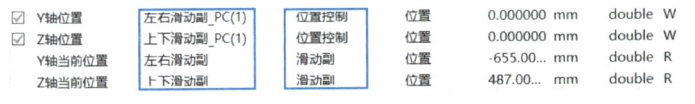

◆ 图3-13　全部机电对象 ◆

4）可根据相应的符号修改名称，也可下拉选择对应的符号，后续数据类型、输入/输出与符号表一致，但可以改变初始值。bool 型变量只有"true"和"false"两个值。在"指派为"一栏中勾选所有的输出变量，如图 3-14 所示。

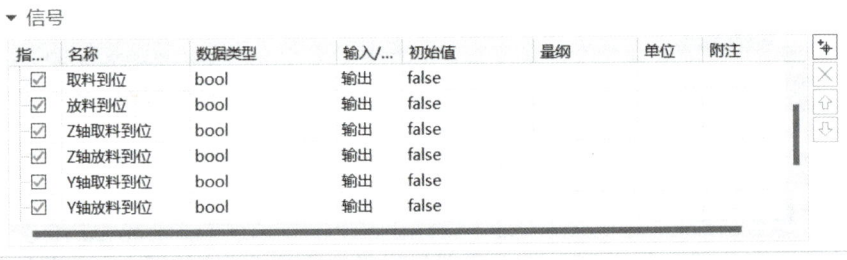

◆ 图3-14　创建输出信号 ◆

3. 创建输出公式

输出变量在勾选"指派为"时就可以编辑公式。通过工艺过程可以分析出,"Z轴取料到位"代表伺服驱动携带伸缩手臂,到达取料机构所在区域,并且误差不能超过 0.2mm,用公式表示为 If(abs(Z轴当前位置)<0.2)Then(true)Else(false);"Z轴放料到位"表示 Z 轴当前位置与 Z 轴取料位置之差小于 0.2mm,用公式表示为 If(abs(Z轴当前位置 −Z 轴放料位)<0.2)Then(true)Else(false),如图 3-15 所示。

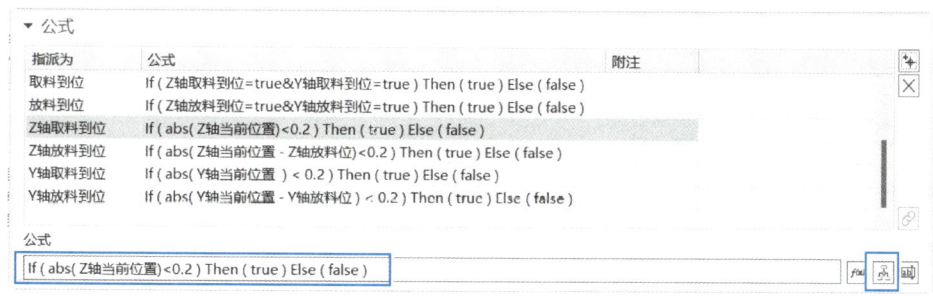

◆ 图3-15 所有公式 ◆

编辑公式的方法是,首先在"指派为"一栏中选择需编辑的公式,可在左下角直接输入,但需要注意格式问题,也可在右下角的"插入条件"中输入,此处为自动格式,如图 3-16 所示。

◆ 图3-16 编辑公式 ◆

条件构建器填写完之后,单击"确定"按钮,如图 3-17 所示。

3.1.5 装备输入信号创建

装备输入信号创建流程如图 3-18 所示。

装备输入信号创建

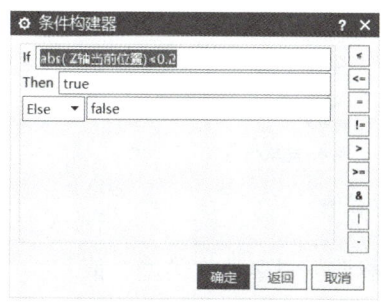

◆ 图3-17 条件构建器 ◆

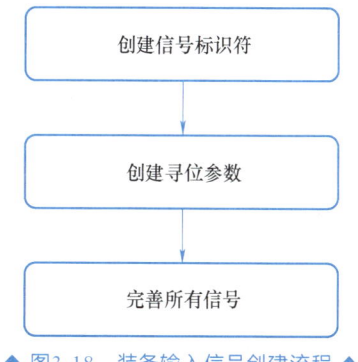

◆ 图3-18 装备输入信号创建流程 ◆

1. 创建符号

当生产线需要物料时，MES 下单之后，给予原料库指令，伺服模组带动手臂来到库位，手臂伸出，拿到物料，手臂缩回，将物料送至下料口，等待 AGV 过来取料。

1）根据前面章节创建的"符号表"可继续添加相应的"符号"，此处演示继续添加的方法。在"机电导航器"中找到名为"入库_符号表"的符号表，如图 3-19 所示。

2）双击"入库_符号表"打开已创建的符号表，在其中添加名称分别为"取料""放料""Z 轴微升""入库""Z 轴微降"的符号，如图 3-20 所示。

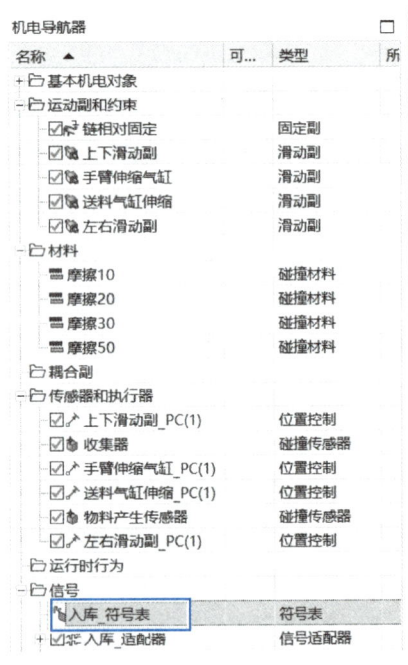 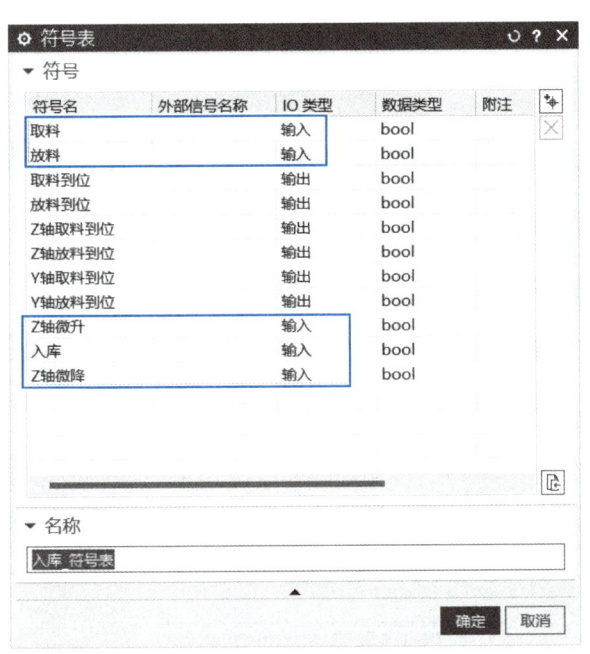

◆ 图3-19 已创建的符号表位置 ◆　　　◆ 图3-20 符号表 ◆

2. 创建运行时参数

1）右击"机电导航栏"中的"信号"，找到"新建"，展开后选择"运行时参数"，如图 3-21 所示。

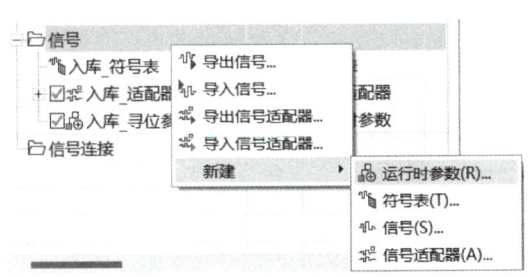

◆ 图3-21 创建运行时参数 ◆

2）出现如图 3-22 所示对话框，可以创建变量，修改变量名称、类型、值。

3）在"参数属性"一栏中修改名称为"单层数量"，类型为"整形"，值为"0"，单击绿色"√"按钮即可添加,如图 3-23 所示。

◆ 图3-22 运行时参数 ◆

◆ 图3-23 创建参数 ◆

4）根据上述方法，创建所需的运行时参数，并修改名称，如图 3-24 所示。

3. 创建输出信号

1）在"机电导航栏"的"信号"中找到已创建的"入库_适配器",双击打开,如图 3-25 所示。

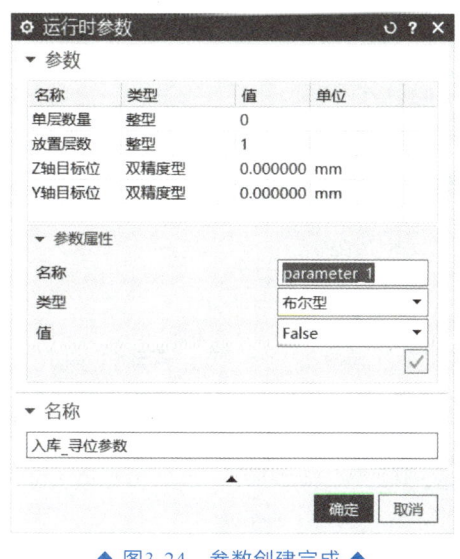

◆ 图3-24 参数创建完成 ◆

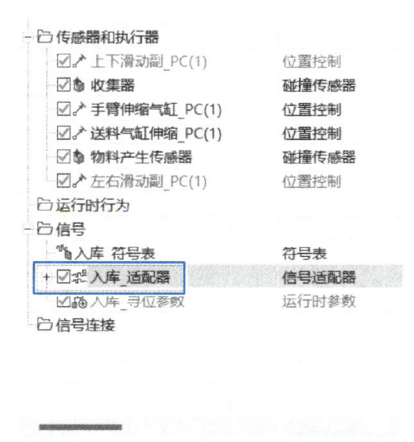

◆ 图3-25 再次打开信号适配器 ◆

2）单击"选择机电对象"，选择左侧"入库_寻位参数"，选择参数名称为"单层数量"，单击右侧的"添加参数"按钮，如图 3-26 所示。

3）按照上述方法，将全部机电对象添加完毕，如图 3-27 所示。

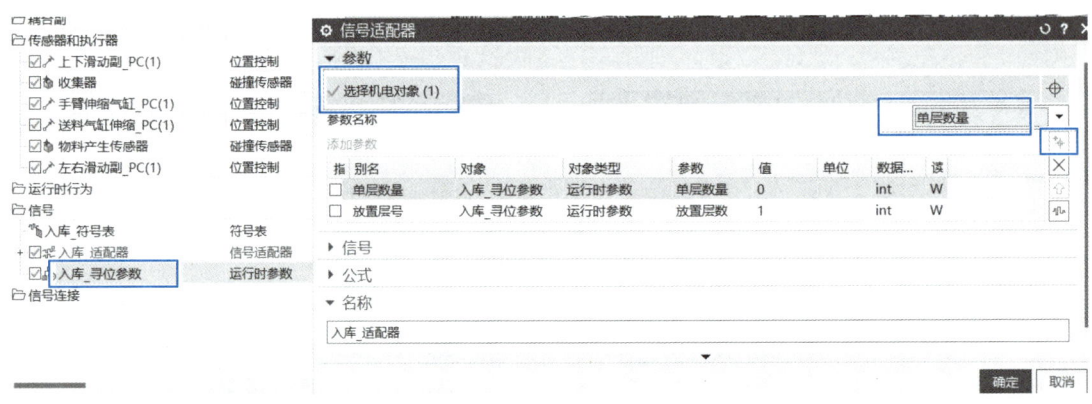

◆ 图3-26　选择机电对象 ◆

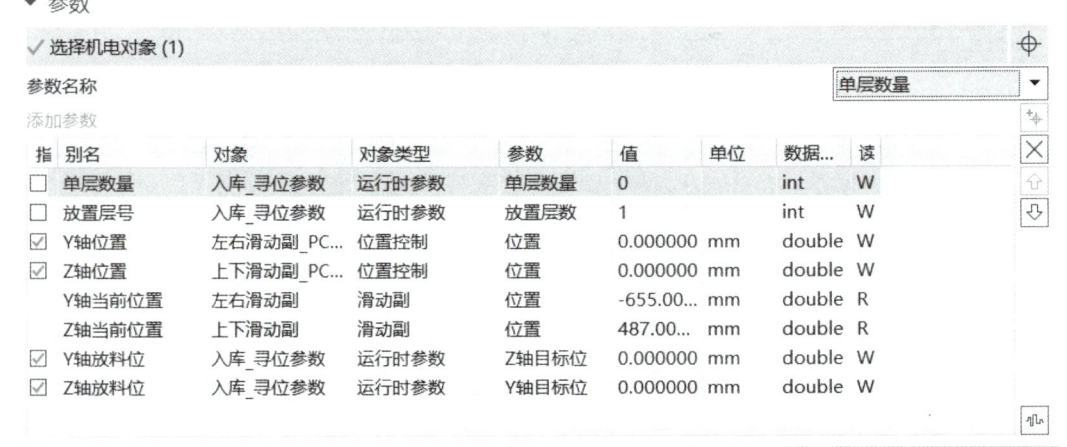

◆ 图3-27　所有机电对象 ◆

4）模仿创建输出信号的方法，创建输入信号。应注意的是，输入信号不可勾选"指派为"，所以添加完信号之后，"输入/输出"类型改为"输入"，再把名称选择为相应的符号名。创建如图 3-28 所示的所有信号。

指…	名称	数据类型	输入/输出	初始值	量纲	单位	附注
	取料	bool	输入	false			
	放料	bool	输入	false			
☑	取料到位	bool	输出	false			
☑	放料到位	bool	输出	false			
☑	Z轴取料到位	bool	输出	false			
☑	Z轴放料到位	bool	输出	false			
☑	Y轴取料到位	bool	输出	false			
☑	Y轴放料到位	bool	输出	false			
	Z轴微升	bool	输入	false			
	入库	bool	输入	false			
	Z轴微降	bool	输入	false			

◆ 图3-28　所有信号 ◆

5）根据前述创建公式的方法，创建所有"指派为"变量的"公式"，如图 3-29 所示。

◆ 图3-29 全部公式 ◆

> ▶ 任务3.2 信号控制仿真

任务提出

在工作过程中，请结合表 3-6 中的内容了解本项目的任务和关键指标。

表3-6 任务书

任务名称	信号控制仿真	任务来源	企业综合项目
姓名		实施时间	
任务描述	本任务是"信号控制仿真"。某生产线在进行设备工艺仿真时，要创建信号控制机构进行仿真。请根据本任务中 NX MCD 软件相关命令的学习，对原料库的工艺过程进行分析，选择合适的方式完成对原料库的信号控制仿真		
关键指标要求	1. 了解控制逻辑 2. 学会观察信号映射出的基本物理属性 3. 熟练运用软件术语及指令 4. 能够编写控制公式，并且通过不断地调试最终实现仿真		

知识准备

3.2.1 控制逻辑

工艺仿真的控制有两种方式。第一种方式是仿真序列直接控制传感器和执行器。所谓直接控制指的是选择机电对象时直接选择传感器和执行器中的位置控制、速度控制等，并且在"运行时参数"中勾选相应的物理属性，并输入相应的控制精度。直接控制逻辑如图 3-30 所示。

第二种方式是由仿真序列通过控制信号，间接控制传感器和执行器。在创建信号的内部编写控制传感器和执行器的逻辑公式，逻辑公式中的 IF 语句可以精确地控制执行机构的运动。与第一种控制逻辑不同,在信号内部编写完逻辑公式之后,由序列控制时就不再需要填写速度、时间等物理量,只需要给予开始和结束信号。间接控制逻辑如图3-31所示。

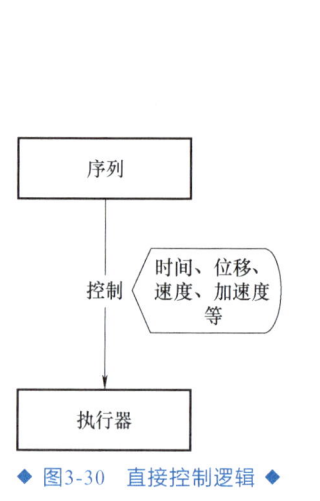
◆ 图3-30 直接控制逻辑 ◆

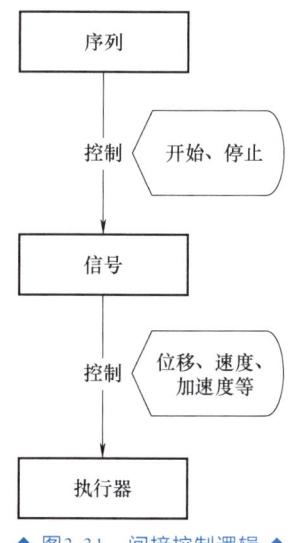
◆ 图3-31 间接控制逻辑 ◆

3.2.2 信号与设备的映射

设备的运行状态可以通过"运行时察看器"实时监控。将对象加入"运行时察看器"的方法有两种。第一种方法是右击需要添加的对象,如"链相对固定",选择"添加到察看器"即可,如图3-32所示。

第二种方法是单击"播放"按钮后双击需要添加的对象,如"上下滑动副"即可,如图3-33所示。

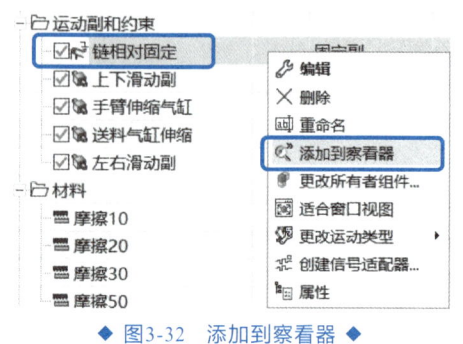
◆ 图3-32 添加到察看器 ◆

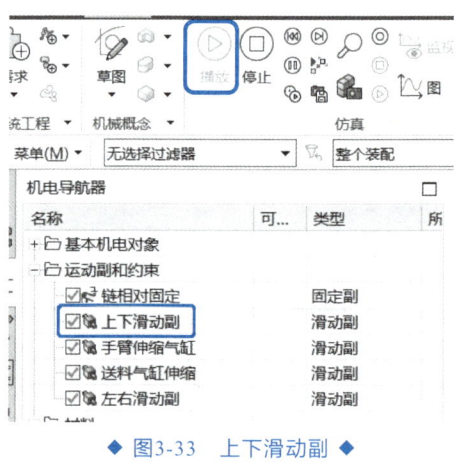
◆ 图3-33 上下滑动副 ◆

在"运行时察看器"对话框中,单击"察看器"标签,通过"值"一栏可实时查看模型的物理状态,如图3-34所示。

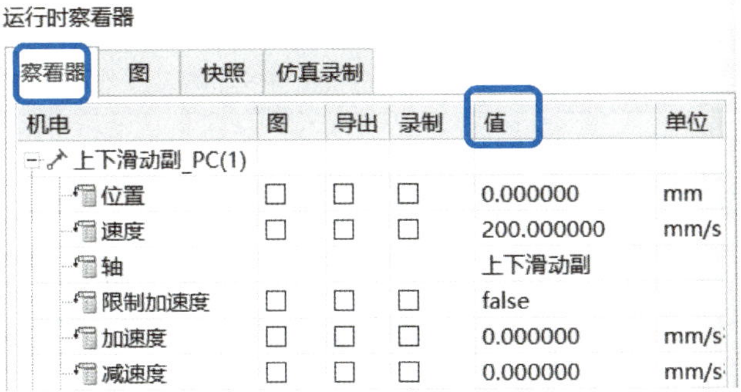

◆ 图3-34 察看器 ◆

3.2.3 软件术语及指令

1. 条件对象

选择条件对象说明见表3-7。

表3-7 选择条件对象说明

软件术语	条件对象
说明图	选择条件对象
种类	运动副、传感器、执行器、运行时参数等
作用	条件对象的选择是基于事件的发生条件或者发生顺序,在条件对象的参数达到某个特定值时,执行某一段序列

2. 运算符

选择运算符说明见表3-8。

表3-8 选择运算符说明

软件术语	运算符
说明图	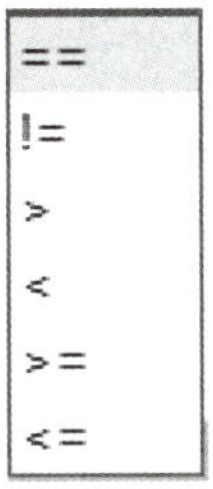 == != > < >= <=
种类	==、!=、>、<、>=、<=
作用	计算机语言中用于表征数值大小关系的符号,依次表示等于、不等于、大于、小于、大于或等于、小于或等于

3. 条件关系

选择条件关系说明见表3-9。

表3-9 选择条件关系说明

软件术语	条件关系
说明图	And Or
种类	Or、And
作用	"Or"代表的是并联关系,达到条件之一就能执行;"And"代表的是串联关系,必须同时满足两个条件才能执行

4. 传感器条件参数

选择传感器条件参数说明见表3-10。

表3-10 选择传感器条件参数说明

软件术语	传感器条件参数
说明图	已触发 活动
种类	活动、已触发
作用	"活动"的意思是在机电导航栏中是否勾选该对象;"已触发"的意思是传感器触发

5. 序列运行时参数

选择机电对象为信号适配器时的运行时参数见表3-11。

表3-11 选择运行时参数说明

软件术语	运行时参数
说明图	▼ 运行时参数 设 名称 运算符 值 单位 输 □ 轴 := B □ 速度 := 0.000000 mm/s □ □ 限制加速度 := false □ □ 加速度 := 0.000000 mm/s² □ □ 限制加加速度 := false □ □ 加加速度 := 0.000000 mm/s³ □ □ 限制力 := false □ □ 限制正向力 := 0.000000 N □ □ 限制反向力 := 0.000000 N □ □ 活动 := true □
种类	内部参数、活动的
作用	"内部参数"是指所选对象本身具有的一些参数,而"活动的"意思是在机电导航栏中是否勾选该对象

任务实施

3.2.4 逻辑关系指定

逻辑关系指定

逻辑关系指定思路如图3-35所示。

1. 分析运动情况

信号"Y轴位置"代表的是手臂伸缩气缸跟随伺服驱动器在水平Y轴方向上的位置,是指"公式"给予"Y轴位置"具体的数值。机构通过"滑动副"按照"位置控制"所设定的速度移动到"Y轴位置"。

Y轴移动的运动过程一般分为四种情况,即四种信号,分别是"取料""放料""Z轴微升""Z轴微降"。

1)当执行"取料"指令时,夹爪必须移动到上料机构准确位置进行取料,取料位Y轴的坐标为0,Z轴的坐标也为0。

2)当执行"放料"指令时,夹爪将会移动到库位进行放料,放料的Y轴位置和Z轴位置都是不固定的。

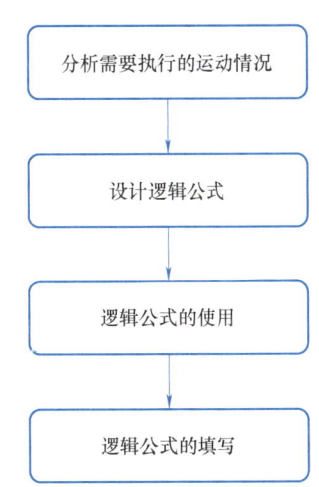

◆ 图3-35 逻辑关系指定思路 ◆

3)当执行"Z轴微升"指令时,考虑到只有在取料时才需要,所以只在取料位时才进行微升,Y轴的位置为0,Z轴的位置为20。

4)当执行"Z轴微降"指令时,需要在每一个库位放料时都进行微降,所以Y轴、Z轴的位置都是未知的,但是有迹可循。

2. 设计公式

1)根据库位情况,分析"Y轴放料位"的公式为:598−(单层数量−1)*240;"Z轴放料位"的公式为:650−(放置层号−1)*120。

2)"Y轴位置"为:如果在"取料"时,则"Y轴位置"为0;如果在"放料"时,则"Y轴位置"为"598−(单层数量−1)*240";如果在"Z轴微升"时,"Y轴位置"为0;如果在"Z轴微降"时,"Y轴位置"为"598−(单层数量−1)*240";否则,"Y轴位置"为"Y轴当前位置"。

用公式语言表示为:If(取料)Then(0)Else If(放料)Then(598−(单层数量−1)*240)Else If(Z轴微升)Then(0)Else If(Z轴微降)Then(598−(单层数量−1)*240)Else(Y轴当前位置)

3)"Z轴位置"为:在"取料"时,则"Z轴位置"为0;在"放料"时,则"Z轴位置"为"650−(放置层号−1)*120";在"Z轴微升"时,"Z轴位置"为20;在"Z轴微降"时,"Z轴位置"为"650−(放置层号−1)*120−20";否则,"Z轴位置"为"Z轴当前位置"。

用公式语言表示为:If(取料)Then(0)Else If(放料)Then(650−(放置层号−1)*120)Else If(Z轴微升)Then(20)Else If(Z轴微降)Then(650−(放置层号−1)*120−20)Else

(Z轴当前位置）。

3. 逻辑公式的使用

函数"abs（）"表示的意思是"括号"内部取绝对值；逻辑运算符"&"和"与"表达的意思是相同的，代表串联的两个条件必须同时满足。

"取料到位"所表达的意思是同时满足"Z轴取料到位"和"Y轴取料到位"，同样精度不得小于0.2mm，用公式语言可以表示为：If（Z轴取料到位=true&Y轴取料到位=true）Then（true）Else（false）。

"放料到位"所表达的意思是同时满足"Z轴放料到位"和"Y轴放料到位"，同样精度不得小于0.2mm，用公式语言可以表示为：If（Z轴放料到位=true&Y轴放料到位=true）Then（true）Else（false）。

4. 逻辑公式的填写

（1）直接填写法

应注意的是IF语句条件和结果需要用小括号（）表示，括号嵌套时，只用小括号就可以，不需要中括号和大括号，例如最简单的IF语句：If（A）Then（B）Else（C）。图3-36所示为直接填写法。

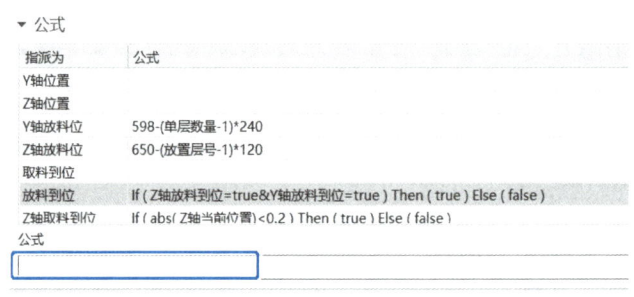

◆ 图3-36　直接填写法 ◆

（2）条件构建器填写

首次打开条件构建器会自动出现模板，如图3-37所示。

删掉If后的条件，换成需要填写的，如果还存在其他条件可以单击"Else"后的下拉箭头展开，选择"Else If"，增加条件，如图3-38所示。

◆ 图3-37　条件构建器首次打开 ◆

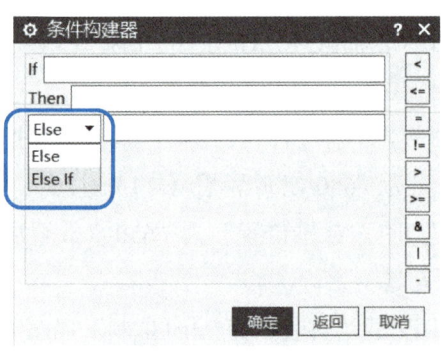

◆ 图3-38　增加条件 ◆

右侧的逻辑运算符可以直接使用，条件构建器中的条件和结果不需要添加括号，例如"If（Z轴取料到位=true &Y轴取料到位=true）Then（true）Else（false）"在条件构建器中的写法，如图3-39所示。

其他公式按照上述两种方法全部写入公式栏中即可。

3.2.5 信号控制仿真验证

信号控制仿真验证的思路如图3-40所示。

信号控制仿真验证

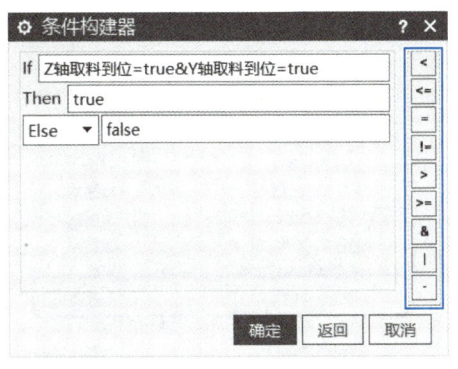
◆ 图3-39 公式写入条件构建器 ◆

1. 创建仿真序列

（1）创建序列分组

1）在序列编辑器界面，右击空白处，在弹出的快捷菜单中选择"创建组"，如图3-41所示。

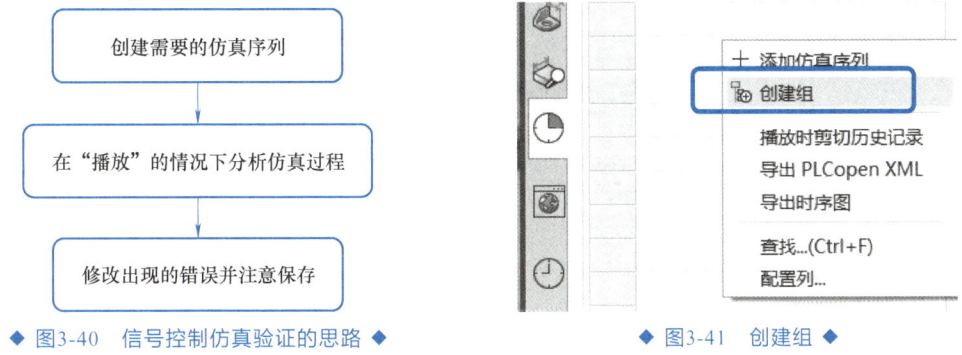

◆ 图3-40 信号控制仿真验证的思路 ◆　　　　◆ 图3-41 创建组 ◆

2）创建三个分组，分别命名为"物料源""计数""入库"，如图3-42所示。

3）在"物料源"分组中创建模拟手工把物料放到取料位的序列，右击空白处，在弹出的快捷菜单中选择"添加仿真序列"，如图3-43所示。

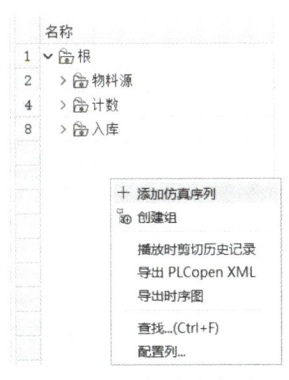

◆ 图3-42 创建分组完成 ◆　　　　◆ 图3-43 添加仿真序列 ◆

（2）物料源序列

1）机电对象需要选择类型为"对象源"、名称为"上料源"的"基本机电对象"，如

图 3-44 所示。

2）条件对象选择类型为"信号适配器"、名称为"入库_适配器"的信号，如图 3-45 所示。

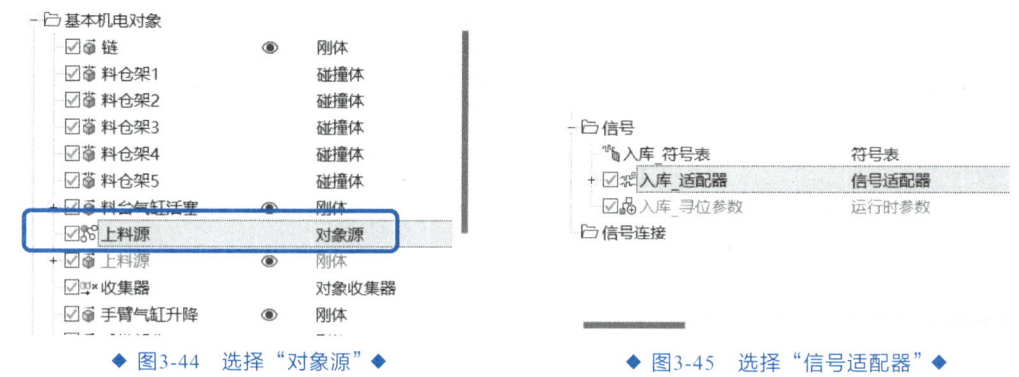

◆ 图3-44 选择"对象源" ◆　　　　　　　　◆ 图3-45 选择"信号适配器" ◆

3）时间默认为 0s，瞬时触发不需要改动；勾选机电对象的"运行时参数"中的"活动"，并且将值改为"true"；条件对象中的参数选择"入库"，运算符选择"=="，值改为"true"；为方便后期的检查修正，名称改为"入库，上料源 true"，如图 3-46 所示。

◆ 图3-46 上料源序列 ◆

（3）计数序列

1）机电对象选择类型为"运行时参数"的"入库_寻位参数"，时间为 0s；勾选"单层数量"，运算符为"+="，值为"1"；条件-对象参数选择"已触发"，运算符为"=="，值为"true"；名称改为"单层数量+1"。单层数量递增序列如图 3-47 所示。

◆ 图3-47 单层数量递增序列 ◆

2）机电对象选择"入库_寻位参数"，时间为0s，"运行时参数""条件-对象"及"名称"设置如图3-48所示。

3）放置结束序列设置如图3-49所示。

◆ 图3-48 放置层数递增序列 ◆

◆ 图3-49 放置结束序列 ◆

(4) 入库序列

1) 为避免取料手臂未归位产生冲突，上料源活动序列需要添加限制条件，如图 3-50 所示。

2) 料台伸出序列如图 3-51 所示。

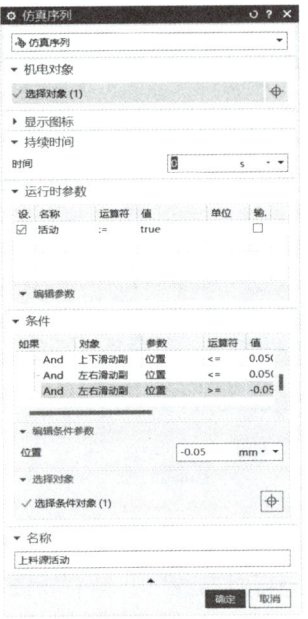

◆ 图3-50　上料源活动序列 ◆

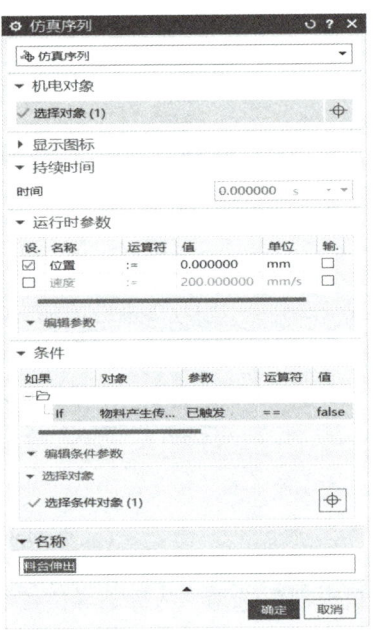

◆ 图3-51　料台伸出序列 ◆

3) 料台缩回序列如图 3-52 所示。

4) 循环触发序列如图 3-53 所示。

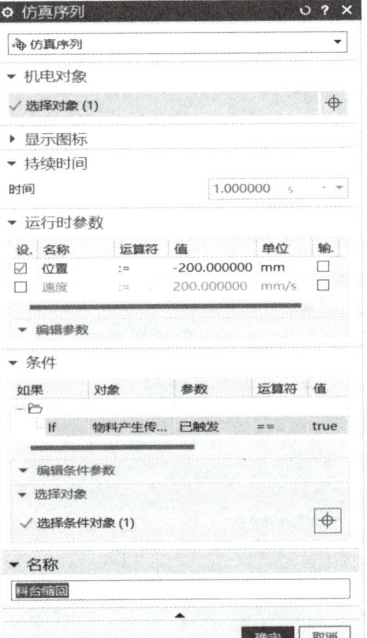

◆ 图3-52　料台缩回序列 ◆

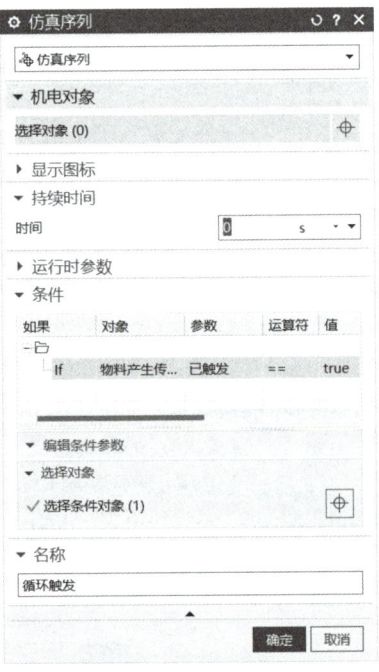

◆ 图3-53　循环触发序列 ◆

5）取料序列如图 3-54 所示。

6）取料到位序列如图 3-55 所示。

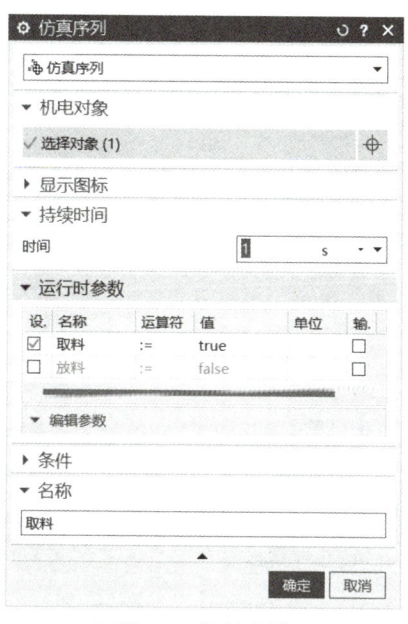

◆ 图3-54　取料序列 ◆

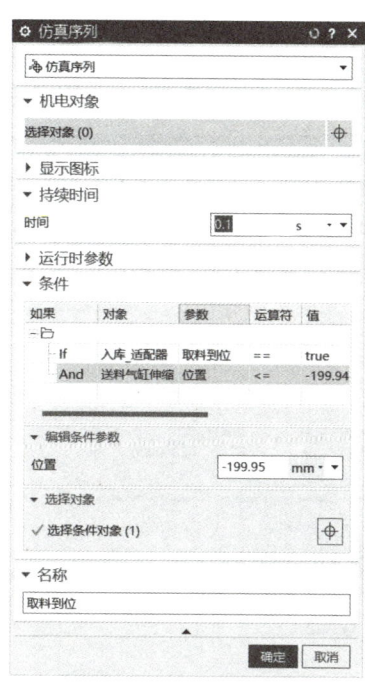

◆ 图3-55　取料到位序列 ◆

7）手臂伸出序列如图 3-56 所示。

8）Z 轴微升，取料 false 序列如图 3-57 所示。

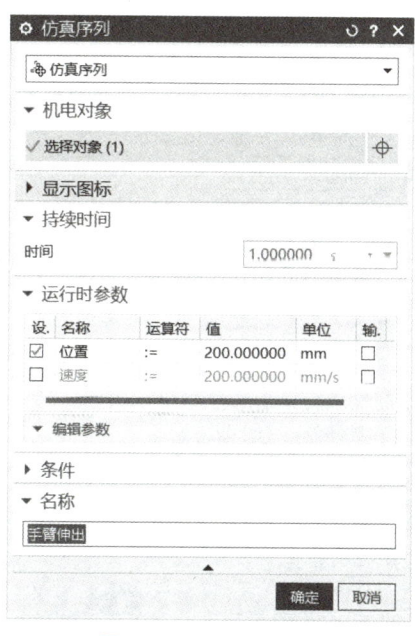

◆ 图3-56　手臂伸出序列 ◆

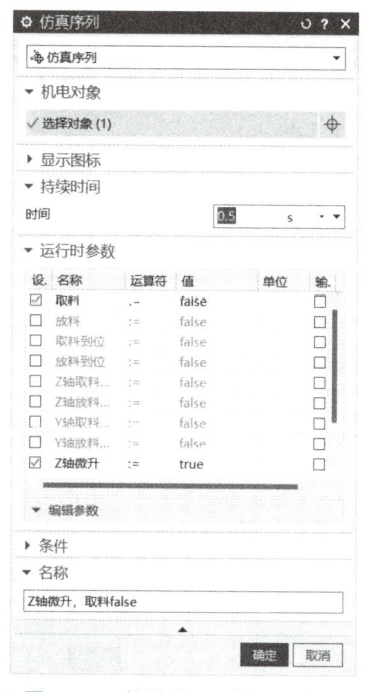

◆ 图3-57　Z轴微升，取料false序列 ◆

9）手臂缩回序列如图 3-58 所示。

10）放料 true，微升 false 序列如图 3-59 所示。

◆ 图3-58　手臂缩回序列 ◆

◆ 图3-59　放料true，微升false序列 ◆

11）放料到位序列如图 3-60 所示。

12）手臂伸出序列如图 3-61 所示。

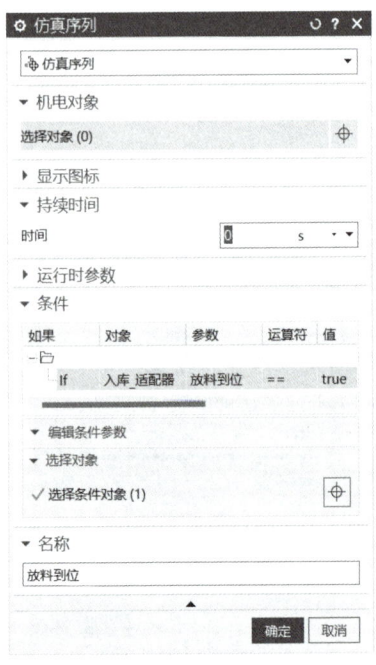

◆ 图3-60　放料到位序列 ◆

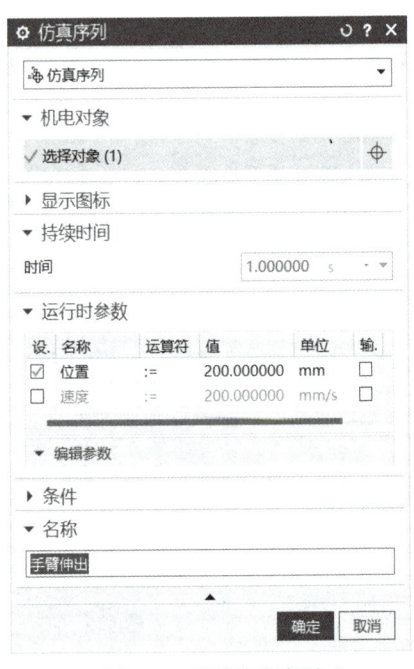

◆ 图3-61　手臂伸出序列 ◆

13）Z 轴微降，放料 false 序列如图 3-62 所示。

14）微降 false 序列如图 3-63 所示。

◆ 图3-62　Z轴微降，放料false序列 ◆

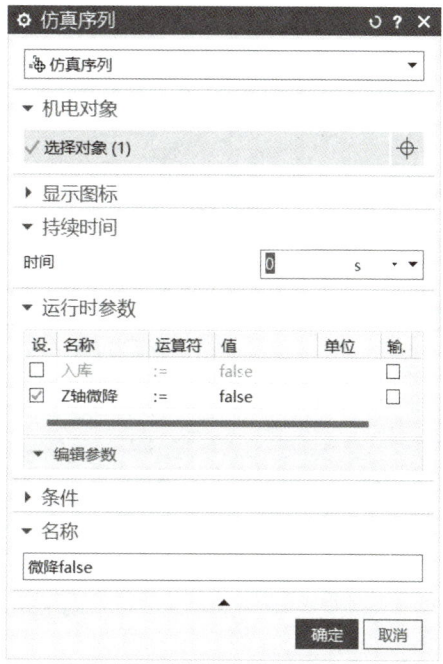

◆ 图3-63　微降false序列 ◆

15）手臂缩回序列如图 3-64 所示。

16）Z 归位序列如图 3-65 所示。

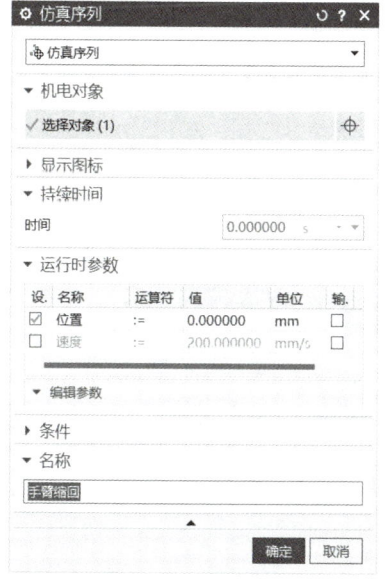

◆ 图3-64　手臂缩回序列 ◆

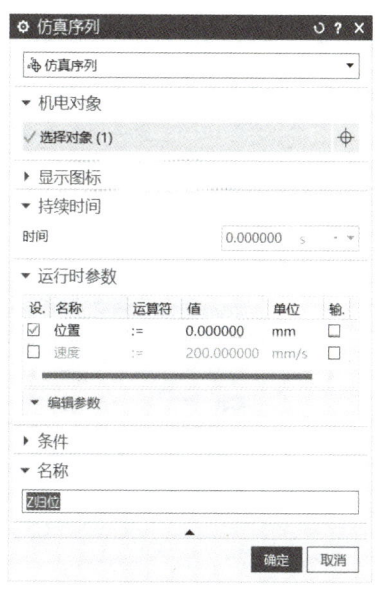

◆ 图3-65　Z归位序列 ◆

17) Y 归位序列如图 3-66 所示。

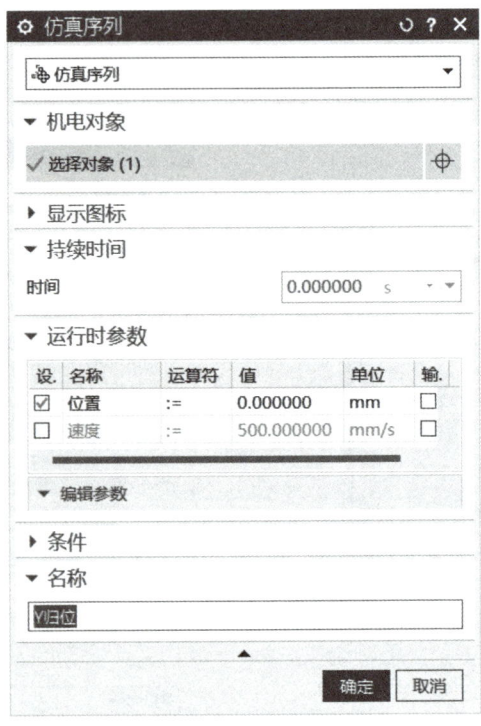

◆ 图3-66　Y归位序列 ◆

18) 创建完成后，检查是否勾选全部序列，如图 3-67 所示。

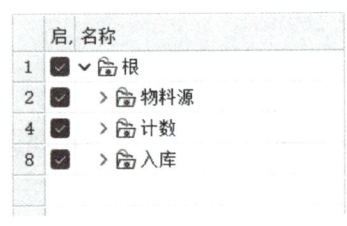

◆ 图3-67　勾选所有序列 ◆

19) 单击"播放"按钮，如图 3-68 所示。

◆ 图3-68　播放 ◆

20) 逐步调整至能完成所有的工艺过程。

"工匠精神"内涵——标准

做标准是做企业的最高境界。标准包括员工标准、现场标准、流程标准、设备标准、技术标准、安全标准、环境标准、产品标准等。以流程标准为例,把复杂问题简单化,把简单问题数量化,把数量问题程序化,把程序问题体系化。流程标准形成体系以后,自驱动性、自增长性、自优化性、自循环性,即自运行性,轮回上升。专注体现的是一以贯之,标准体现的则是一丝不苟。

——摘自《工匠精神与工业文明》,作者:李海舰,徐韧

标准是对重复性事物和概念所做的统一规定,它以科学技术和实践经验的结合成果为基础,经有关方面协商一致,由主管机构批准,以特定形式发布,作为共同遵守的准则和依据。简言之,标准就是准则和依据。结合本书的学习,我们要加强和提高对标准化的认识,树立一切按标准要求去做的理念,培养一丝不苟、高标准要求的素质。

练习题

1. 在符号表中进行信号添加时,通常添加哪些常见数据类型的信号?
2. 如何查看运动机构的当前位置?
3. 必须先创建符号表,才能创建信号适配器吗?
4. 如果只进行生产线的虚拟仿真,必须要通过信号来控制仿真序列的运行吗?
5. 在创建仿真序列时,通常分组进行创建,这样创建的目的是什么?

PROJECT 4
项目 ④
装备软件在环虚拟调试

项目描述

软件在环调试是指在软件的开发过程中,将软件部署到目标环境中进行测试和调试的过程。软件开发通常在开发环境中进行,而在环调试需要将软件部署到目标环境中,以模拟真实的使用场景,进行功能测试、性能测试和故障排除等,如图 4-1 所示。

◆ 图4-1 在环虚拟调试 ◆

技能证书要求

对应 1+X 生产线数字化仿真应用证书技能点
能够根据仿真软件的功能,描述该软件的仿真工作特性
能够根据仿真软件的功能,选择合适的虚拟通信方式
能够应用虚拟仿真环境,完成对生产工艺流程的初步验证
能够根据系统技术参数,配置软硬件通信环境
能够使用 PLC 编程软件,完成仿真 PLC 程序的上传和下载

学习目标

1. 掌握 MCD 的基本软件指令及术语,并且能够熟练使用 MCD。
2. 掌握利用 PLCSIM Adv 创建不同的虚拟 PLC,能够实现在生产线虚拟调试时创建不同的虚拟 PLC。
3. 掌握利用 PLCSIM Adv 将博途与 MCD 实现实时通信,能够实现生产线的虚拟调试。
4. 掌握基本的 PLC 程序编写方法,能够实现根据生产线的工艺过程要求编写控制程序。
5. 掌握软件在环虚拟调试方法,能够熟练完成软件的在环虚拟调试。

学习导图(图 4-2)

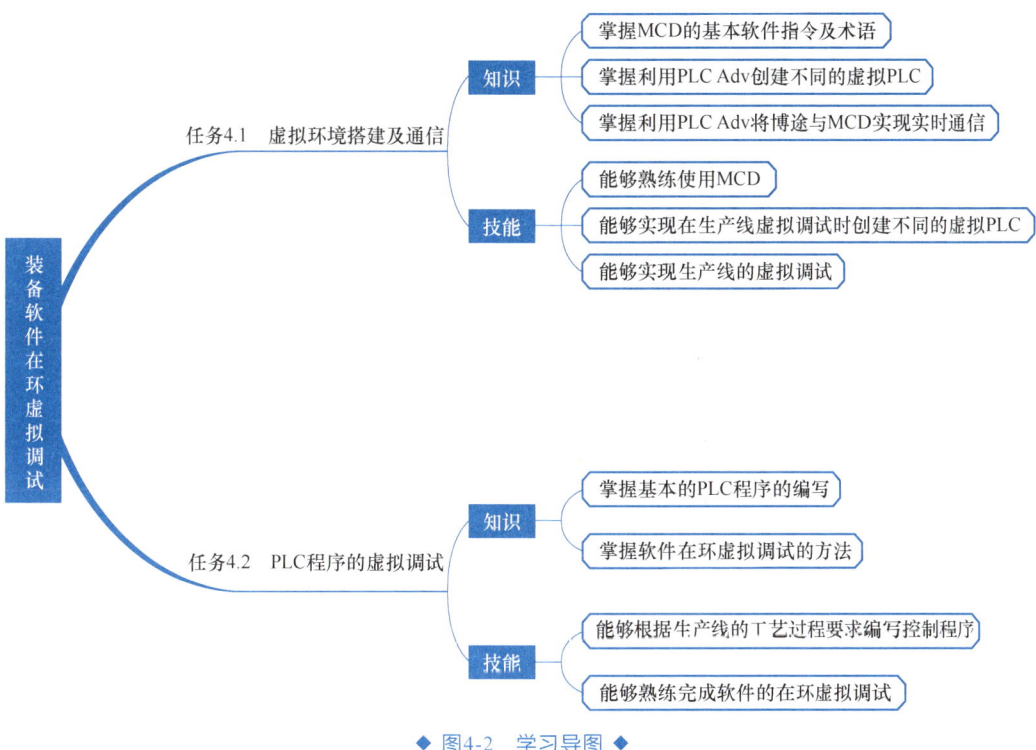

◆ 图4-2 学习导图 ◆

▶ 任务4.1 虚拟环境搭建及通信

任务提出

在工作过程中,请结合表 4-1 中的内容了解本项目的任务和关键指标。

表4-1 任务书

任务名称	虚拟环境搭建及通信	任务来源	企业综合项目
姓名		实施时间	
任务描述	本任务是"虚拟环境搭建及通信"。某生产线在进行设备工艺仿真时，要完成基本虚拟环境的搭建。请根据本任务中 NX MCD 软件相关命令的学习，对任务进行分析，选择合适的方式完成对原料库虚拟环境的搭建及通信		
关键指标要求	1. 熟悉 MCD 的通信方式 2. 熟练运用基本机电对象、运动副、传感器和执行器、序列等软件指令 3. 熟练搭建虚拟调试环境 4. 能够实现 MCD 通信建立		

知识准备

4.1.1 在环测试

1. 硬件在环测试

HIL 仿真是一种功能强大的测试方法，可更加有效地测试嵌入式控制系统。当测试嵌入式控制系统时，从安全性、可行性和合理的成本上考虑，使用全系统进行所有必要的测试是不现实的。通常采用实际控制器与虚拟对象结合的方式，即控制器选用西门子的 PLC（真实控制器），模型选用 NX MCD 中的数字模型（虚拟对象），通过西门子 PLC 控制 NX MCD 数字模型的方式完成虚拟测试。

硬件在环测试是混合动力控制器和部件控制器开发的关键环节，能在实验室台架试验和生产线调试试验前对控制器功能进行验证，缩短控制器开发周期。搭建一套混合动力硬件在环测试系统，对机器的整体控制器和部件控制器进行硬件在环测试十分必要。比较控制策略测试用例自动生成方法，利用遗传算法对混合动力控制策略自动生成测试用例，能够提高控制器开发效率。

2. 软件在环测试

软件在环测试是一种使用虚拟控制器和虚拟对象进行仿真的方法，可帮助开发人员在实际硬件部署之前快速测试和验证控制系统的功能和性能。此处使用的软件包括 NX MCD、PLCSIM Adv、博途 V16、SIMIT 等。

NX MCD 是西门子公司提供的一款机电一体化建模与仿真软件，可用于设计、验证和优化机电系统，包括机械、电气和控制部分。

PLCSIM Adv（PLCSIM Advanced）是西门子公司的一种 PLC 编程软件，提供了一种用于开发和调试 PLC 程序的集成开发环境（IDE），可用于工业自动化系统的控制和监控。

博途 V16（TIA Portal）是西门子公司的一种集成工程环境，集成了 PLC 编程、HMI（人机界面）设计、驱动器配置和诊断等功能，简化了工作流程，可用于开发和管理自动化系统。

SIMIT 是西门子公司的一种仿真平台，可模拟控制器、处理器和现场设备的行为，帮助用户在虚拟环境中进行系统调试和优化，用于测试和验证工业自动化系统。

3. 真实工厂架构

真实工厂架构如图 4-3 所示，主要包括搭载到工厂实际设备上的 HMI、S7 控制器、执行器和传感器（电机、气缸等）。

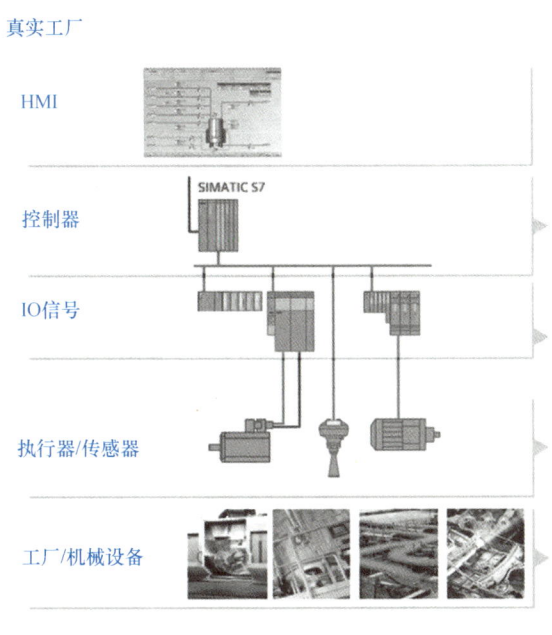

◆ 图4-3 真实工厂架构 ◆

4.1.2 MCD通信方式

1. 数据传输

MCD 是西门子开发的在下一代数字化产品开发系统（Unigraphics Next Generation）环境下建立 3D 模型与实现运动仿真的虚拟平台。这种全新的仿真平台从功能出发，在研发的需求阶段建立需求模型，在仿真平台上根据实际运动场景，对 3D 模型进行运动物体的定义以及传感器等系统定义，通过与硬件 PLC 进行实时通信，实现工业生产线在 MCD 平台上的协同监控。这种设计理念比传统视窗控制仿真监控效果更加清晰、直观、便捷。

在 MCD 运动仿真模型建立的过程中，以运动副作为设计对象的仿真序列不能通过 STEP7 编译，故无法与 PLC 进行数据交互，大大增加了运动模型创建的难度。而抛弃传统的基于时间的仿真序列而采用全新的基于事件的仿真序列，创建的仿真模型可以将每个运动属性设置成行为序列，为 PLC 数据匹配提供了可能。在 MCD 仿真模型创建完成之后，需要寻找一种能够通过 STEP7 编译的文件。本文利用 MCD 仿真模型创建的特点，将仿真序列压缩成 XML 文件，其中的变量在模型创建的过程中保留了事件属性及地址变量，从而可以匹配硬件 PLC 输入 / 输出（I/O）数据变量。PLC 通过数字或模拟式输入 / 输出控制各种类型的机械运动,目前两者不具备直接通信的可能。根据 MCD 仿真模型创建特点以及 PLC 通信原理,可通过运用一种微软的接口技术完成自动化控制协议(OLE for Process Control Server),协助完成数据的传输,同时利用 MCD 模型分配的地址数据匹配 PLC 输入/输出数据的地址,实现 MCD 与 PLC 信息交互,从而实现 MCD 监控真实机械物体运动的状态。虚拟工厂架构如图 4-4 所示。

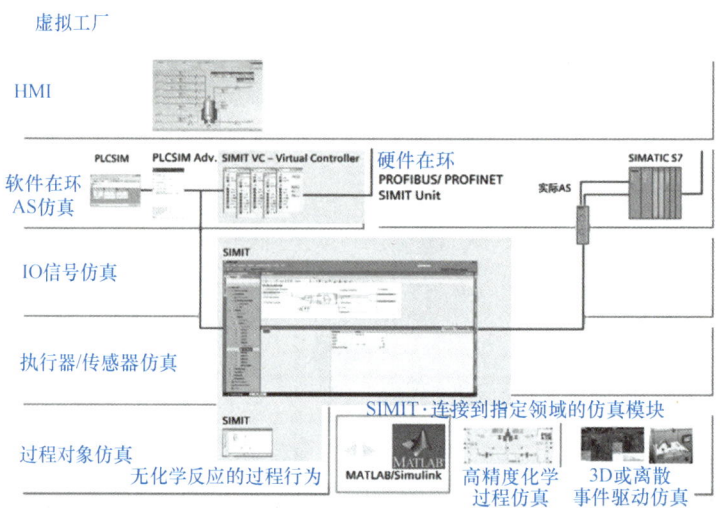

◆ 图4-4 虚拟工厂架构 ◆

2. 系统构成

此处以针对风力发电机实现 MCD 与 PLC 之间相互通信,完成对真实风力发电机的虚拟监控为例。在 MCD 平台下,通过对风力发电机 3D 模型的建立、物理属性的定义、运动属性的定义、运动仿真序列的创建,从而实现在 MCD 平台中的虚拟仿真运动,通过 PLCOpen XML 在 PLC 端实现链接,进而在西门子开发的一款 PLC 编程平台 S7 Graph 中修改监控数据。MCD 中的输出参数是 PLC 中的输入控制条件指令,PLC 中输出指令作为控制 MCD 运动状态的输入数据,合理匹配两者通信地址的数据,再利用 OPC Server 作为 MCD 与 PLC 的中间桥梁协助完成数据传递,最终完成 MCD 监控真实风力发电机的运动状态。在虚拟仿真阶段,采用 PLCSIM 作为调试工具,模拟监控 MCD 风力发电机运行状态,同时在西门子 MCD 与 PLC 通信结构图智能实验室提供硬件 PLC 的条件下完成真实风力发电机模型的现场演示,证明 MCD 与 PLC 在工业生产中可以实现虚拟仿真监控数据实时交互。

3. PLCSIM Advanced

基于 TIA + PLCSIM +NetToPLCSIM 实现功能仿真,涉及的软件多,且只能模拟 S7 通信,对于其他的通信,就不适用了。那么,有没有一种方式,可以用最少的软件,仿真出最多的通信呢?答案是 S7-PLCSIM Advanced。它是西门子推出的一款高功能仿真器,其显著特点是除了可以仿真一般的 PLC 逻辑控制程序还可以仿真通信,功能十分强大。本项目主要讲述如何基于 S7-PLCSIM Advanced 搭建 S7 通信仿真环境。

4.1.3 软件术语及指令

创建信号说明见表 4-2。

表4-2 创建信号说明

软件术语	创建 MCD 内部信号
说明图	⊓⊔ 信号
种类	传感器信号、控制信号、控制序列信号等
作用	信号的作用一是可通过序列控制模拟一些物料的产生和收集，二是和外部信号连接实现虚拟调试的通信

任务实施

4.1.4 虚拟软件设置

虚拟软件设置思路如图 4-5 所示。

虚拟软件设置

1. PLCSIM Adv

本节以编好的程序为例，演示程序如何下载到由 PLCSIM Adv 创建的虚拟 PLC。

以管理员身份运行 PLCSIM Adv，如图 4-6 所示，单击下拉按钮，输入名称（最好是字母 + 数字，如 PLC54），单击 Start 按钮，弹出如图 4-7 所示的虚拟 PLC 创建成功对话框。

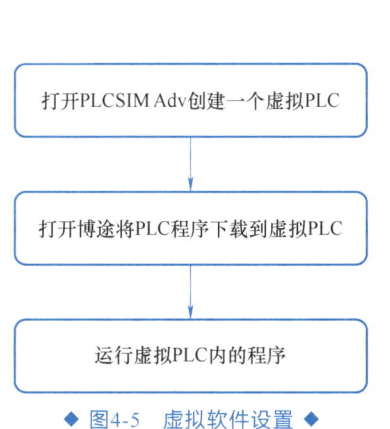

◆ 图4-5 虚拟软件设置 ◆

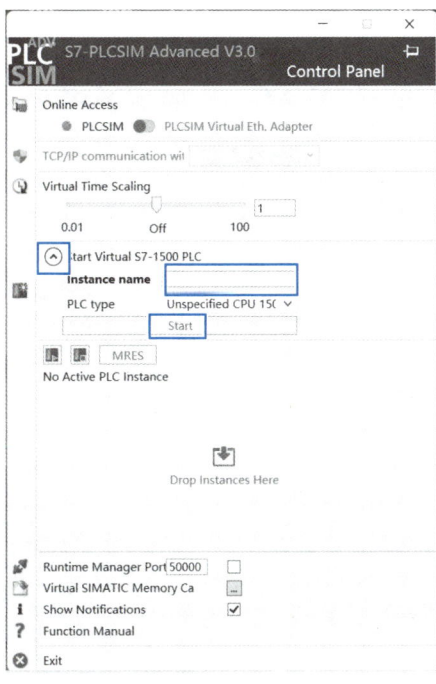

◆ 图4-6 PLCSIM Adv主界面 ◆

如图4-7所示，左侧有一个黄色块、两个灰色块，说明虚拟PLC创建完成，但是没有开始运行，即没有将程序下载进去。

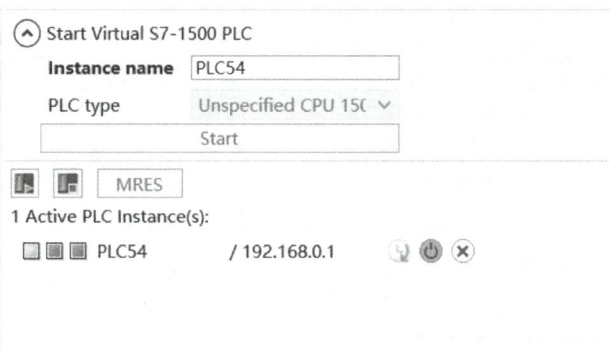

◆ 图4-7　虚拟PLC创建成功 ◆

2. 博途 V16

1）以管理员身份运行博途 V16，如图 4-8 所示，选择"打开现有项目"，找到对应程序，如"DLGY_01.ap16"，单击打开（"DLGY_01.ap16"是一个编好的 PLC 程序）。

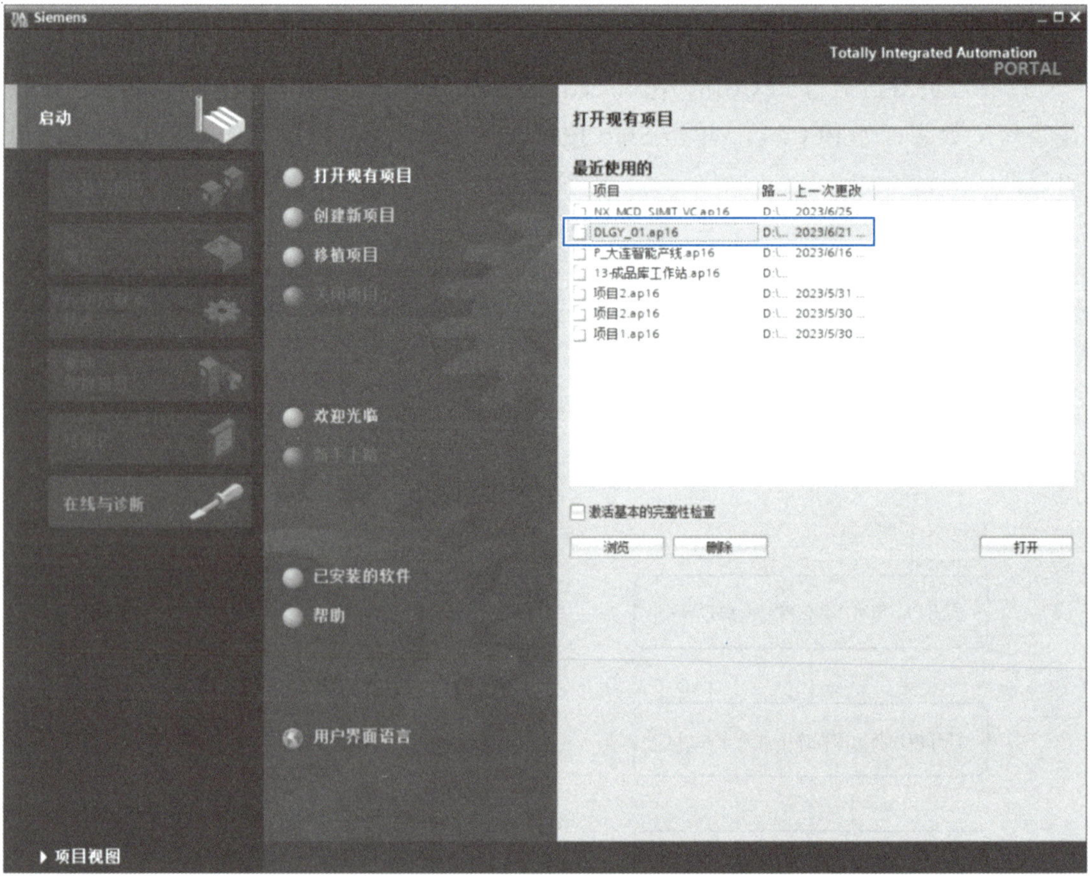

◆ 图4-8　博途V16主界面 ◆

2）在名称上右击，从弹出的快捷菜单中选择"属性"（图4-9），弹出如图4-10所示对话框。

◆ 图4-9 属性 ◆

3）在图4-10所示对话框中，打开"保护"选项卡，勾选"块编译时支持仿真"，单击"确定"按钮，完成属性设置。

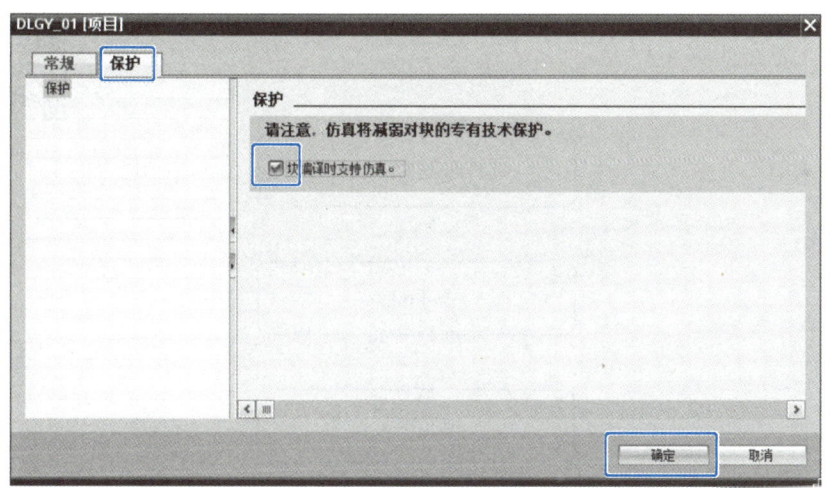

◆ 图4-10 "保护"选项卡 ◆

4）在图4-11所示对话框中，单击"下载"按钮，弹出如图4-12所示的"下载预览"对话框，单击"装载"按钮，完成将PLC程序下载到PLCSIM Adv。

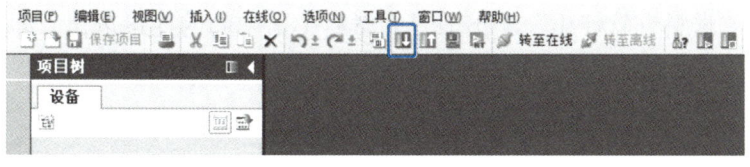

◆ 图4-11 下载 ◆

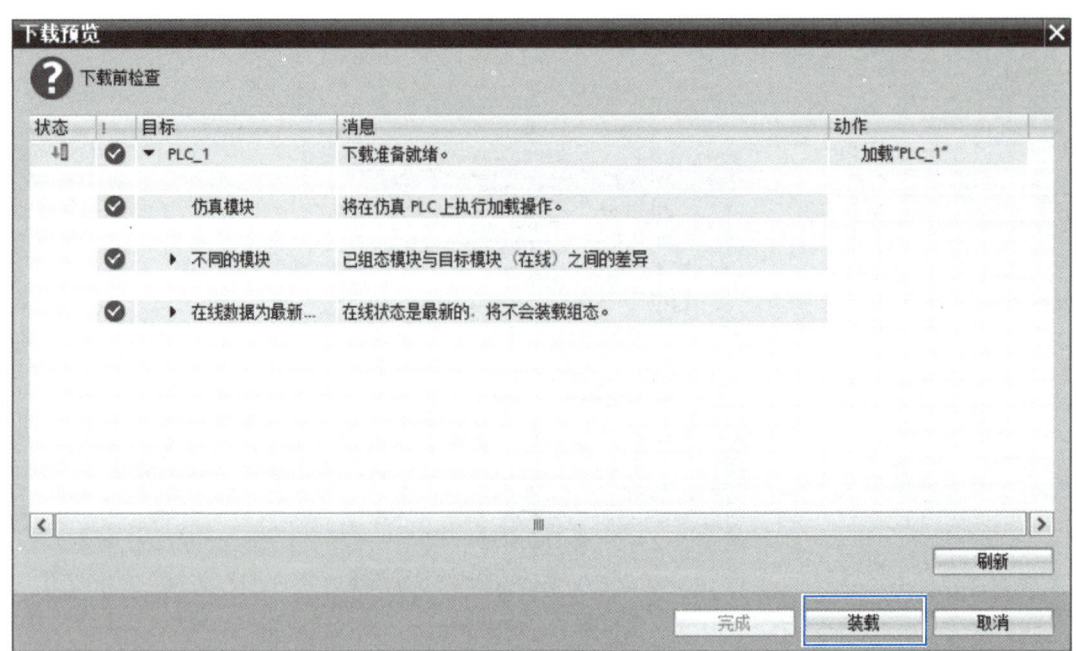

◆ 图4-12 装载 ◆

4.1.5 MCD通信建立

通信建立思路如图 4-13 所示。

MCD通信建立

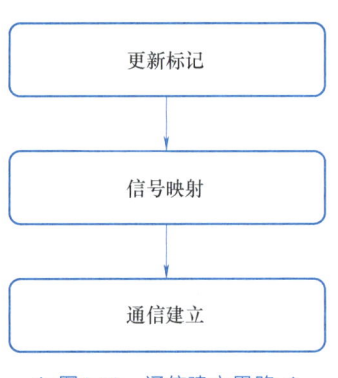

◆ 图4-13 通信建立思路 ◆

1)选择 PLCSIM Adv 中名称为"plc_1"的 CPU,单击"更新标记"按钮,勾选"全选",单击"确定"按钮,如图 4-14 所示。

2)如图 4-15 所示,选择需要连接的信号,如图中左侧的"送料气缸伸出"输入信号和图中右侧的"送料气缸伸出"输出信号,然后单击中间的连接按钮,即可完成信号映射。以此类推,可完成其他信号的信号映射。

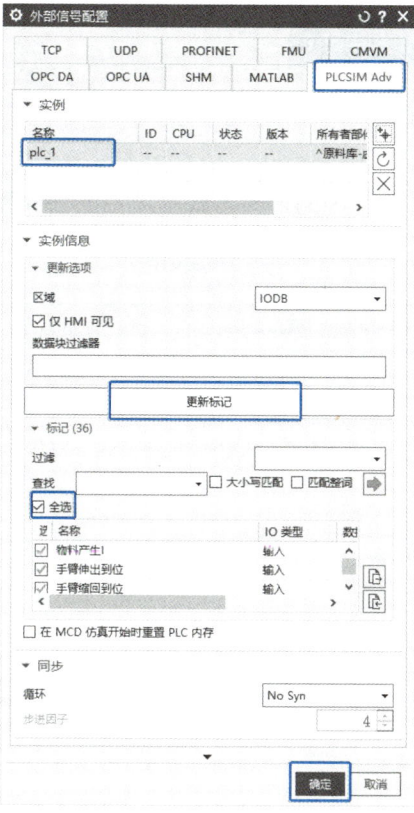

◆ 图4-14 添加标记 ◆

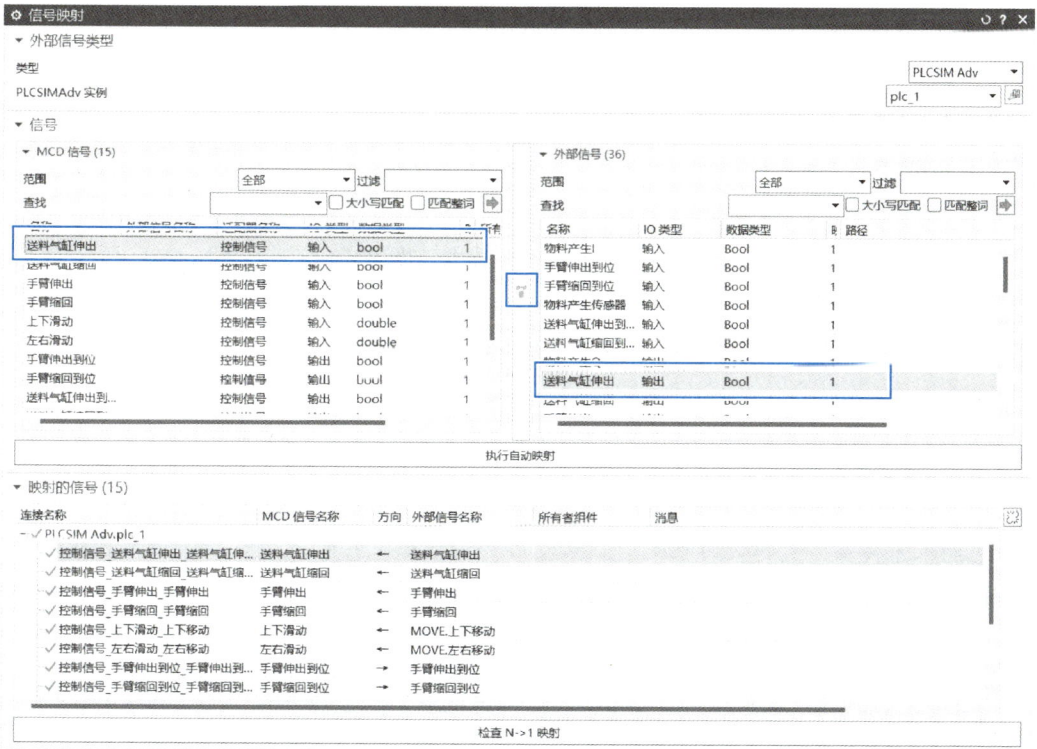

◆ 图4-15 信号映射 ◆

▶ 任务4.2　PLC程序的虚拟调试

任务提出

在工作过程中，请结合表4-3中的内容了解本项目的任务和关键指标。

表4-3　任务书

任务名称	PLC 程序的虚拟调试	任务来源	企业综合项目
姓名		实施时间	
任务描述	本任务是"PLC 程序的虚拟调试"。某自动化生产线在进行设备设计时，要完成控制程序的编辑。请根据本任务中 PLC 编程软件相关命令的学习，对任务进行分析，选择合适的方式完成对 PLC 程序的虚拟调试		
关键指标要求	1. 了解 PLC 编程的原理及其编程语言的种类 2. 能够熟练运用常用的编程指令 3. 初步完成 PLC 程序，能够控制数字模型运动 4. 联合 MCD 进行虚拟调试		

知识准备

4.2.1　PLC编程

随着微处理器、计算机和数字通信技术的飞速发展，计算机控制已扩展到几乎所有的工业领域。现代社会要求制造业对市场需求做出迅速反应，生产出小批量、多品种、多规格、低成本和高质量的产品，为了满足这一要求，生产设备和自动生产线的控制系统必须具有极高的可靠性和灵活性。PLC 编程正是顺应这一要求出现的，它是以微处理器为基础的通用工业控制装置。

1. 工作原理

PLC 采用"顺序扫描，不断循环"的工作方式，即在 PLC 运行时，CPU 根据用户事先按控制要求编制并保存在存储器中的程序，按指令步序号（或地址号）做周期性循环扫描，如果无跳转指令，则从第一条指令开始逐条执行用户程序，直至程序结束，然后重新返回第一条指令，开始下一轮新的扫描。在每次扫描过程中，都要完成输入信号采样和输出状态刷新等工作。

PLC 的一个扫描周期包括输入采样、程序执行和输出刷新三个阶段。

1）输入采样阶段：首先以扫描方式按顺序将所有暂存在输入锁存器中的输入端子的通断状态或输入数据读入，并将其写入各自对应的输入状态寄存器中，即刷新输入，随即关闭输入端口，进入程序执行阶段。

2）程序执行阶段：按用户程序指令存放的先后顺序扫描执行每条指令，经相应的运算和处理后，将其结果再写入输出状态寄存器中，输出状态寄存器中所有的内容随着程序的执行而改变。

3）输出刷新阶段：当所有指令执行完毕时，输出状态寄存器的通断状态在输出刷新阶段送至输出锁存器中，并通过一定的方式（继电器、晶体管或晶闸管）输出，驱动相应输出设备工作。

2. 系统特点

PLC 编程应用面广、功能强大、使用方便，已成为当代工业自动化的主要装置之一，广泛应用于工业生产的各个领域，在其他如民用和家庭自动化等领域的应用也得到了迅速的发展。

PLC 是一种用程序来改变控制功能的工业控制计算机，除了能实现各种各样的控制功能，还有与其他计算机通信联网的功能。

近年来，PLC 编程的推广应用在我国得到了迅猛发展，已被广泛地应用在各种机械设备和生产过程的电气控制装置中，各行各业也涌现出了许多应用 PLC 改造提升设备能力的优秀案例。了解 PLC 的工作原理，具备设计、调试和维护 PLC 控制系统的能力，已经成为现代工业对电气技术人员和工科学生的基本要求。

3. 语言类型

PLC 用户程序，是设计人员根据控制系统的工艺控制要求，遵循 PLC 编程语言的编制规范，按照实际功能需求设计的控制程序。只要用户掌握某种标准编程语言，就能够在控制系统中使用 PLC 实现各种自动化控制功能。

根据国际电工委员会制定的工业控制编程语言标准（IEC 1131-3），PLC 有五种标准编程语言：梯形图语言（LD/LAD）、指令表语言（IL）、功能模块语言（FBD）、顺序功能流程图语言（SFC）、结构文本化语言（STL）。这五种标准编程语言十分简单易学。

4.2.2 软件术语及指令

1. LAD 语言

（1）常开触点

1）说明：常开触点的激活取决于相关操作数的信号状态，当操作数的信号为"1"时，常开触点将关闭，同时输出的信号状态置为输入信号状态；当操作数的信号状态为"0"时，不会激活常开触点，同时该指令输出的信号状态复位为"0"。两个或多个常开触点串联时，将逐位进行"与"运算，且所有触点都闭合后才产生信号流。两个或多个常开触点并联时，将逐位进行"或"运算，且有一个触点闭合就会产生信号流。

2）示例：如图 4-16 所示，当满足以下任一条件时，将置位操作数"SLI_gDB_NOContact".startOut：

① 操作数"SLI_gDB_NOContact".start1 和"SLI_gDB_NOContact".start2 的信号状态为"1"。

② 操作数"SLI_gDB_NOContact".start3 的信号状态为"1"。

（2）常闭触点

1）说明：常闭触点的激活取决于相关操作数的信号状态，当操作数的信号状态为"1"

时，常闭触点将打开，同时该指令输出的信号状态复位为"0"；当操作数的信号状态为"0"时，不会启用常闭触点，同时将该输入的信号状态传输到输出。两个或多个常闭触点串联时，将逐位进行"与"运算，且所有触点都闭合后才产生信号流。两个或多个常闭触点并联时，将进行"或"运算，且有一个触点闭合就会产生信号流。

2）示例：如图4-17所示，当满足以下条件之一时，将置位"TagOut"操作数：

① 操作数"TagIn_1"和"TagIn_2"的信号状态为"1"。

② 操作数"TagIn_3"的信号状态为"0"。

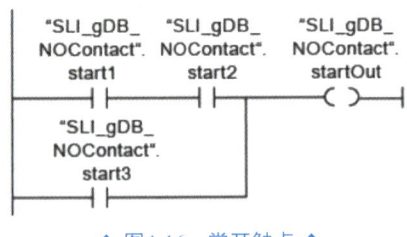

◆ 图4-16 常开触点 ◆　　　　　　◆ 图4-17 常闭触点 ◆

（3）复位输出

1）说明：可以使用"复位输出"指令将指定操作数的信号状态复位为"0"。

仅当线圈输入的逻辑运算结果（RLO）为"1"时，才执行该指令。如果信号流通过线圈（RLO = "1"），则指定的操作数复位为"0"。如果线圈输入的 RLO 为"0"（没有信号流通过线圈），则指定操作数的信号状态将保持不变。

2）示例：如图 4-18 所示，当满足以下任一条件时，可对操作数"TagOut"进行复位：

① 操作数"TagIn_1"和"TagIn_2"的信号状态为"1"。

② 操作数"TagIn_3"的信号状态为"0"。

（4）置位输出

1）说明：使用"置位输出"指令，可将指定操作数的信号状态置位为"1"。

仅当线圈输入的逻辑运算结果（RLO）为"1"时，才执行该指令。如果信号流通过线圈（RLO = "1"），则指定的操作数置位为"1"。如果线圈输入的 RLO 为"0"（没有信号流通过线圈），则指定操作数的信号状态将保持不变。

2）示例：如图 4-19 所示，当满足以下条件之一时，将置位"TagOut"操作数：

① 操作数"TagIn_1"和"TagIn_2"的信号状态为"1"。

② 操作数"TagIn_3"的信号状态为"0"。

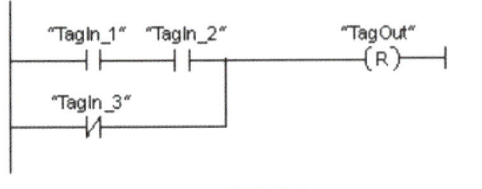 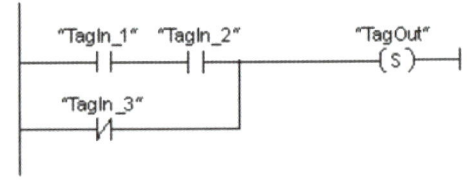

◆ 图4-18 复位输出 ◆　　　　　　◆ 图4-19 置位输出 ◆

（5）加计数器

1）说明：可以使用"加计数"指令，递增输出 CV 的值。如果输入 CU 的信号状态从"0"变为"1"（信号上升沿），则执行该指令，同时输出 CV 的当前计数器值加 1。每检测到一个信号上升沿，计数器值就会递增 1，直到达到输出 CV 中所指定数据类型的上限。达到上限时，输入 CU 的信号状态将不再影响该指令。

可以查询 Q 输出中的计数器状态。输出 Q 的信号状态由参数 PV 决定。如果当前计数器值大于或等于参数 PV 的值，则将输出 Q 的信号状态置位为"1"。在其他任何情况下，输出 Q 的信号状态均为"0"。

输入 R 的信号状态变为"1"时，输出 CV 的值被复位为"0"。只要输入 R 的信号状态仍为"1"，输入 CU 的信号状态就不会影响该指令。

2）示例：如图 4-20 所示，当"TagIn_1"操作数的信号状态从"0"变为"1"时，将执行"加计数"指令，同时"Tag_CV"操作数的当前计数器值加 1。每检测到一个额外的信号上升沿，计数器值都会递增，直至达到该数据类型的上限（INT = 32767）。

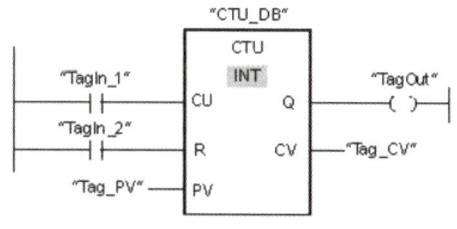

◆ 图4-20　加计数器 ◆

PV 参数的值作为确定"TagOut"输出的限制。只要当前计数器值大于或等于操作数"Tag_PV"的值，输出"TagOut"的信号状态就为"1"。在其他任何情况下，输出"TagOut"的信号状态均为"0"。

（6）减计数器

1）说明：可以使用"减计数"指令，递减输出 CV 的值。如果输入 CD 的信号状态从"0"变为"1"（信号上升沿），则执行该指令，同时输出 CV 的当前计数器值减 1。每检测到一个信号上升沿，计数器值就会递减 1，直到达到指定数据类型的下限为止。达到下限时，输入 CD 的信号状态将不再影响该指令。

可以查询 Q 输出中的计数器状态。如果当前计数器值小于或等于 0，则 Q 输出的信号状态将置位为"1"。在其他任何情况下，输出 Q 的信号状态均为"0"。

输入 LD 的信号状态变为"1"时，将输出 CV 的值设置为参数 PV 的值。只要输入 LD 的信号状态仍为"1"，输入 CD 的信号状态就不会影响该指令。

2）示例：如图 4-21 所示，当"TagIn_1"操作数的信号状态从"0"变为"1"时，执行该指令且"Tag_CV"输出的值减 1。每检测到一个信号上升沿，计数器值就会递减 1，直到达到所指定数据类型的下限（INT =-32768）。

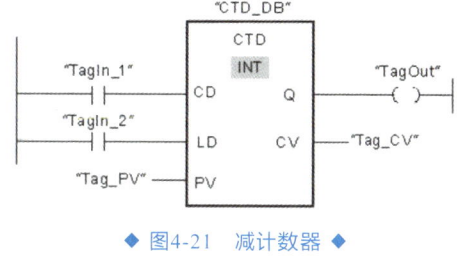

◆ 图4-21　减计数器 ◆

只要当前计数器值小于或等于 0，"TagOut"输出的信号状态就为"1"。在其他任何情况下，输出"TagOut"的信号状态均为"0"。

（7）IN_RANGE：值在范围内

1）说明：可以使用"值在范围内"指令查询输入 VAL 的值是否在指定的取值范围内。

使用输入 MIN 和 MAX 可以指定取值范围的限值。"值在范围内"指令将输入 VAL 的值与输入 MIN 和 MAX 的值进行比较，并将结果发送到功能框输出中。如果输入 VAL 的值满足 MIN <= VAL 或 VAL <=MAX 比较条件，则功能框输出的信号状态为"1"。如果不满足比较条件，则功能框输出的信号状态为"0"。

如果功能框输入的信号状态为"0"，则不执行"值在范围内"指令。

只有待比较值的数据类型相同且互联了功能框输入时，才能执行该比较功能。

2）示例：如图 4-22 所示，满足以下条件时，将置位输出"TagOut"：

① 操作数"TagIn_1"和"TagIn_2"的信号状态为"1"。

② 操作数"Tag_Value"的值在由操作数"Tag_Min"和"Tag_Max"（MIN <= VAL 或 VAL <= MAX）的当前值指定的取值范围之内。

③ 操作数"TagIn_3"的信号状态为"1"。

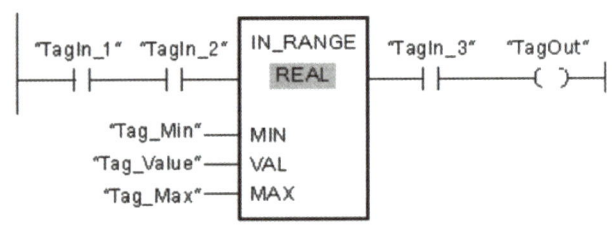

◆ 图4-22　IN_RANGE：值在范围内 ◆

（8）CALCULATE：计算

1）说明：可以使用"计算"指令定义并执行表达式，根据所选数据类型执行数学运算或复杂逻辑运算。

可以从指令框的"<？？？>"下拉列表中选择该指令的数据类型，并根据所选的数据类型组合某些指令函数以执行复杂计算。单击指令框上方的"计算器"图标可打开一个对话框，在该对话框中指定待计算的表达式，表达式可以包含输入参数的名称和指令的语法，但不能指定操作数名称和操作数地址。

在初始状态下，指令框中至少包含两个输入（IN1 和 IN2），可以扩展输入数目，并在功能框中按升序对插入的输入编号。

用输入的值来执行指定表达式。表达式中不一定会使用所有的已定义输入。该指令的结果将传送到输出 OUT 中。

表达式中如果使用了功能框中不可用的输入，则会自动插入该输入，且新定义的输入编号是连续的。例如，如果表达式中未定义输入 IN3，则会自动插入输入 IN3，而不是插入输入 IN4。

如果满足下列条件之一，则使能输出 ENO 的信号状态为"0"：

① 使能输入 EN 的信号状态为"0"。

② "计算"指令的结果超出输出 OUT 指定的数据类型的允许范围。

③ 浮点数的值无效。

④ 执行表达式中某个指令期间出错。

2）示例：如图 4-23 所示，如果输入"Tag_Input"的信号状态为"1"，则将执行"计算"指令，将操作数"Tag_Value_1"的值与操作数"Tag_Value_2"的值相加，求得的和乘以操作数"Tag_Value_3"的值，求得的积除以操作数"Tag_Value_4"的值，将求得的商作为最终结果传送给操作数"Tag_Result"，并复制到该指令的输出 OUT 中。如果成功执行该指令，则将 ENO 使能输出和"Tag_Output"操作数的信号状态置位为"1"。

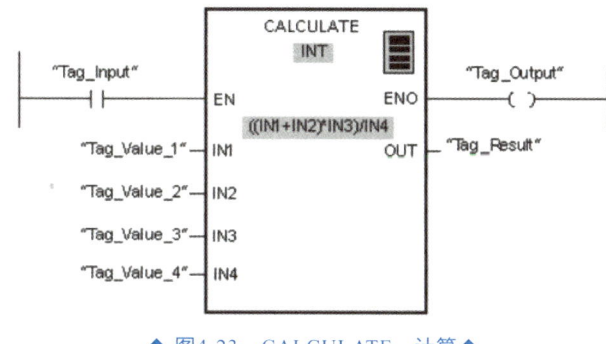

◆ 图4-23　CALCULATE：计算 ◆

（9）MOVE：移动值

1）说明：可以使用"移动值"指令，将 IN 输入处操作数中的内容传送给 OUT1 输出的操作数中，并始终沿地址升序方向进行传送。

如果满足下列条件之一，使能输出 ENO 将返回信号状态"0"：

① 使能输入 EN 的信号状态为"0"。

② IN 参数的数据类型与 OUT1 参数的指定数据类型不对应。

2）示例：如图 4-24 所示，如果操作数"TagIn"返回信号状态"1"，则执行该指令。该指令将操作数"TagIn_Value"的内容复制到操作数"TagOut_Value"，并将"TagOut"的信号状态置位为"1"。

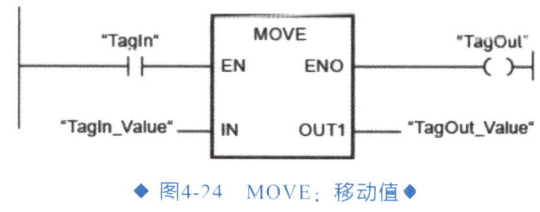

◆ 图4-24　MOVE：移动值 ◆

2. STL 语言

（1）&：与运算

1）说明：指令"与运算"可用于查询两个或更多指定操作数的信号状态，并根据"与运算"的真值表对这些信号状态进行评估。

如果所有操作数的信号状态都为"1"，则满足条件，并且该指令返回结果"1"。如果其中一个操作数的信号状态为"0",则不满足条件,并且该指令生成结果"0"。

2)示例:如图 4-25 所示,当操作数"TagIn_1"和"TagIn_2"的信号状态为"1"时,输出"TagOut"将置位,当操作数"TagIn_1"和"TagIn_2"为"0"时,该输出将复位。

(2)取反 RLO

1)说明:可以使用"取反 RLO"指令对逻辑运算结果(RLO)的信号状态进行取反。

2)示例:如图 4-26 所示,满足以下条件时,将置位输出"TagOut"。

① 输入"TagIn_1"和/或"TagIn_2"的信号状态为"0"。

② 输入"TagIn_3"和/或"TagIn_4"的信号状态为"0",或者输入"TagIn_5"的信号状态为"1"。

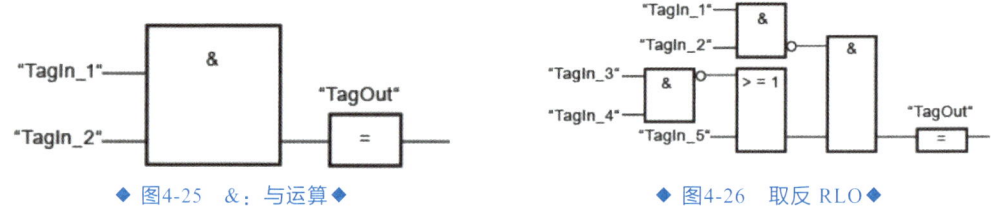

◆ 图4-25　&:与运算 ◆　　　　　　◆ 图4-26　取反 RLO ◆

任务实施

完成工艺的序列仿真,需要依次进行以下工作:①创建条件序列,为执行序列的正确运动、运行节拍等提供保障;②创建执行序列,按照工艺过程用序列编辑器控制每一步的机构运动。

4.2.3　PLC程序编辑

在博途 V16 中编辑 PLC 程序的思路如图 4-27 所示。

PLC程序编辑

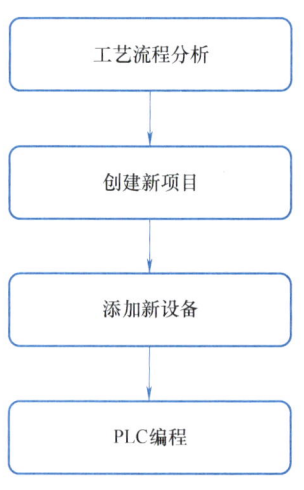

◆ 图4-27　PLC程序编辑思路 ◆

1. 工艺流程分析

以上料过程为例，分析工艺流程，流程图如图4-28所示。

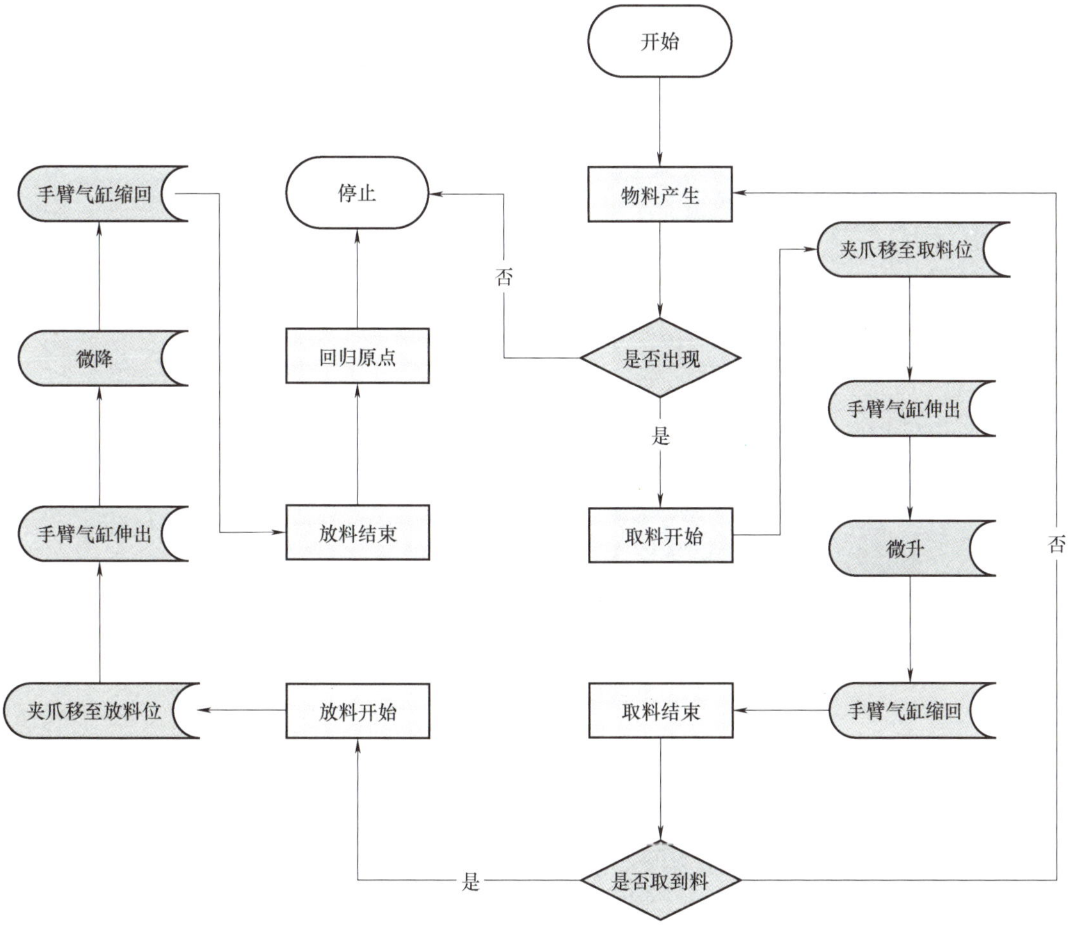

◆ 图4-28 工艺流程 ◆

2. 创建新项目

1）在"TIA Portal V16"桌面图标上右击，选择"以管理员身份运行"，如图4-29所示。

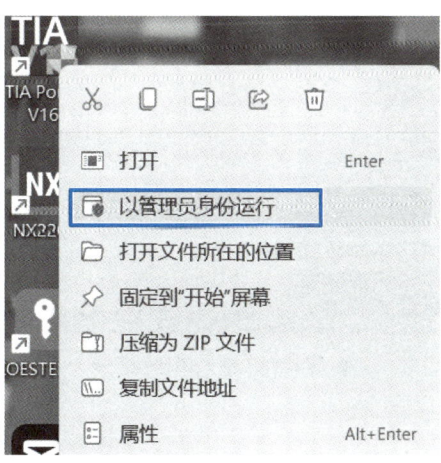

◆ 图4-29 以管理员身份运行TIA ◆

2）打开 TIA 之后，首先在当前界面单击"创建新项目"；其次，修改项目名称为"项目 1"；最后，修改"路径"并单击"创建"按钮，如图 4-30 所示。

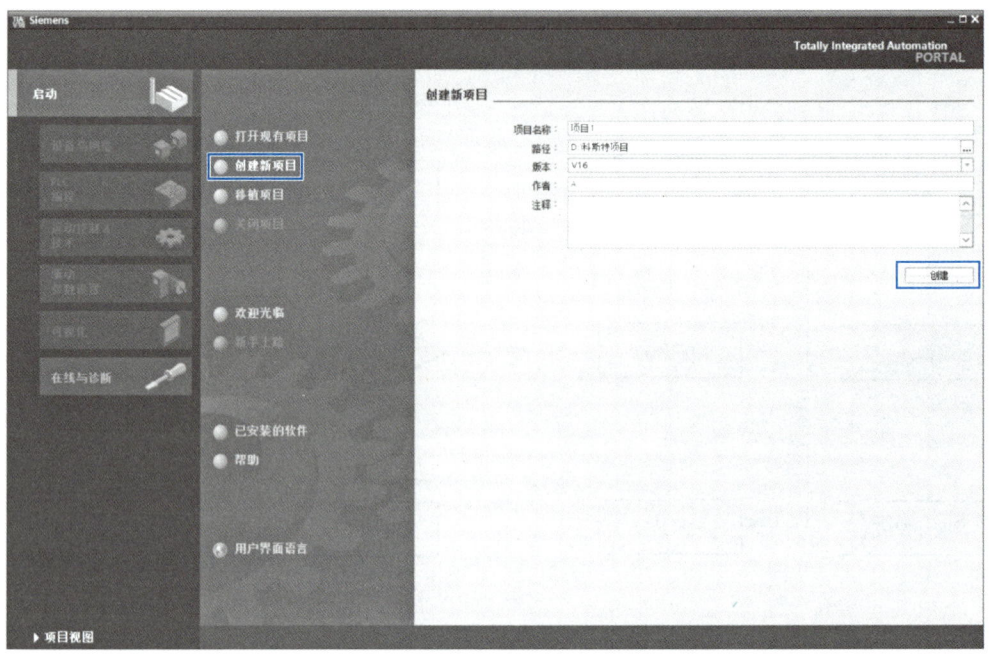

◆ 图4-30　创建新项目 ◆

3）创建完成后弹出项目视图，单击左下角"项目视图"，如图 4-31 所示。

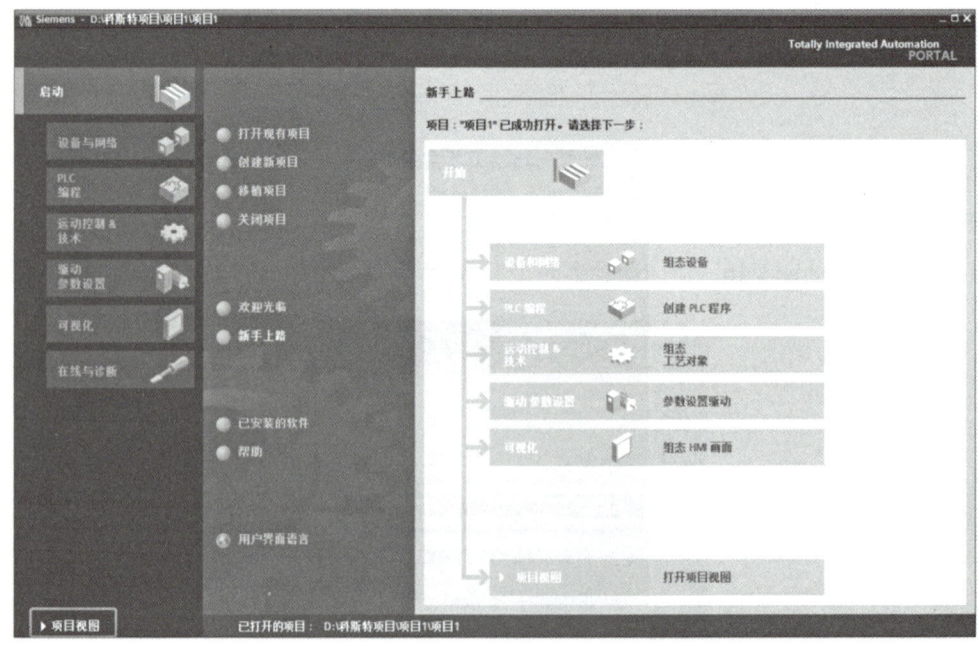

◆ 图4-31　进入项目视图 ◆

3. 添加新设备

1）双击"添加新设备"，如图 4-32 所示。

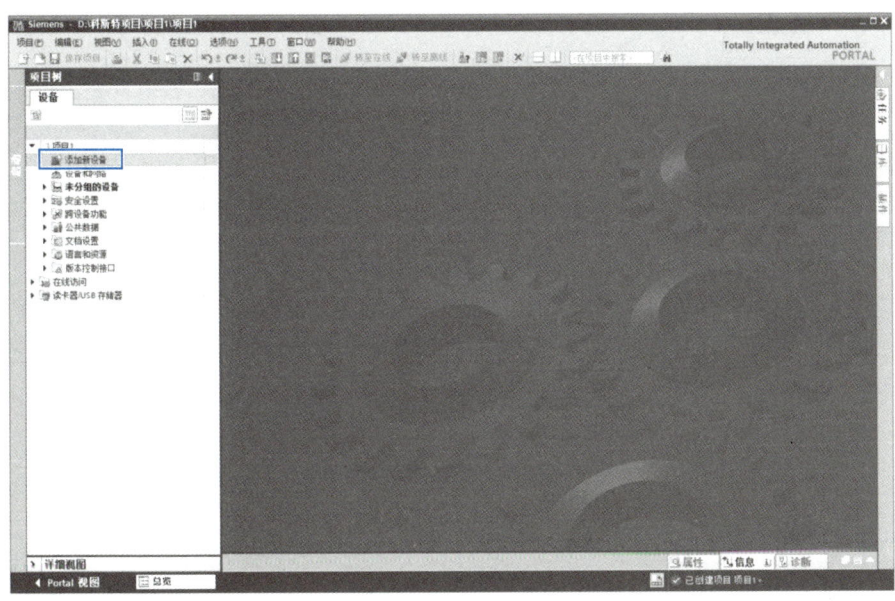

◆ 图4-32 添加新设备 ◆

2）如图 4-33 所示，如果只进行虚拟调试，可只选择控制器，仅用控制器的程序指令去控制数字模型。修改设备名称，此处采用默认的设备名称"PLC_1"。选择控制器：SIMATIC S7-1500 → CPU → CPU 1512C-1 PN → 6ES7 512-1CK00-0AB0。单击"确定"按钮。

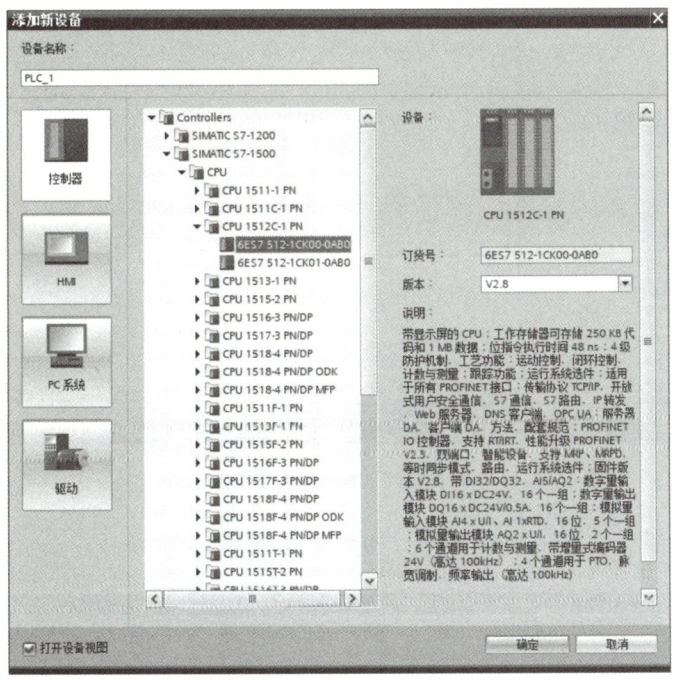

◆ 图4-33 选择控制器 ◆

4. 支持仿真设置

在"项目 1"上右击，选择"属性"，单击右侧"保护"标签，勾选"块编译时支持仿真"，如图 4-34 所示。

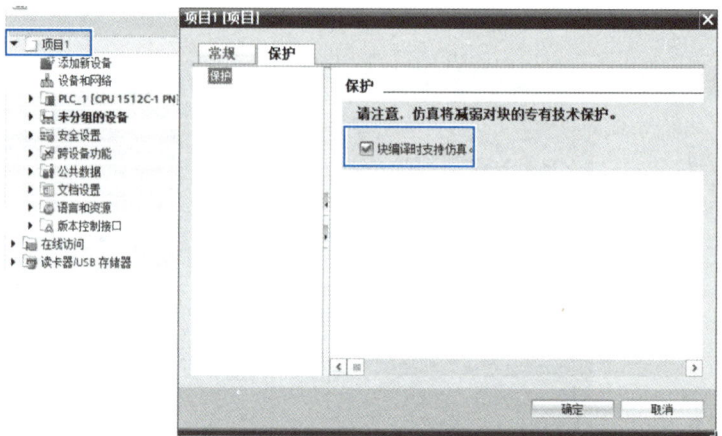

◆ 图4-34　支持仿真设置 ◆

5. 创建变量的方法

1）在"PLC 变量"一栏里面找到"显示所有变量"双击打开，如图 4-35 所示。

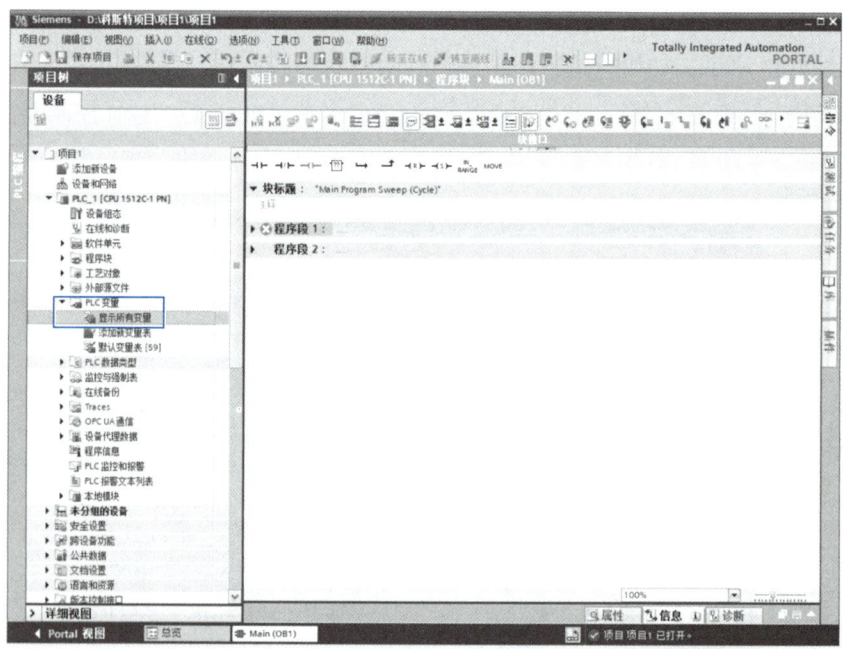

◆ 图4-35　显示所有变量 ◆

2）单击"新增"，并输入变量名称，如图 4-36 所示。

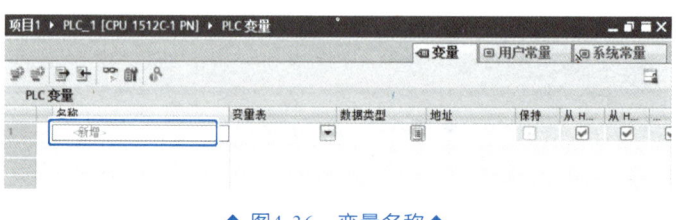

◆ 图4-36　变量名称 ◆

3）选择数据类型为"Bool"，如图 4-37 所示。

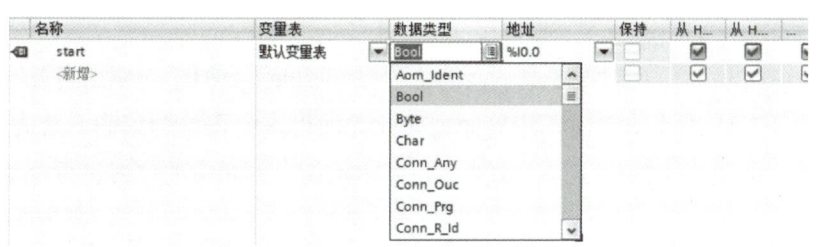

◆ 图4-37　数据类型 ◆

4)"操作数标识符"有 I、Q、M 三种类型，I 代表的是外部输入到 PLC 中的信号，Q 代表的是 PLC 输出的信号，M 代表的是不需要直接由外部信号控制（不连接外部信号也可以运行）。"操作数类型"为默认选项，无须更改；"地址"由十进制数组成，"位号"由 0~7 八个数组成，可单击修改完成地址选择，如图 4-38 所示。

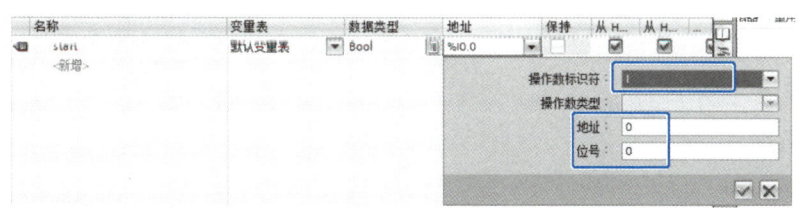

◆ 图4-38　地址 ◆

5）按照上述方法创建对应的信号，如图 4-39 所示。

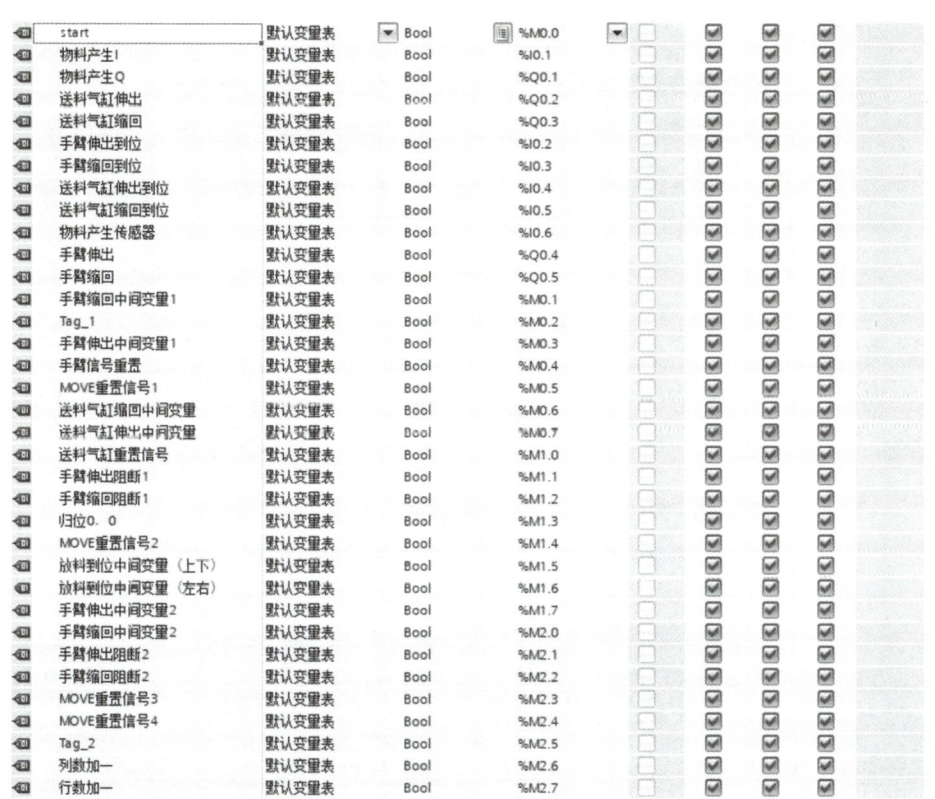

◆ 图4-39　信号 ◆

6. 编辑程序

1）如图 4-40 所示，找到程序块下面的主程序"Main［OB1］"，双击打开。

2）弹出图 4-41 所示的主程序块界面，在此界面可进行程序的编制。首先，选择程序段 1，可以单击收藏夹中的指令进行添加，也可拖动指令到相应的位置进行添加。

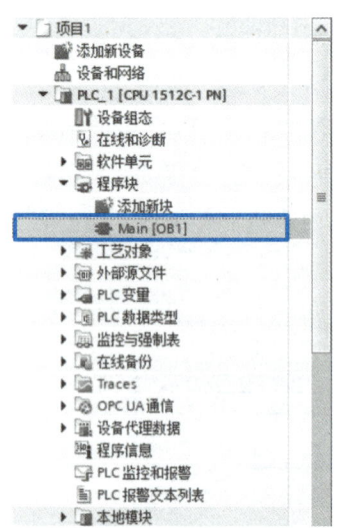

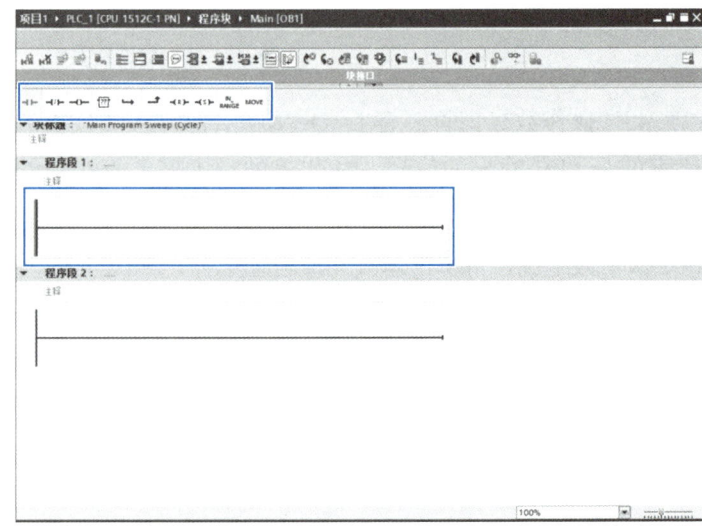

◆ 图4-40　主程序块"Main［OB1］"◆　　　　　　◆ 图4-41　主程序块界面◆

3）按照设计程序添加指令，拖拽两个"常闭触点"、一个"常开触点"、一个"赋值"线圈，如图 4-42 所示。

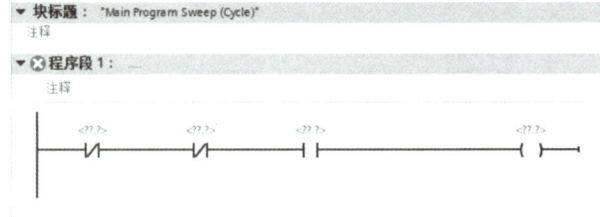

◆ 图4-42　编写程序段1◆

4）在程序段中选择相应的变量，方法有三种：第一种是在光标处输入"变量地址"；第二种是输入"变量名称"；第三种是单击右侧展开列表，在列表中选择，如图 4-43 所示。

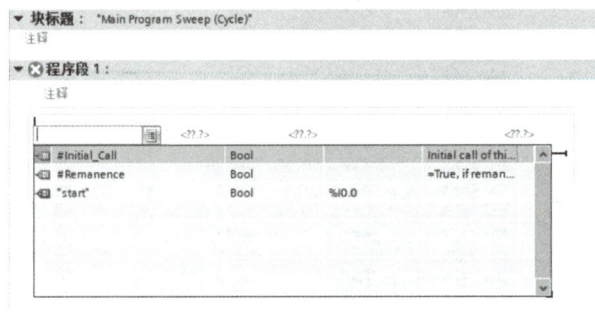

◆ 图4-43　变量选择◆

5)需要创建分支时,选择分支的位置,单击"打开分支"指令,就可打开如图 4-44 所示的分支。

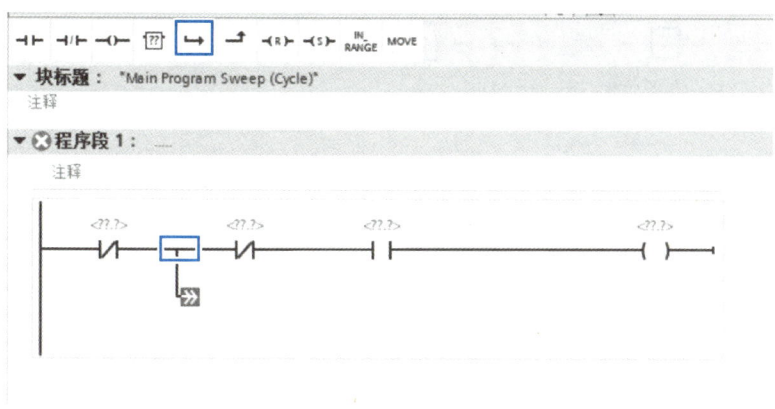

◆ 图4-44 打开分支 ◆

6)创建"取料气缸伸缩"FC 块,双击"添加新块",修改名称"块_1",选择"FC 函数",语言选择"FBD",编号选择"自动",单击"确定"按钮,如图 4-45 所示。

◆ 图4-45 创建FC块 ◆

7)把送料气缸作为一个单独的程序块,用来调用。选择"&"指令,意思是所有变量都为"1"时输出为"1",否则输出为"0"。将"&"指令拖到下面的程序段中,并选择相应的变量,如图 4-46 所示。

8)创建 DB 块,双击"添加新块",选择"DB 数据块",修改名称"数据块_1",选择类型为"全局DB",语言默认"DB",编号选择"自动",单击"确定"按钮,如图4-47所示。

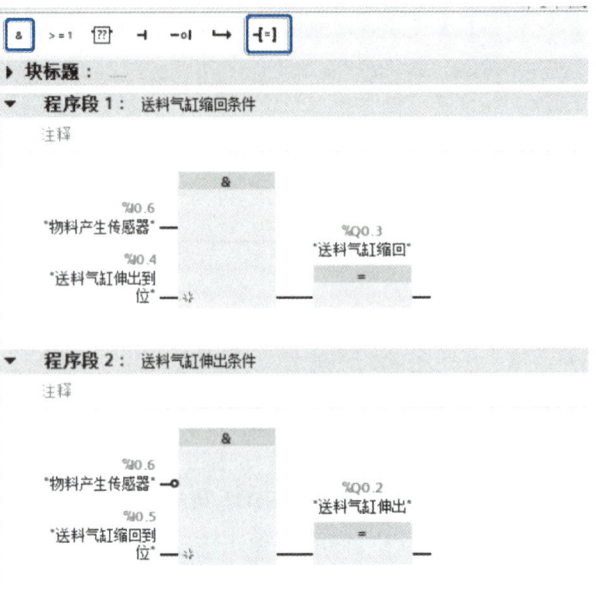

◆ 图4-46　FBD语言程序段 ◆

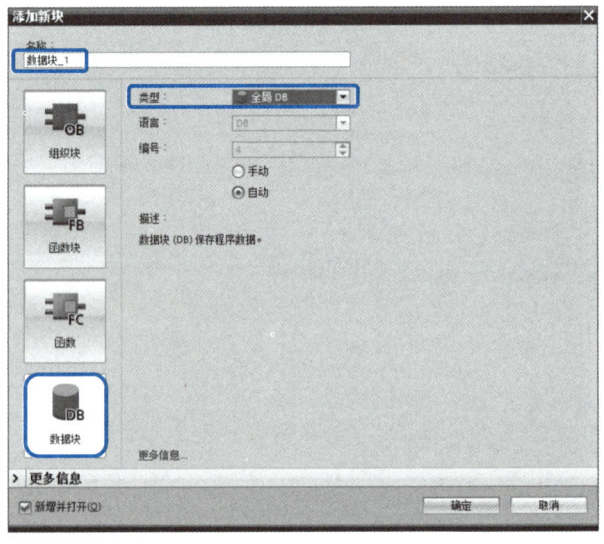

◆ 图4-47　创建全局DB块 ◆

9)基本指令有常规、位逻辑运算、定时器操作、计时器操作、比较操作、数学函数、移动操作、转换操作、程序控制指令、字逻辑运算、位移和循环、原有等,如图4-48所示。

7. 程序块内容

1)归位判断块,如图4-49所示。

2)计数块,如图4-50所示。

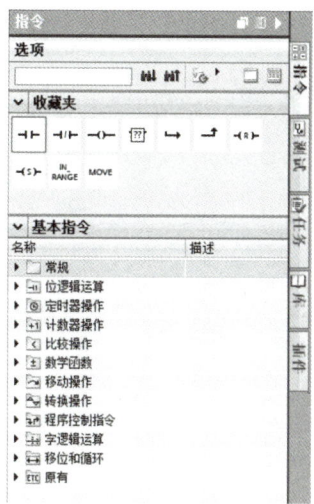

◆ 图4-48 基本指令 ◆

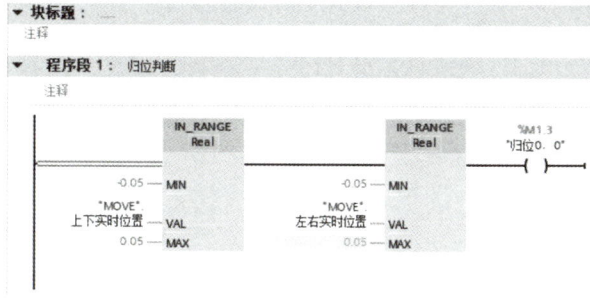

◆ 图4-49 归位判断块 ◆

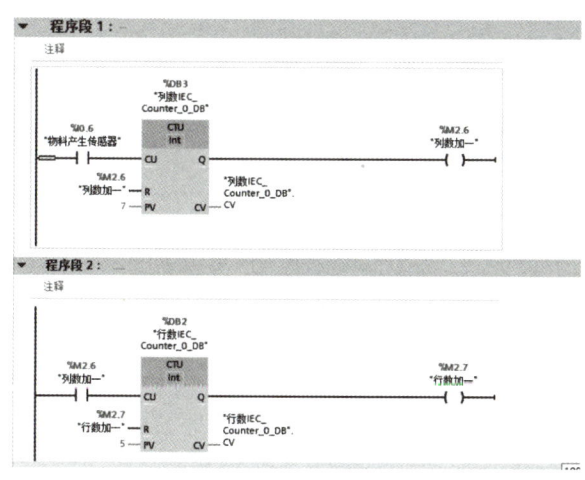

◆ 图4-50 计数块 ◆

3）送料气缸伸缩，如图4-51所示。

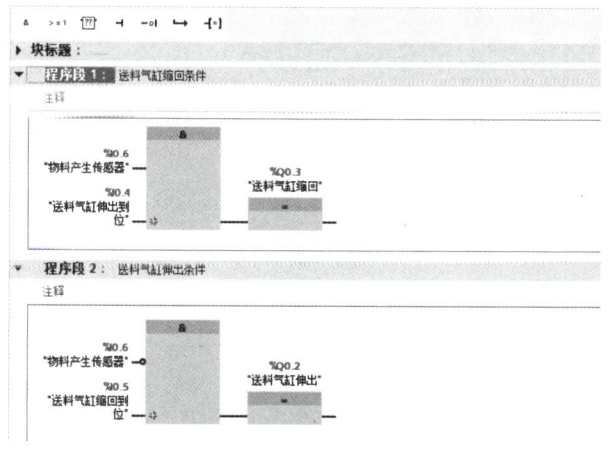

◆ 图4-51 送料气缸伸缩 ◆

4）寻位块，如图4-52所示。

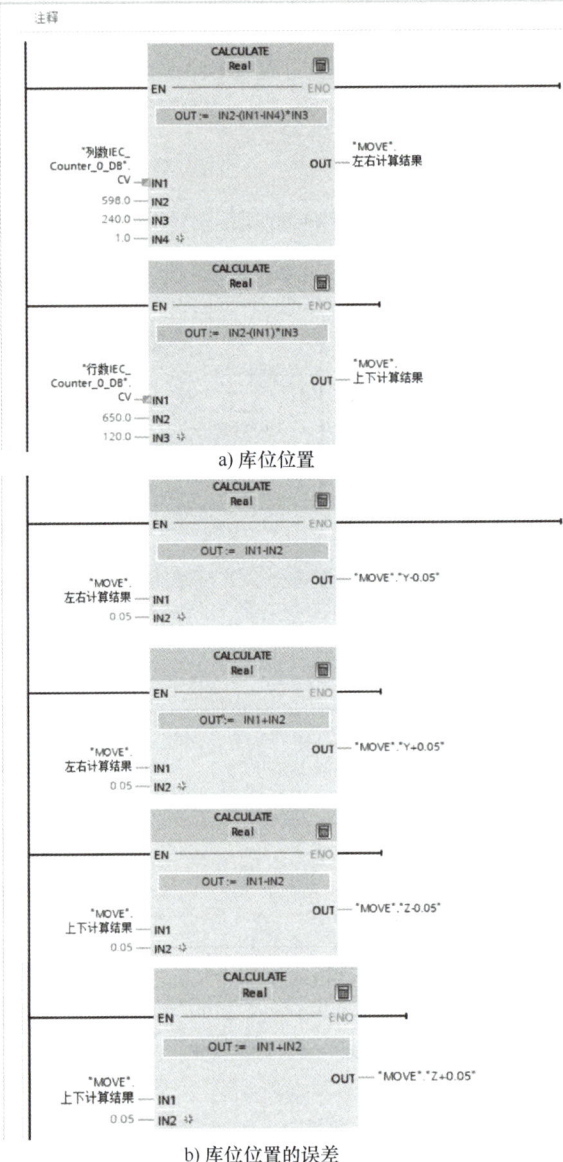

a) 库位位置

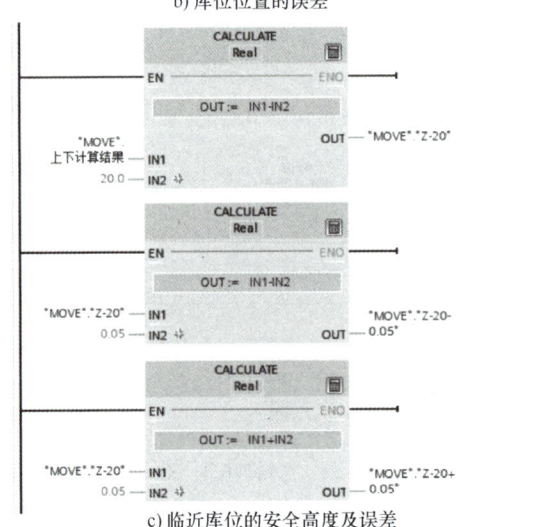

b) 库位位置的误差

c) 临近库位的安全高度及误差

◆ 图4-52 寻位块 ◆

5）主程序，如图 4-53 所示。

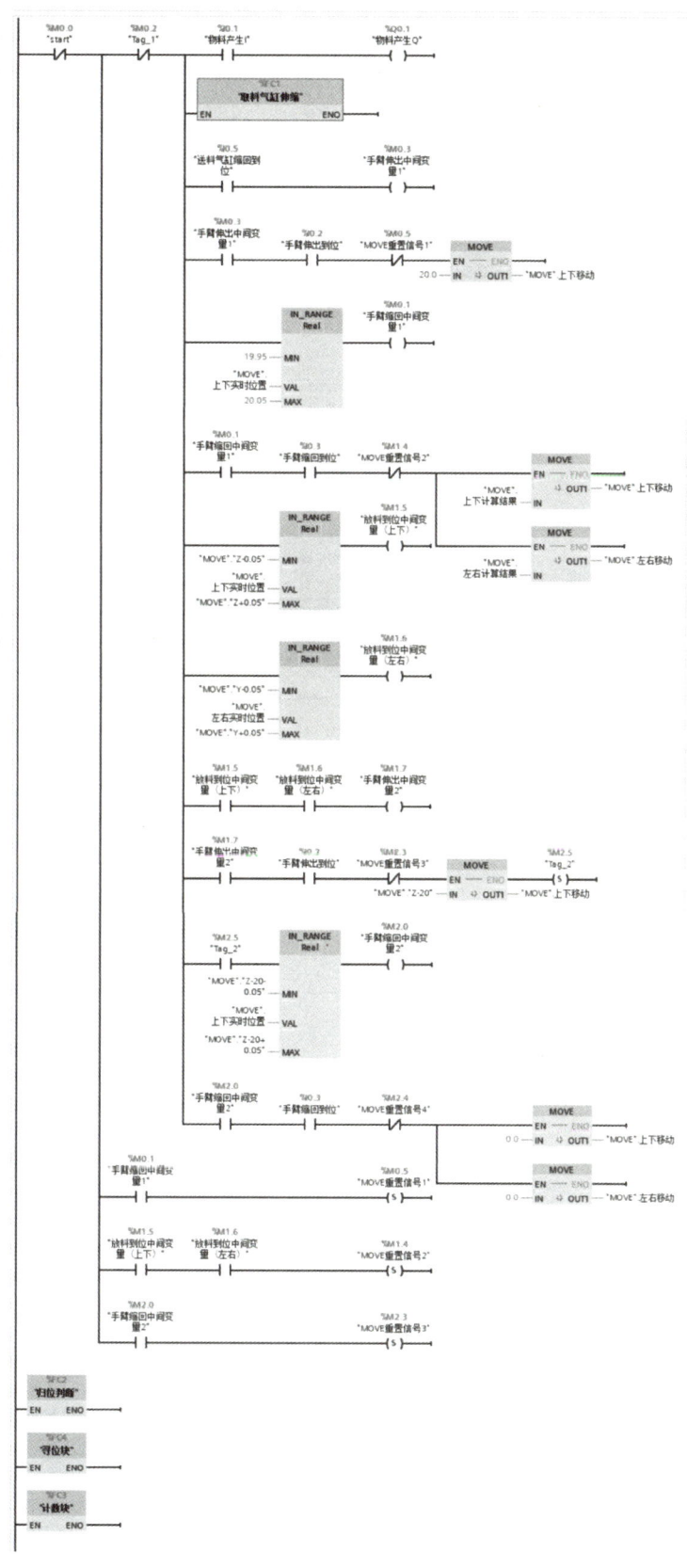

◆ 图4-53 主程序 ◆

6）手臂伸缩气缸，如图4-54所示。

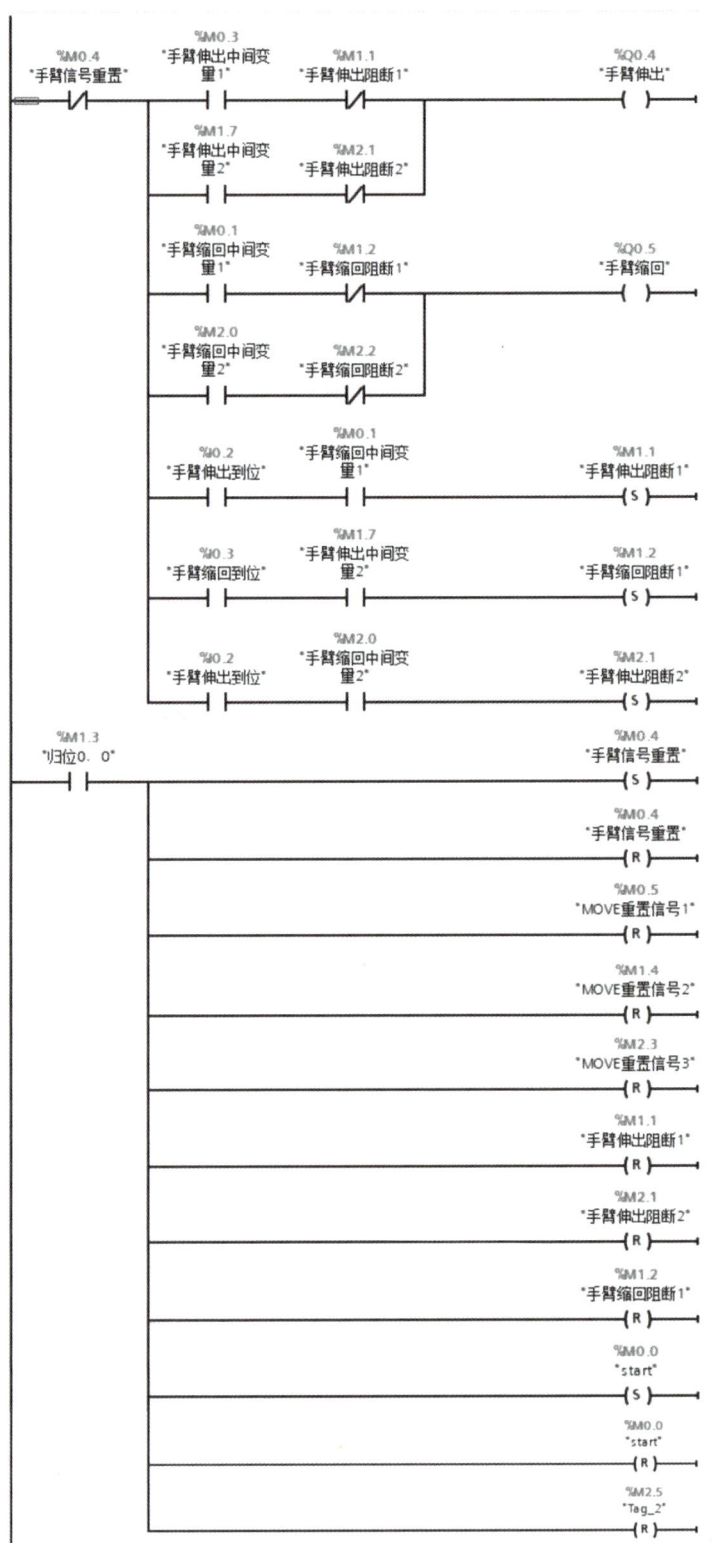

◆ 图4-54 手臂伸缩气缸 ◆

7）MOVE 全局 DB 块，如图 4-55 所示。

MOVE

	名称	数据类型	起始值
1	▼ Static		
2	左右移动	Real	0.0
3	上下移动	Real	0.0
4	左右实时位置	Real	0.0
5	上下实时位置	Real	0.0
6	左右计算结果	Real	0.0
7	上下计算结果	Real	0.0
8	Y-0.05	Real	0.0
9	Y+0.05	Real	0.0
10	Z-0.05	Real	0.0
11	Z+0.05	Real	0.0
12	Z-20	Real	0.0
13	Z-20-0.05	Real	0.0
14	Z-20+0.05	Real	0.0

◆ 图4-55　MOVE全局DB块◆

8）列数 DB 块，如图 4-56 所示。

列数IEC_Counter_0_DB

	名称	数据类型	起始值
1	▼ Static		
2	CU	Bool	false
3	CD	Bool	false
4	R	Bool	false
5	LD	Bool	false
6	QU	Bool	false
7	QD	Bool	false
8	PV	Int	0
9	CV	Int	0

◆ 图4-56　列数DB块◆

9）行数 DB 块，如图 4-57 所示。

行数IEC_Counter_0_DB

	名称	数据类型	起始值
1	▼ Static		
2	CU	Bool	false
3	CD	Bool	false
4	R	Bool	false
5	LD	Bool	false
6	QU	Bool	false
7	QD	Bool	false
8	PV	Int	0
9	CV	Int	0

◆ 图4-57　行数DB块◆

4.2.4　MCD虚拟调试

虚拟调试需要三款软件同时操作，其思路如图 4-58 所示。

MCD虚拟调试

```
┌─────────────────────────────────────┐
│ 打开MCD、PLCSIM Adv、博途V16并分别准备充分 │
└─────────────────────────────────────┘
                    │
                    ▼
┌─────────────────────────────────────┐
│ 将MCD与PLCSIM Adv、PLC Adv与博途V16分别建立通信 │
└─────────────────────────────────────┘
                    │
                    ▼
┌─────────────────────────────────────┐
│ 单击"播放"给予触发条件进行虚拟调试    │
└─────────────────────────────────────┘
```

◆ 图4-58 虚拟调试的思路 ◆

1）打开 MCD 到如图 4-59 所示界面，右击选择将"控制序列信号"符号表加入"察看器"。

2）加入之后在"运行时察看器"中会出现如图 4-60 所示界面。

◆ 图4-59 控制序列信号 ◆　　　　　◆ 图4-60 运行时察看器 ◆

3）打开博途 V16 找到图 4-59 所示界面，打开主程序"Main［OB1］"，如图 4-61 所示。

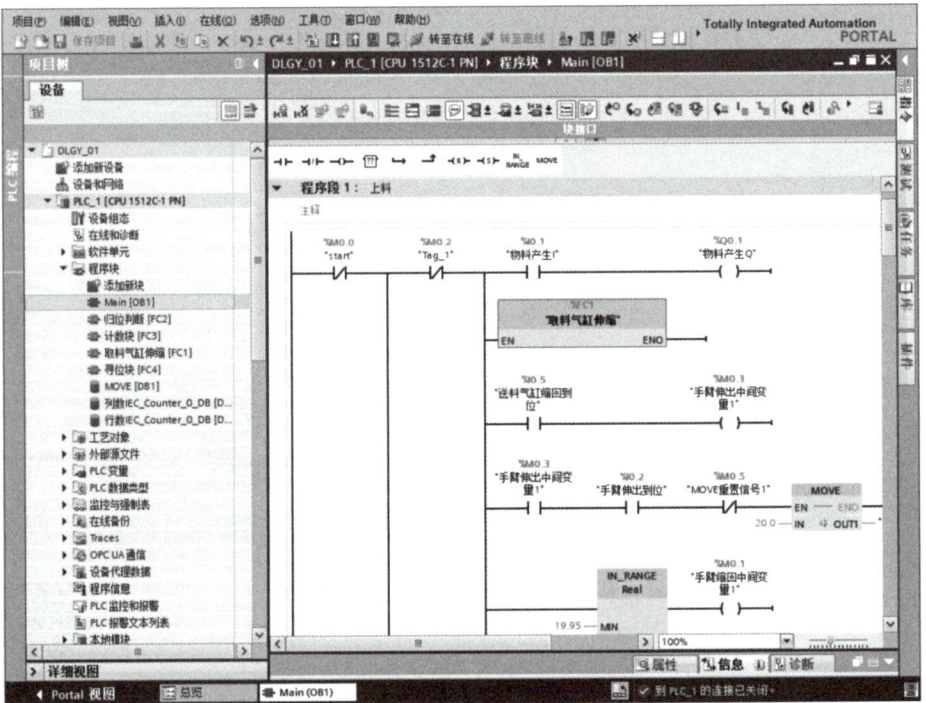

◆ 图4-61 博途V16调试界面 ◆

4）以管理员身份运行 PLCSIM Adv，按照之前所述方法创建一个虚拟的 PLC，命名为"plc_1"，如图 4-62 所示。

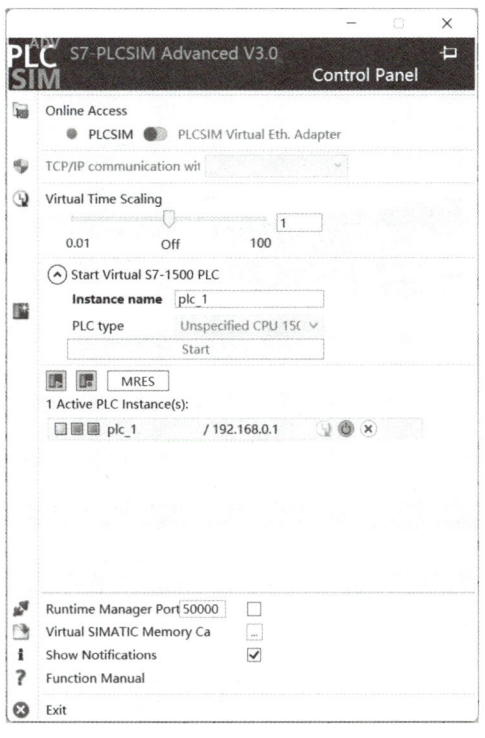

◆ 图4-62　PLCSIM Adv调试界面 ◆

5）在博途 V16 界面单击"下载"按钮，如图 4-63 所示。

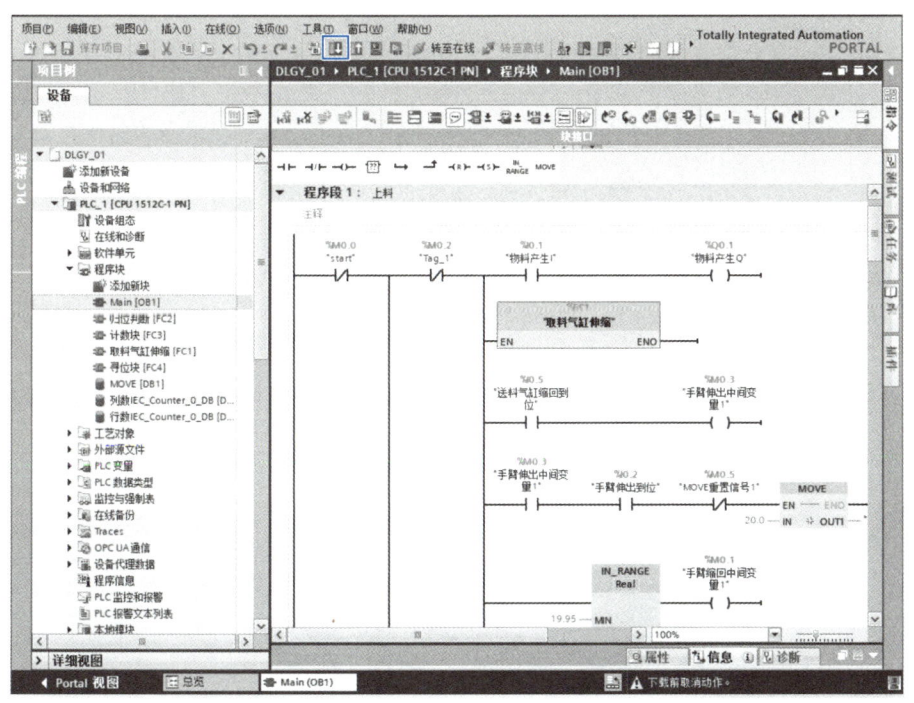

◆ 图4-63　下载程序到虚拟PLC ◆

6）下载完成后回到 MCD 界面，根据前述方法连接信号，如图 4-64 所示。

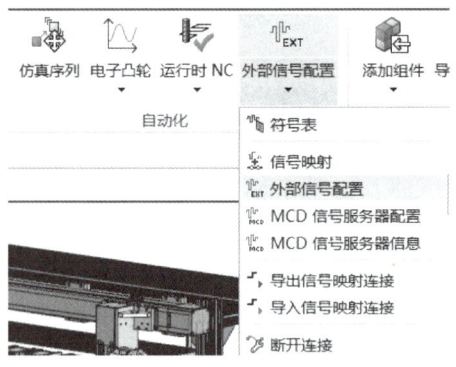

◆ 图4-64　选择"外部信号配置"◆

7）选择 PLCSIM Adv 状态为"运行"，区域选择"IODB"，单击"更新标记"按钮，并且勾选"全选"信号，最后单击"确定"按钮，如图 4-65 所示。

◆ 图4-65　外部信号配置 ◆

8）按照前述方法将相应信号进行映射，完毕之后单击"确定"按钮，如图4-66所示。单击MCD中的"播放"按钮。

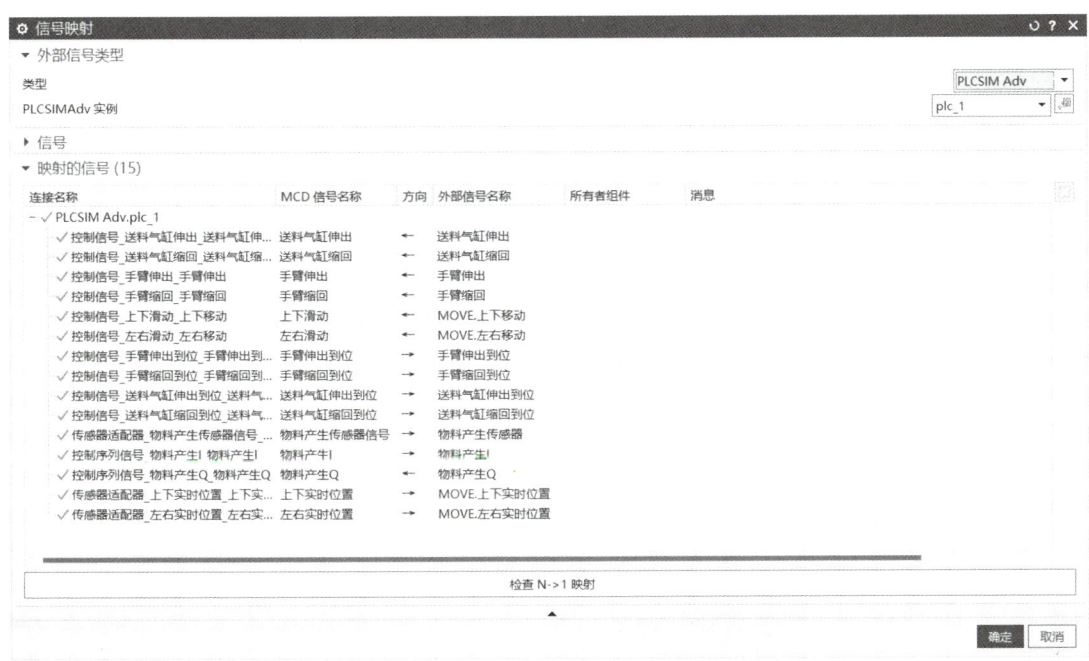

◆ 图4-66　映射的信号 ◆

9）回到博途V16，单击"监控"按钮，可以查看程序运行情况，绿色代表运行中，蓝色代表未运行，灰色代表未调用，如图4-67所示。

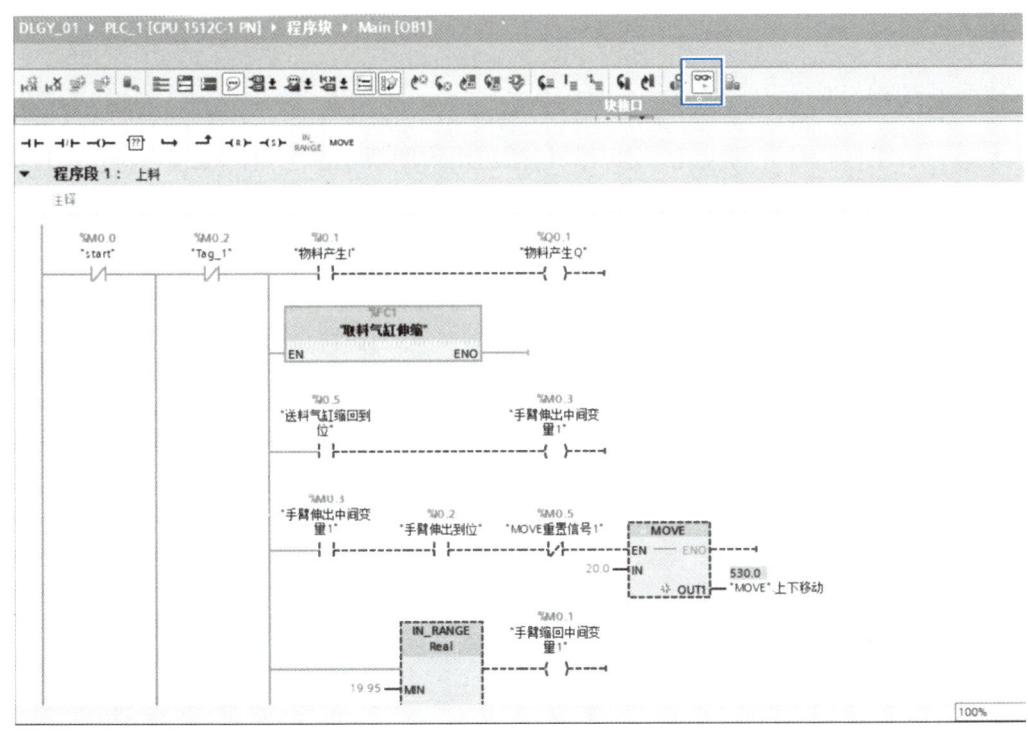

◆ 图4-67　监控调试 ◆

10）双击查看，其中的 false 将其改变为 true 一次，则物料产生一次。物料产生则触发 PLC 中的程序，将所产生的物料按照顺序依次放到原料库中，如图 4-68 所示。

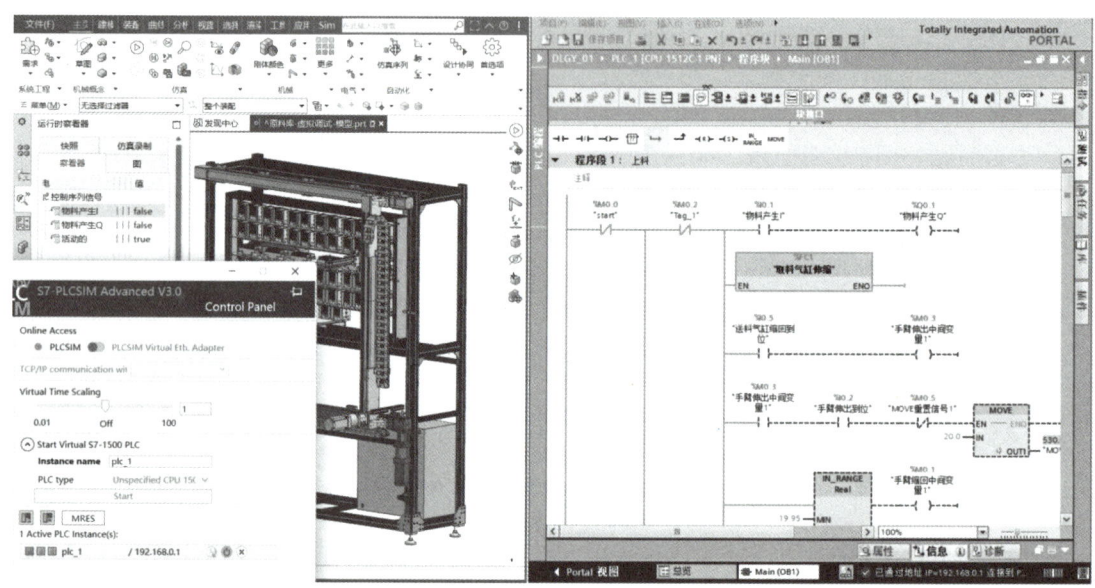

◆ 图 4-68　虚拟调试 ◆

"工匠精神"内涵——创新

创新是"工匠精神"的灵魂。创新既包括迭代式创新，也包括颠覆式创新；既包括微创新，也包括巨创新；还有跨界创新等。"工匠精神"内涵本身也在不断发展。与工业 4.0 相对应，也应该有工匠精神 4.0。手工化时代，体现的是工匠精神 1.0 的内涵；机械化时代，体现的是工匠精神 2.0 的内涵；自动化时代，体现的是工匠精神 3.0 的内涵；智能化时代，体现的是工匠精神 4.0 的内涵。在工业 4.0 时代，未来工厂能够自行优化，一并控制整个生产过程，还将实现包括人人互联、物物互联、人机互联在内的智能互联。

——摘自《工匠精神与工业文明》，作者：李海舰，徐韧

新时代的大学生要牢固树立"创新"理念，注重培养家国情怀、责任担当、工匠精神，不墨守成规，要敢于创新、勇于创新，不断突破自我，练就满足新时代国家工业发展需要、促进国家产业升级和发展的必备能力，为实现中华民族伟大复兴而贡献自己的力量。

练习题

1. 如果不勾选"块编译时支持仿真"会有什么影响？
2. 在进行MCD信号映射时，有哪几种方式？
3. PLC程序下载到虚拟PLC时报错，无法下载但是找不到错误所在，如何检查和解决？
4. 在进行PLC编程时通常需要考虑哪些因素？
5. 如何通过PLC程序控制MCD模型运动？

PROJECT 5
项目 ⑤

包装工作站仿真

项目描述

包装工作站又称包装站点，其工艺仿真项目旨在通过使用仿真技术来评估和改进包装站点的工艺过程。该项目将通过建立一个虚拟模型来模拟包装站点的操作过程，并进行仿真分析，以便对该站点的性能和效率进行深入了解。设备模型如图5-1所示。

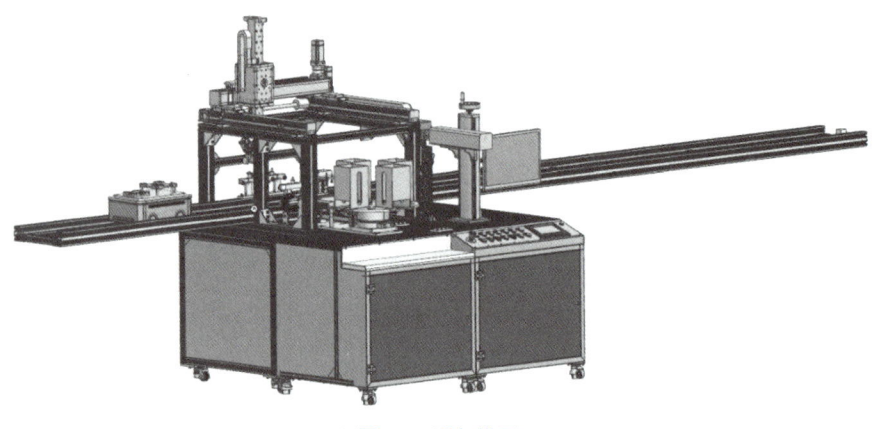

◆ 图5-1 设备模型 ◆

技能证书要求

对应 1+X 生产线数字化仿真应用证书技能点
能够根据生产工艺需求，对任务实施过程中的重点难点进行分析
能够根据生产线设备运动原理，对机械结构进行运动关系划分
能够根据生产线中设备运动逻辑关系，添加仿真软件中的信号
能够根据仿真需求，设置仿真软件中的信号适配器
能够根据生产线工艺要求，演示虚拟仿真运动状态

学习目标

1. 掌握包装站点的设备组成，能够熟悉各个组成机构的功能特点及运动方式。
2. 掌握 AG-95 夹爪的运动关系，能够在 MCD 中实现夹爪的运动。
3. 掌握 MCD 常见的指令和内部逻辑，能够创建生产线的基本机电对象及信号逻辑。
4. 掌握 MCD 中序列的创建方法，并能够创建符合设备运动的序列。
5. 掌握包装站点的工艺过程及调试方法，能够实现包装站点的工艺过程仿真。

学习导图（图 5-2）

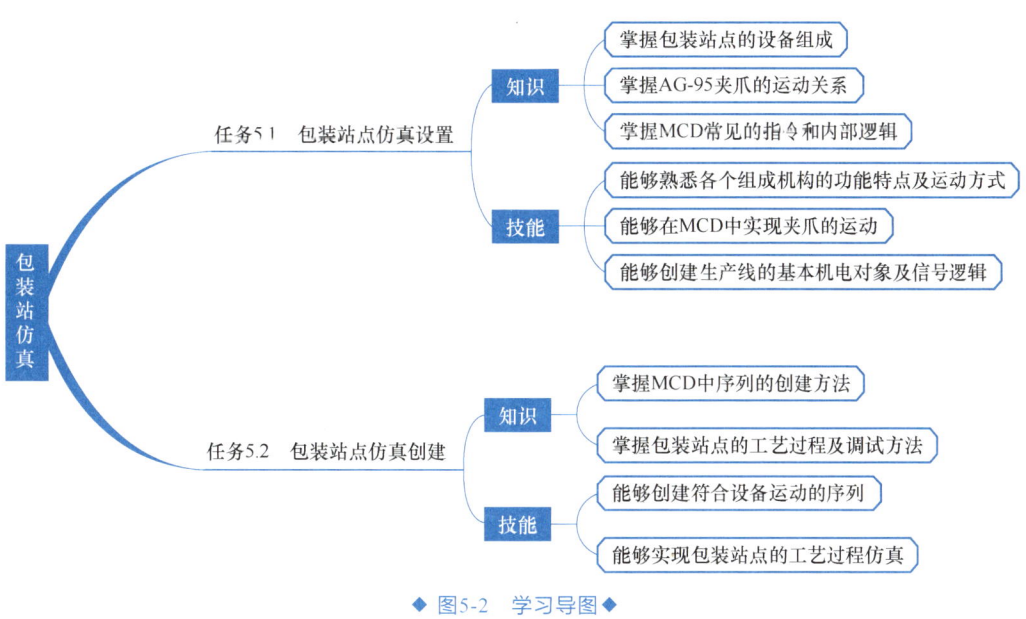

◆ 图 5-2　学习导图 ◆

▶ 任务 5.1　包装站点仿真设置

任务提出

在工作过程中，请结合表 5-1 中的内容了解本项目的任务和关键指标。

表 5-1　任务书

任务名称	包装站点仿真设置	任务来源	企业综合项目
姓名		实施时间	
任务描述	本任务是"包装站点仿真设置"。某生产线在进行设备工艺仿真之前，要完成单个站点的仿真设置。请根据本任务中包装站点的组成，对包装站点的任务进行分析，灵活处理数字模型，合理设置机电对象			
关键指标要求	1. 基本机电对象的创建 2. 运动副和约束的创建 3. 传感器和执行器的创建 4. 信号的创建 5. 工艺仿真			

> 知识准备

5.1.1 包装站点认识

包装站点负责将不同种类的物料进行分类、捆绑和装箱,以确保物料在运输和储存过程中的安全性和完整性。包装站点的主要作用如下:①包装,适当的包装有助于减少损坏、避免污染和提高效率;②标签和标识,包装站点负责将合适的标签和标识附加到包装好的物料上,有助于准确地追踪和识别物料,以确保正确分发和交付,同时也便于存储和库存管理;③质量控制,包装站点负责质量控制和检验,确保物料符合规定的标准和要求,包括外观检查、尺寸验证、数量核对等,以确保物料质量合格,避免次品出货;④物流协调,包装站点与其他物流节点(如仓储站点等)进行协调,确保物料的及时运输、交接和配送。包装站点在物流过程中起到了关键的衔接和协调作用,负责信息管理,记录和管理与物料包装相关的信息,如包装日期、序列号、批次号等。这些信息有助于追溯和调查,提高整个供应链的可追溯性和管理效率。

◆ 图5-3 包装站点 ◆

包装站点实物案例如图 5-3 所示。

5.1.2 包装站点设备介绍

1. 抓取装置

抓取装置由机械夹爪、齿轮齿条、伺服模组组成,如图 5-4 所示。机械夹爪通过机构传递夹紧力,实现夹爪的夹取释放;齿轮齿条由电机提供能量,实现夹爪的伸出缩回(完成 Y 轴的移动);伺服模组由两个伺服电机组合而成,可以实现 X、Z 轴的移动,带动夹爪找到准确位置。

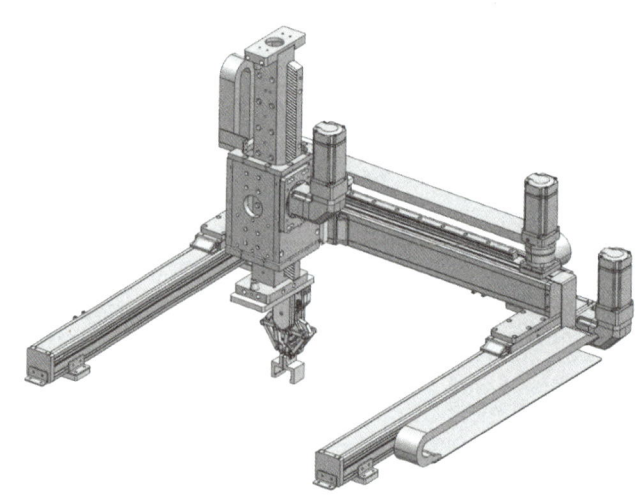

◆ 图5-4 抓取装置 ◆

2. 包装盒储存装置

包装盒储存装置由直接驱动电机、旋转托盘和推料气缸三部分构成。直接驱动电机带动旋转托盘转到有包装盒的位置,推料气缸再将包装盒推送至机械夹爪可以抓取到的位置,如图 5-5 所示。

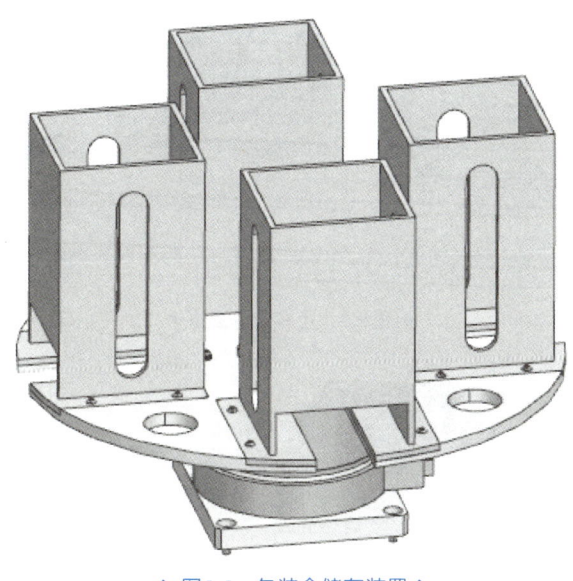

◆ 图5-5 包装盒储存装置 ◆

3. 辅助打码装置

辅助打码装置将包装盒的上盖送到打码机范围内进行打码,如图 5-6 所示。

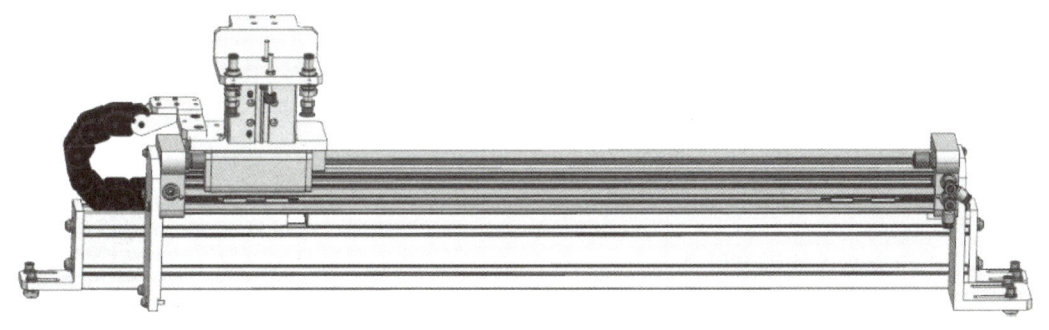

◆ 图5-6 辅助打码装置 ◆

4. 小车定位装置

小车定位装置主要由定位传感器和定位气缸组成,如图 5-7 所示。定位传感器的作用是检测小车是否到位。定位气缸由普通伸缩气缸加装梯形定位块组成,其作用是将到位的小车固定在正确位置,防止小车滑动。

5. AGV 穿梭车

AGV 穿梭车上有物料托盘,其作用是承载不同的物料。AGV 小车的作用是运送托盘所承载的物料在各个工作站点之间穿梭,是沟通站点的桥梁,如图 5-8 所示。

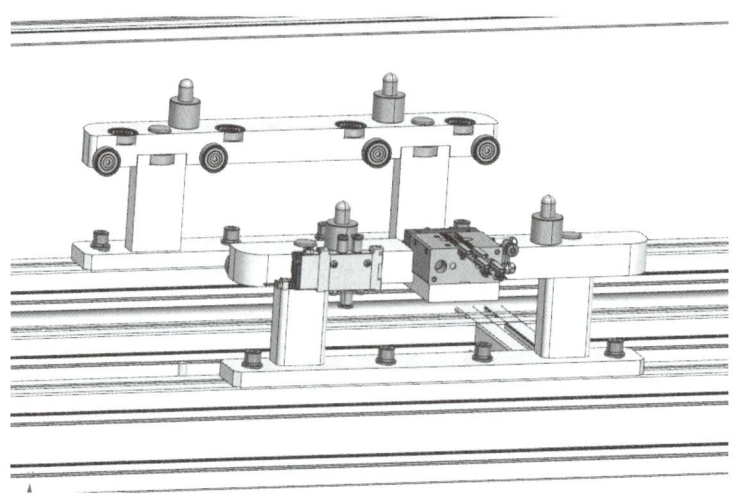

◆ 图5-7　小车定位装置 ◆

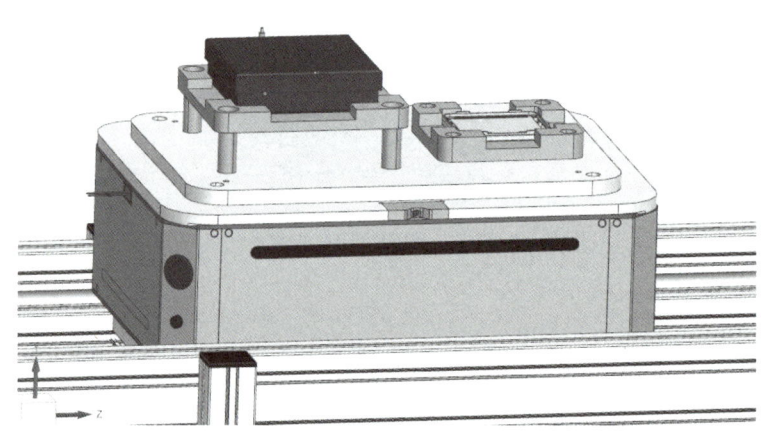

◆ 图5-8　AGV穿梭车 ◆

以上就是包装站点的主要设备构成，当然还包含其他的一些装置，此处不做赘述。

任务实施

5.1.3　包装站点的模型处理

包装站点的模型处理思路如图 5-9 所示。

包装站点的
模型处理

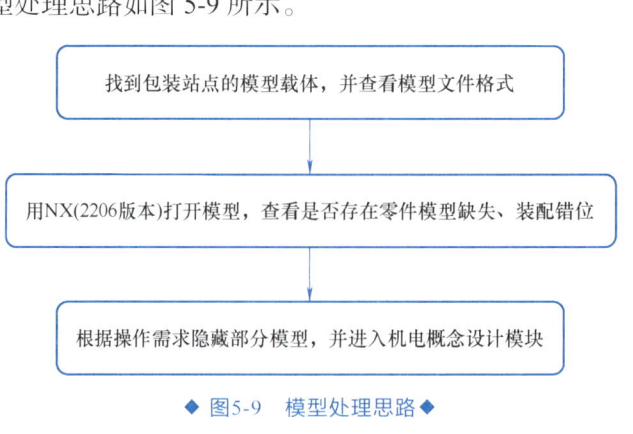

◆ 图5-9　模型处理思路 ◆

1. 确定文件格式

以"包装站 - 项目五 - 最终模型"为例,找到目标文件,查看文件格式是否为".prt",用 NX(2206 版本)打开文件,如图 5-10 所示。

◆ 图5-10 文件格式 ◆

2. 检查模型

(1)检查模型零件是否缺失

1)单击"视图"选项卡"内容"栏中的"显示和隐藏"按钮,如图 5-11 所示。

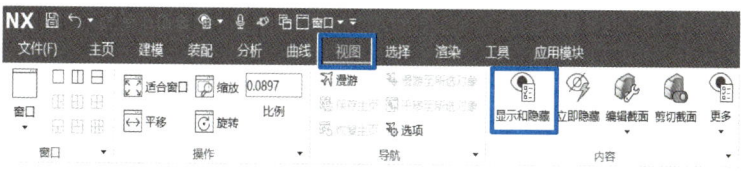

◆ 图5-11 显示和隐藏指令 ◆

2)出现如图 5-12 所示界面,设置全部显示。

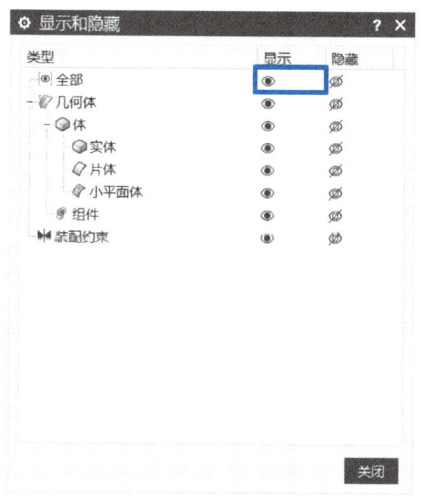

◆ 图5-12 显示和隐藏界面 ◆

3)包装站点所有的模型载体会全部显示出来,查看模型零件是否缺失,如图 5-13 所示。

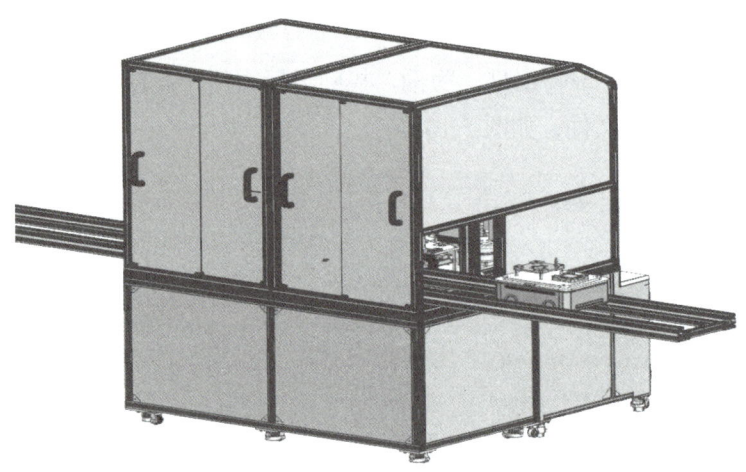

◆ 图5-13 包装站点模型载体 ◆

（2）检查模型零件装配位置是否正确

检查模型零件装配位置是否正确，最常用的方法是位置测量法。以包装盒下盖为例，选择如图5-14a所示左侧位置为第一个面。选择如图5-14b所示右侧位置为第二个面，之后，会出现面与面之间的最小距离。

a) 包装盒下盖左侧面

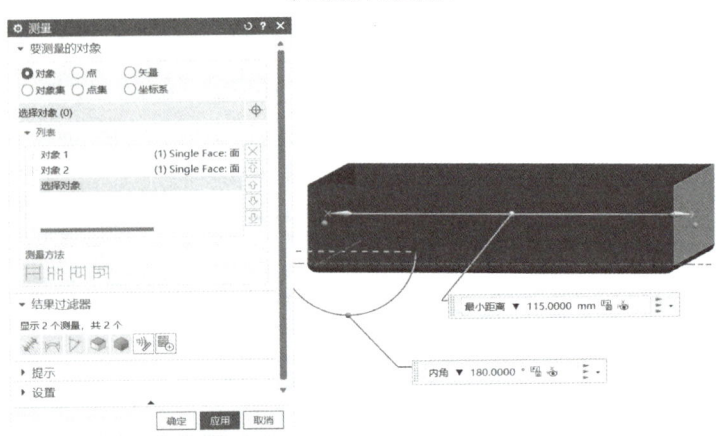

b) 包装盒下盖右侧面

◆ 图5-14 包装盒下盖 ◆

利用位置测量法可以判断模型载体与实体设备之间是否存在位置差异，若存在位置差异，则根据实体设备进行模型载体的装配调整。

3. 隐藏模型

隐藏模型的主要目的是方便查看单个部件的构成及进行运动分析，同时也有利于选择零部件，方便创建基本机电对象。隐藏模型的方法有很多，最直接的是在装配导航栏中找到不影响 MCD 序列仿真关系的零件或者机构，单击红色"√"使其变为灰色。隐藏模型效果如图 5-15 所示。

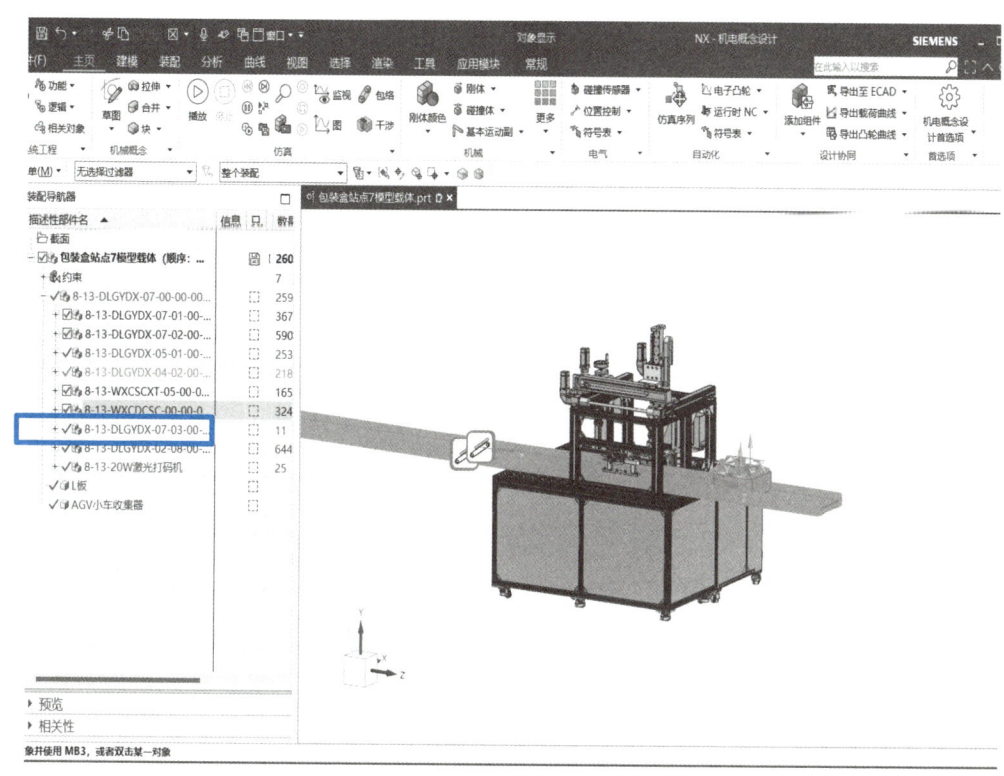

◆ 图5-15 隐藏模型 ◆

5.1.4 包装站点的机电对象设置

包装站点的机电对象设置思路如图 5-16 所示。

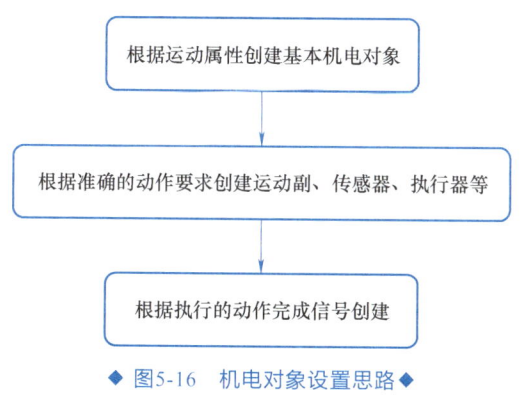

◆ 图5-16 机电对象设置思路 ◆

1. 创建基本机电对象

（1）刚体

1）电机三轴（X、Y、Z 轴），如图 5-17~图 5-19 所示。

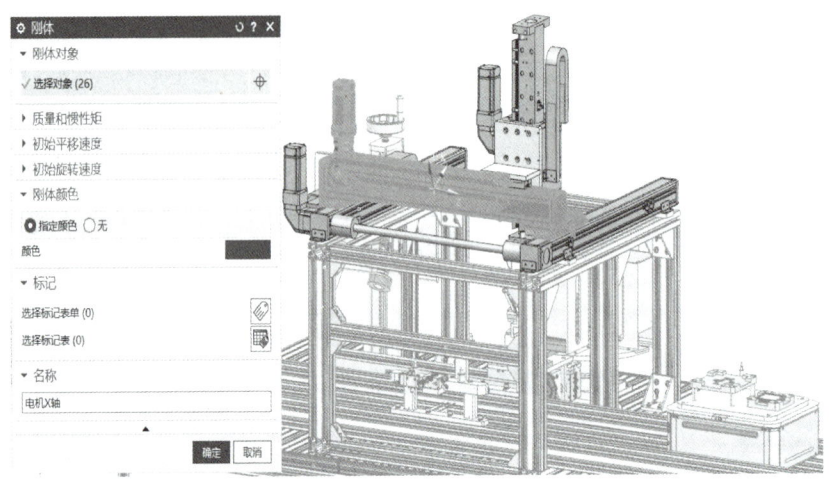

◆ 图5-17　电机X轴-刚体 ◆

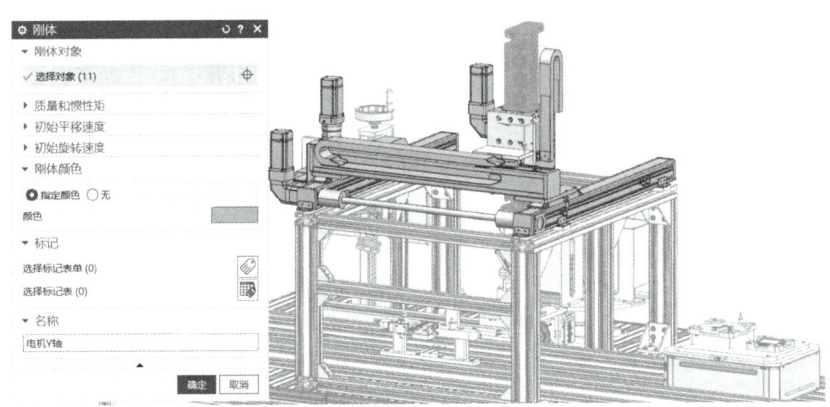

◆ 图5-18　电机Y轴-刚体 ◆

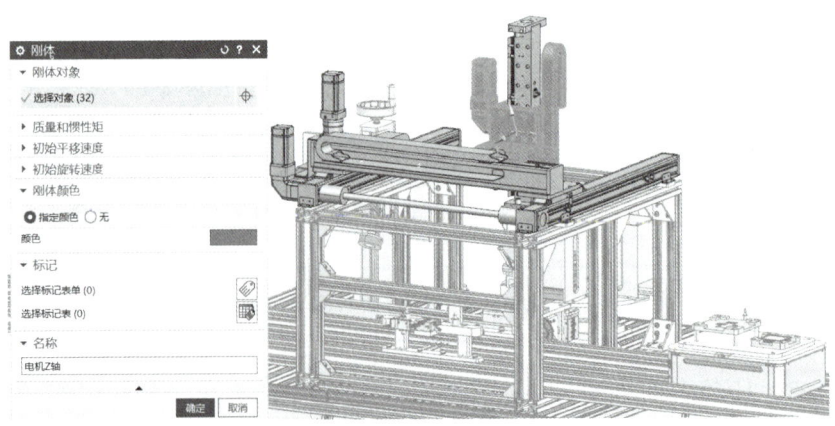

◆ 图5-19　电机Z轴-刚体 ◆

2）气缸及滑块部分，如图 5-20~图 5-26 所示。

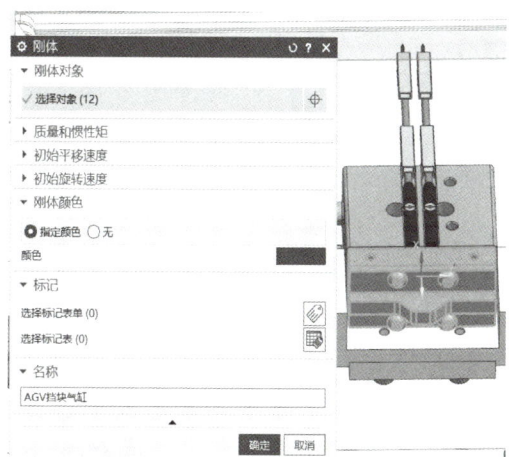

◆ 图5-20　AGV挡块气缸-刚体 ◆

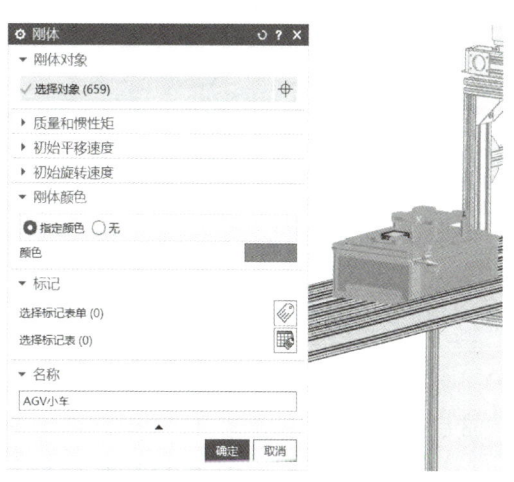

◆ 图5-21　AGV小车-刚体 ◆

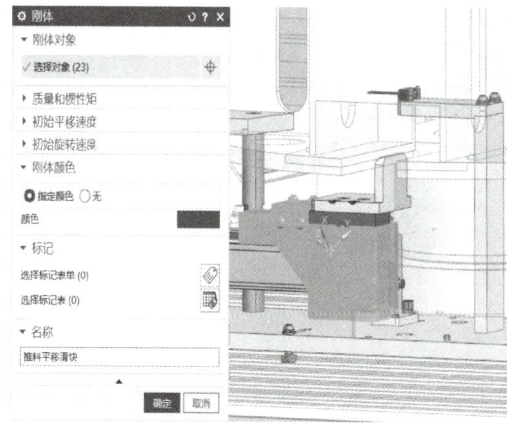

◆ 图5-22　推料平移滑块-刚体 ◆

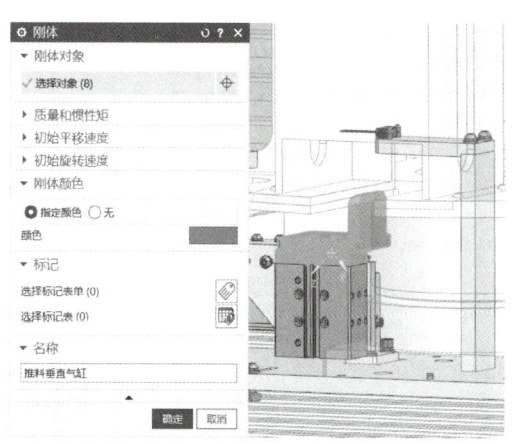

◆ 图5-23　推料垂直气缸-刚体 ◆

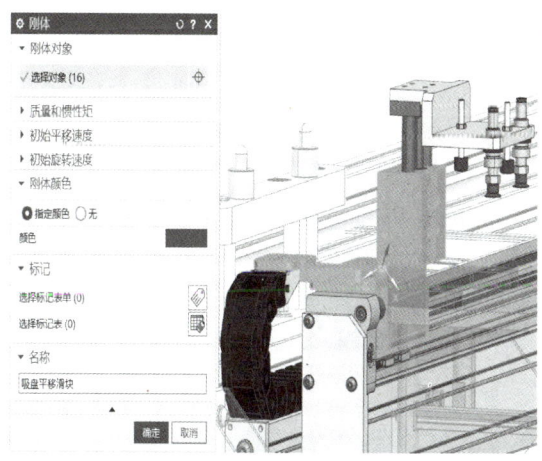

◆ 图5-24　吸盘平移滑块-刚体 ◆

◆ 图5-25　吸盘垂直气缸-刚体 ◆

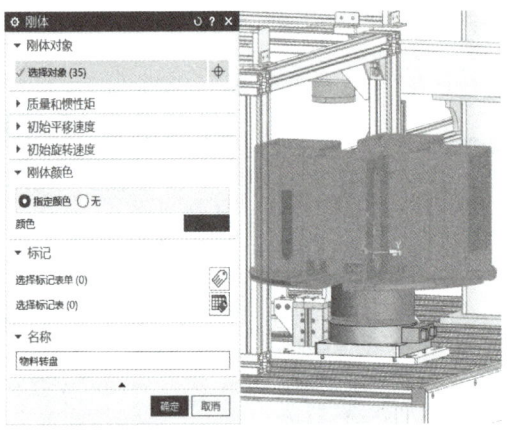

◆ 图5-26　物料转盘-刚体 ◆

3）包装盒上下盖及附件，如图5-27、图5-28所示。

包装盒存储装置
机电对象设置

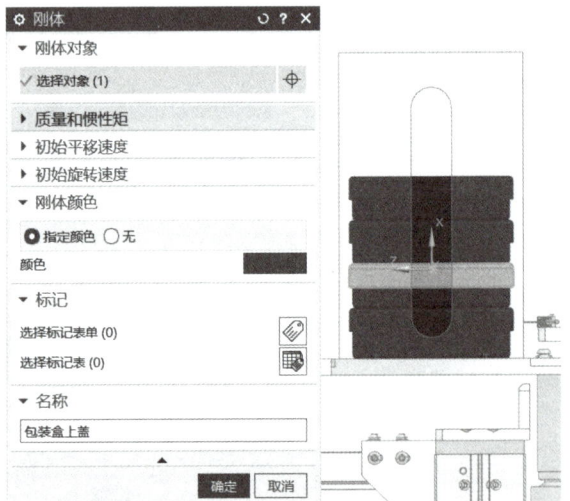

a）包装盒上盖-刚体

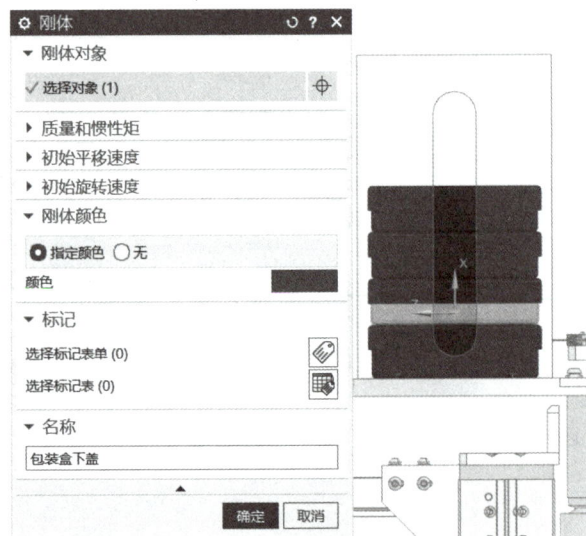

b）包装盒下盖-刚体

◆ 图5-27　包装盒上下盖 ◆

a) 小柱-刚体

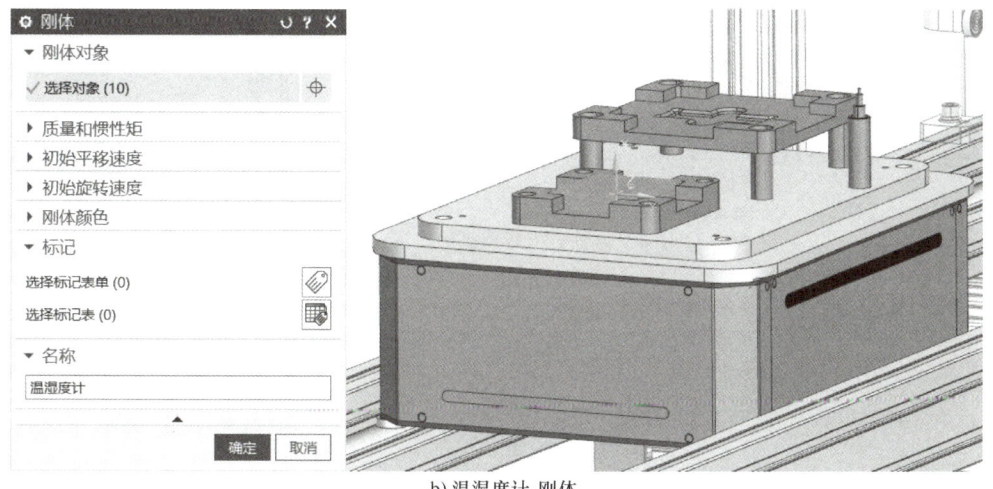

b) 温湿度计-刚体

◆ 图5-28　附件 ◆

4）AG-95 夹爪，如图 5-29~ 图 5-37 所示。

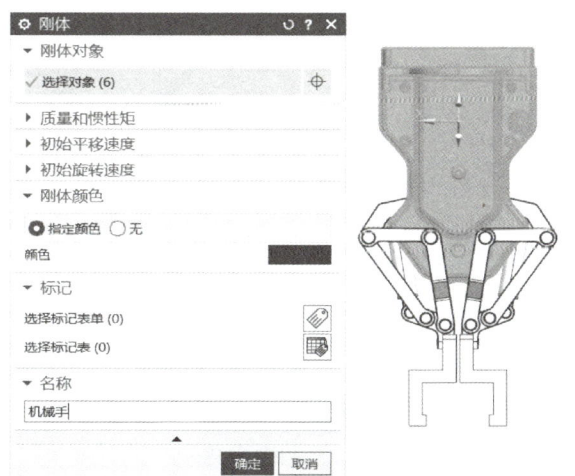

抓取装置机电
对象设置

◆ 图5-29　机械手-刚体 ◆

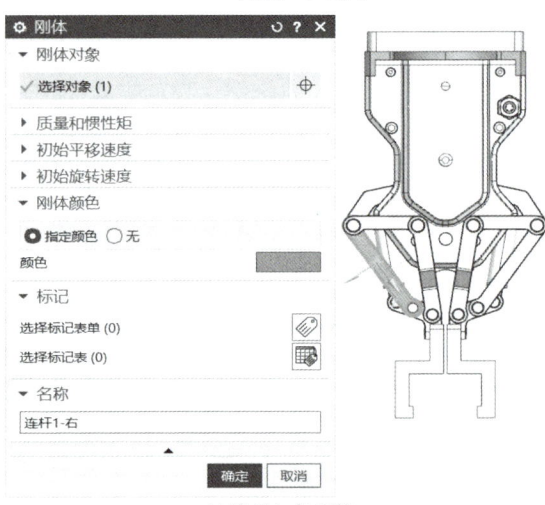

a) 连杆1-左-刚体

b) 连杆1-右-刚体

◆ 图5-30　连杆1-刚体 ◆

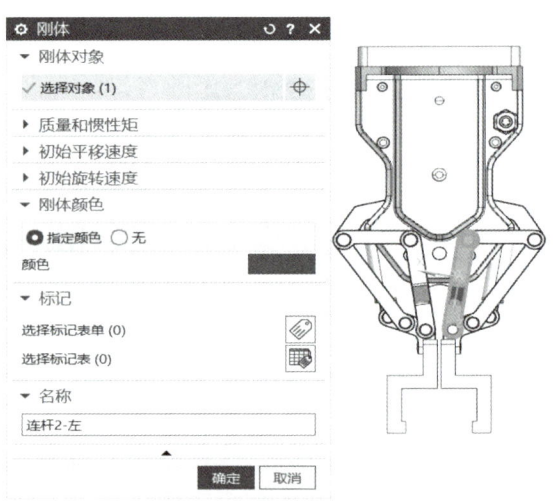

a) 连杆2-左-刚体

◆ 图5-31　连杆2-刚体 ◆

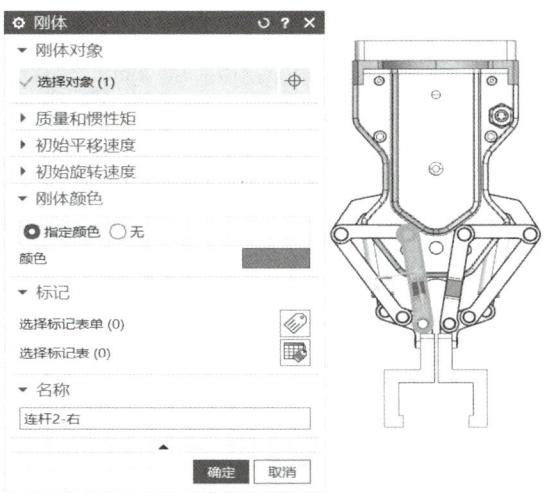

b) 连杆 2-右-刚体

◆ 图5-31 连杆2-刚体（续）◆

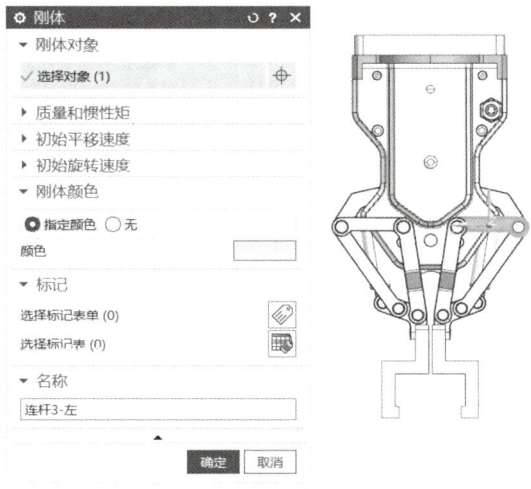

a) 连杆3-左-刚体

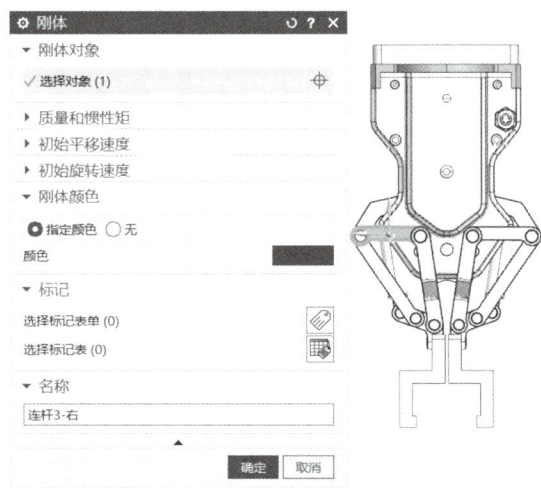

b) 连杆3-右-刚体

◆ 图5-32 连杆3-刚体 ◆

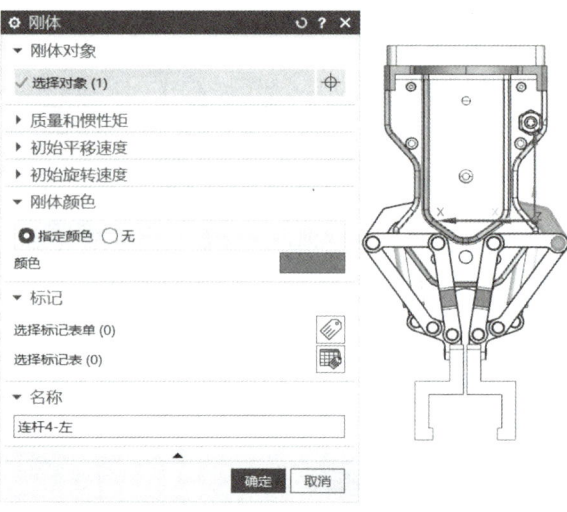

a) 连杆4-左-刚体

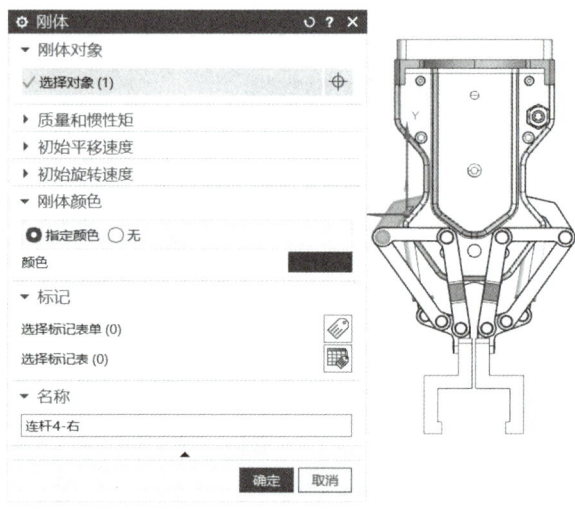

b) 连杆4-右-刚体

◆ 图5-33 连杆4-刚体 ◆

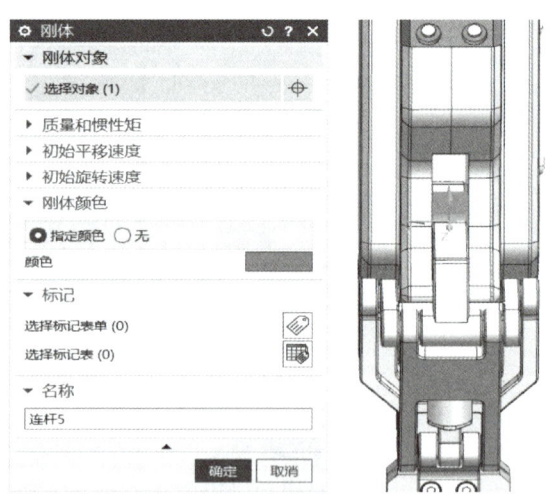

◆ 图5-34 连杆5-刚体 ◆

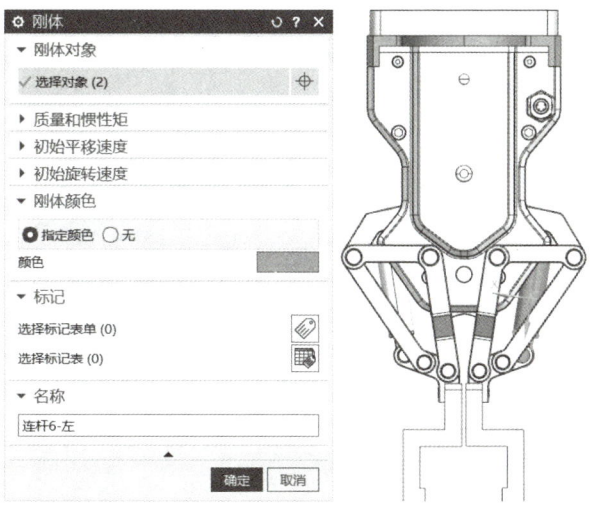

a) 连杆6-左-刚体

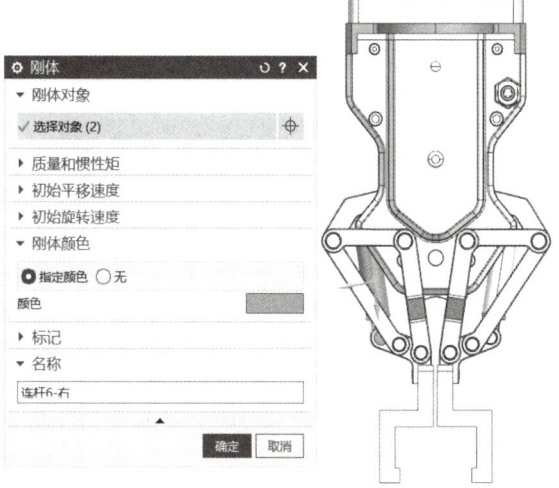

b) 连杆6-右-刚体

◆ 图5-35　连杆6-刚体 ◆

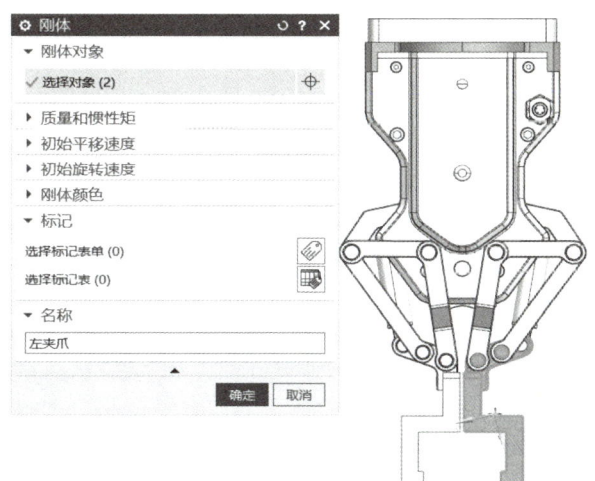

◆ 图5-36　左夹爪-刚体 ◆

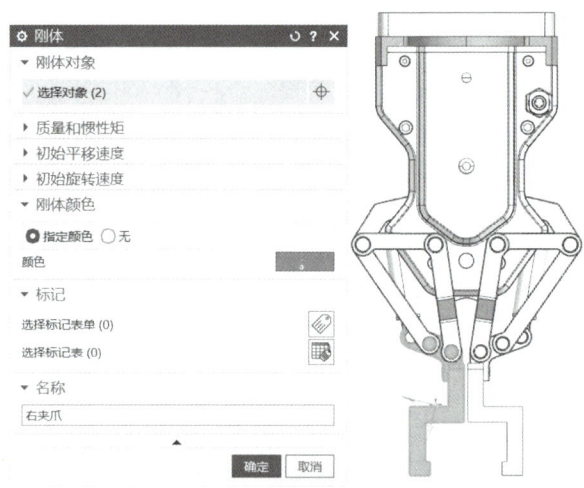

◆ 图5-37　右夹爪-刚体 ◆

（2）碰撞体

1）AGV 小车及导轨部分，如图 5-38 所示。

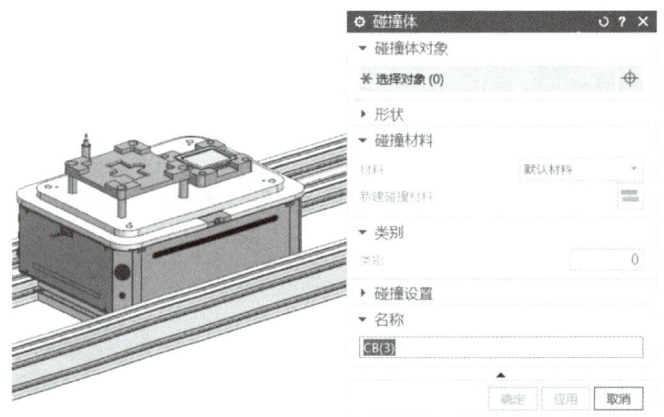

其他设备机电对象设置

◆ 图5-38　AGV小车及导轨部分 ◆

2）按照图 5-38 所示，完成 AGV 小车伸缩气缸碰撞体的设置，如图 5-39~图 5-44 所示。

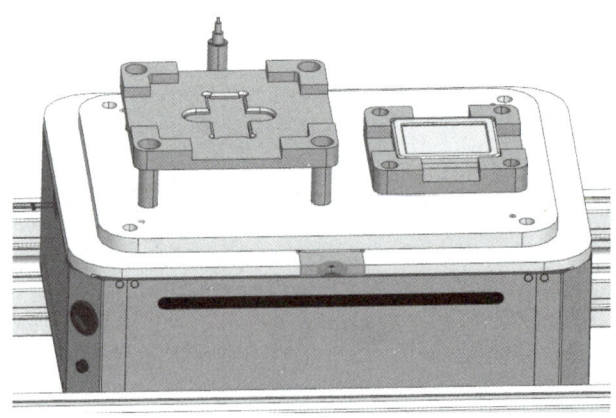

◆ 图5-39　AGV小车伸缩气缸-碰撞体 ◆

项目5 包装工作站仿真

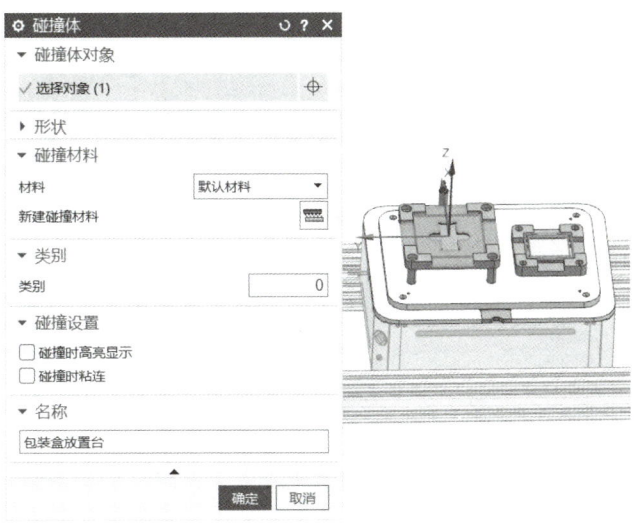

◆ 图5-40 包装盒放置台-碰撞体 ◆

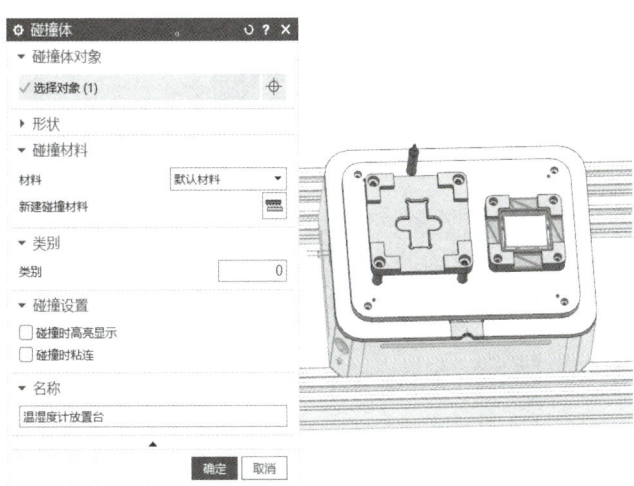

◆ 图5-41 温湿度计放置台-碰撞体 ◆

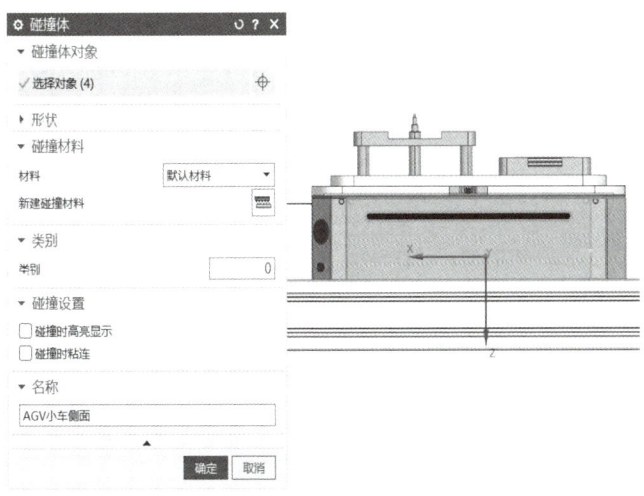

◆ 图5-42 AGV小车侧面-碰撞体 ◆

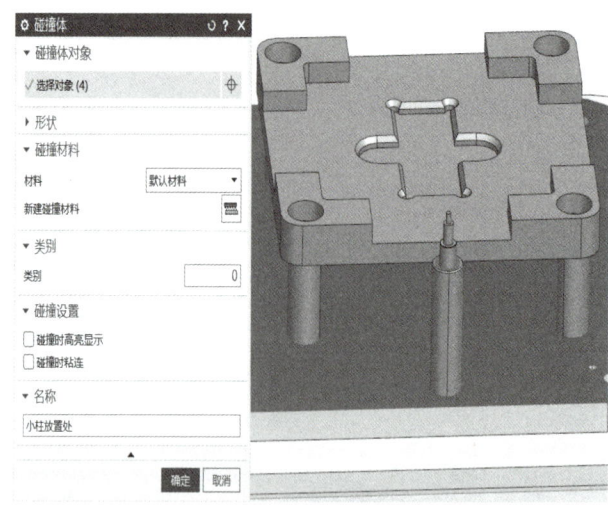

◆ 图5-43　小柱放置处-碰撞体 ◆

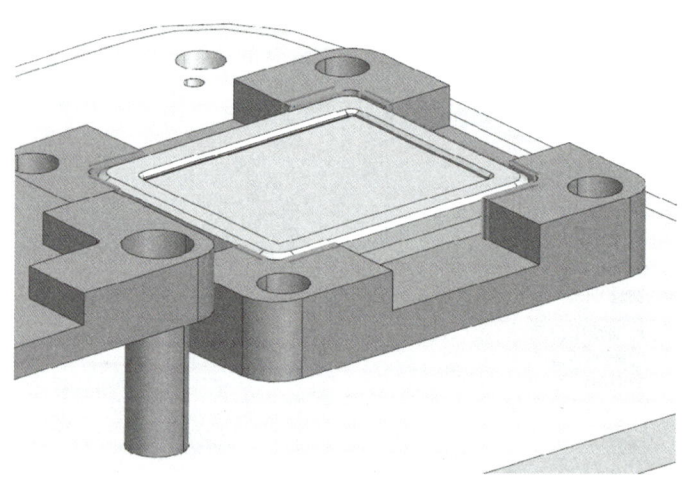

◆ 图5-44　温湿度计放置处-碰撞体 ◆

3）按照图 5-44 所示，完成温湿度计所有碰撞体的设置，如图 5-45 所示。

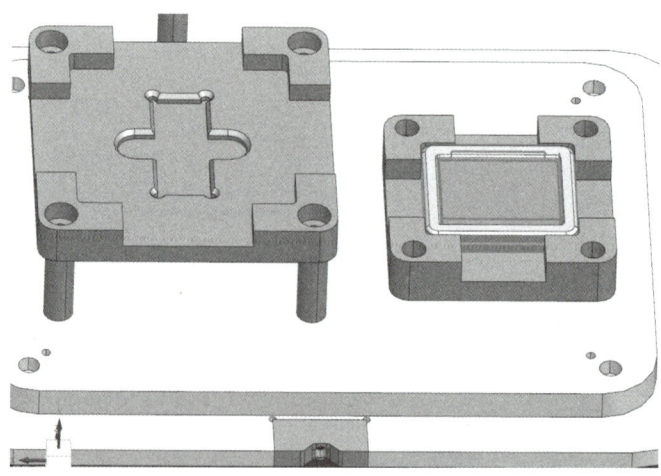

◆ 图5-45　温湿度计-碰撞体 ◆

4）按照图 5-46 所示，完成小柱所有碰撞体的设置，如图 5-47~图 5-49 所示。

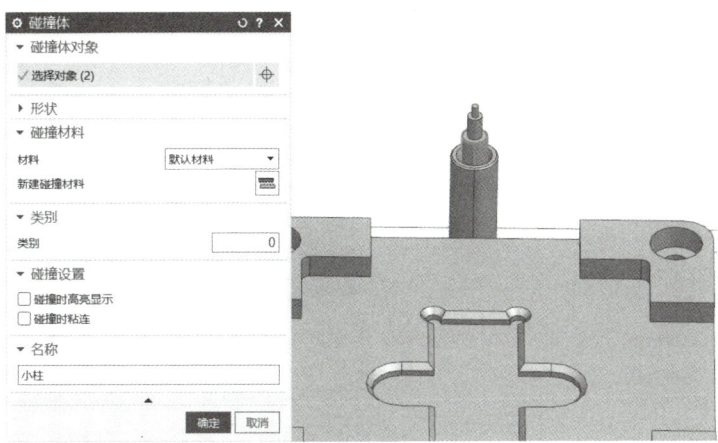

◆ 图5-46　小柱下面圆柱-碰撞体 ◆

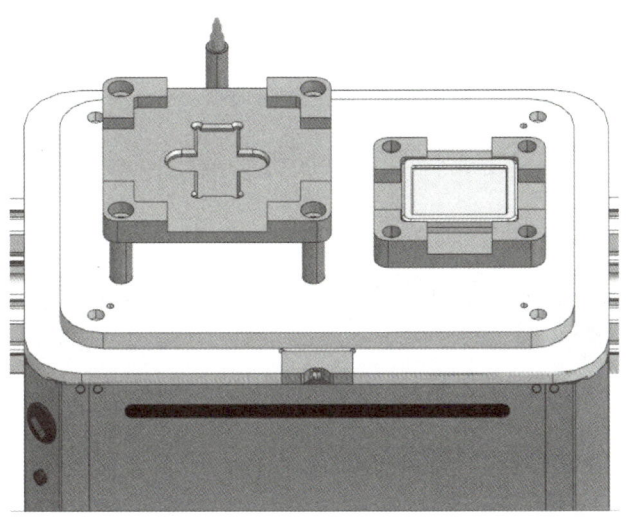

◆ 图5-47　小柱上面两圆柱-碰撞体 ◆

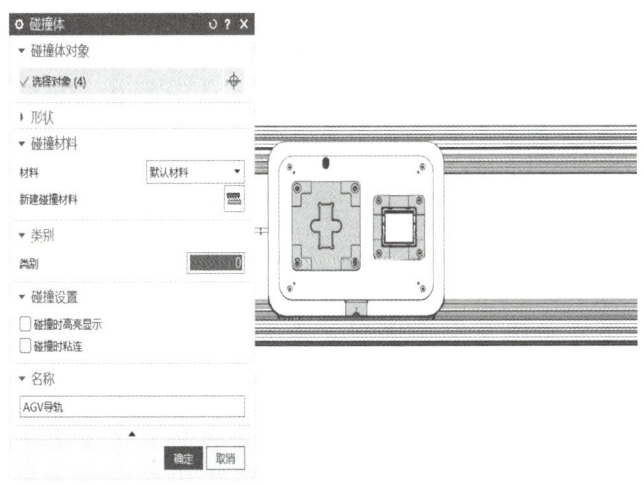

◆ 图5-48　AGV导轨-碰撞体 ◆

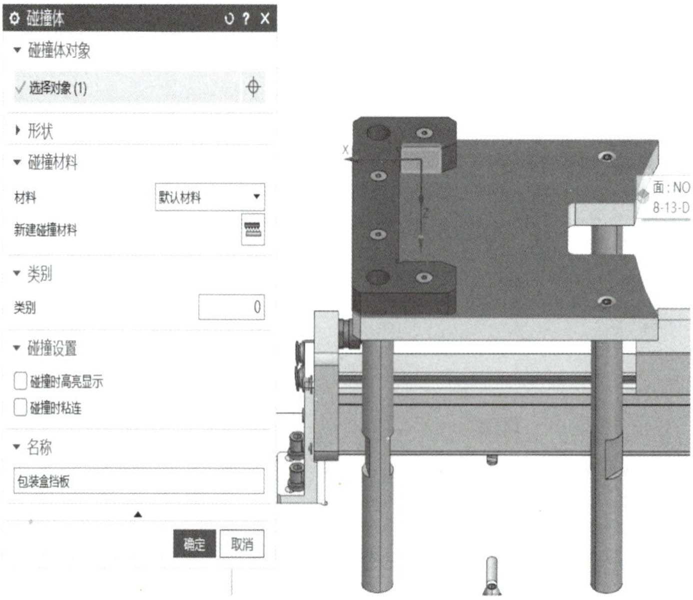

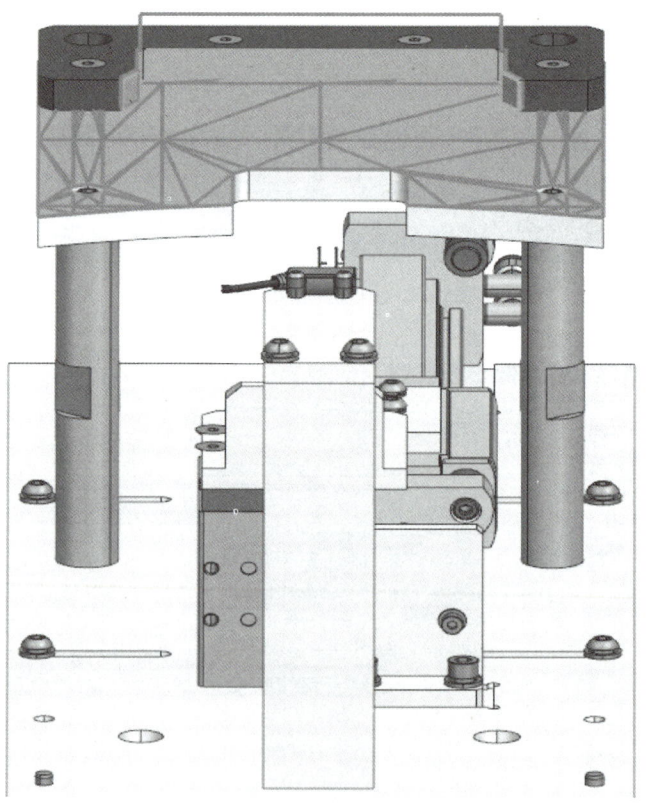

◆ 图5-49 包装盒挡板-碰撞体 ◆

5）按照图5-49所示，完成包装盒挡板所有碰撞体的设置，如图5-50~图5-53所示。

◆ 图5-50 包装盒挡板底面-碰撞体 ◆

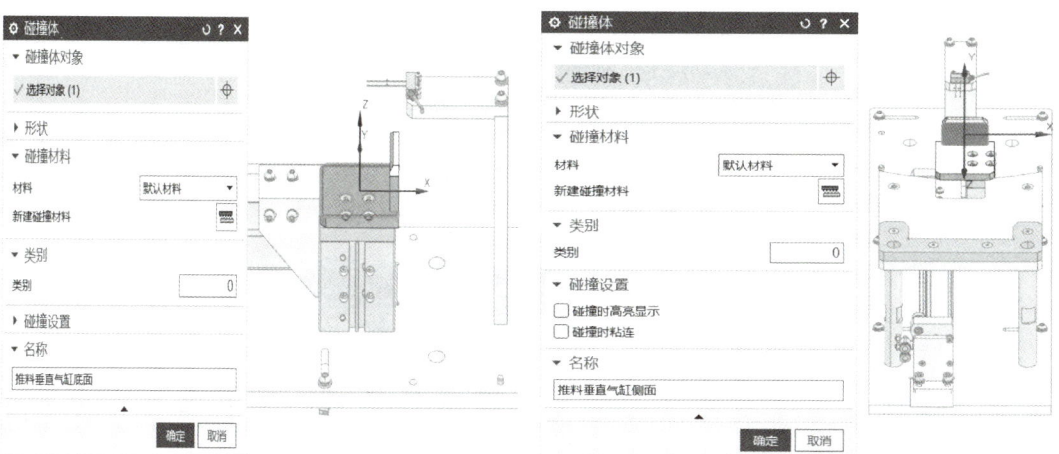

◆ 图5-51　推料垂直气缸底面-碰撞体 ◆　　　◆ 图5-52　推料垂直气缸侧面-碰撞体 ◆

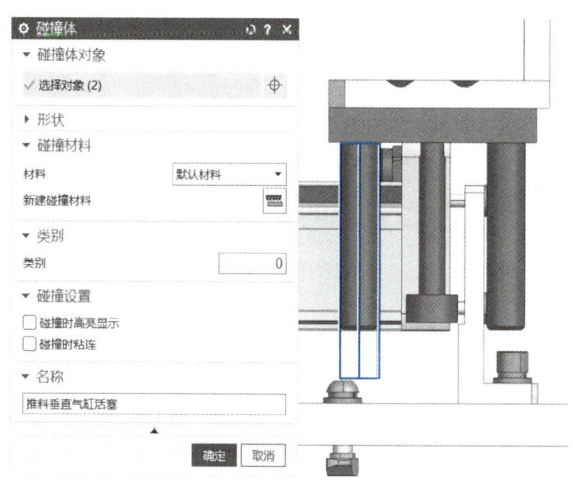

◆ 图5-53　推料垂直气缸单个活塞-碰撞体 ◆

6）按照图 5-53 所示，完成推料垂直气缸活塞所有碰撞体的设置，如图 5-54 所示。

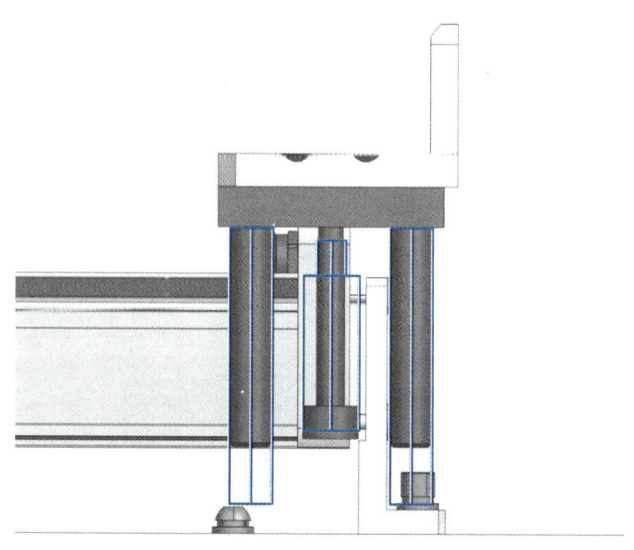

◆ 图5-54　推料垂直气缸活塞-碰撞体 ◆

7）包装盒，如图 5-55 所示。

◆ 图 5-55　上盖单面-碰撞体 ◆

8）按照图 5-55 所示，完成上盖所有碰撞体的设置，如图 5-56 所示。

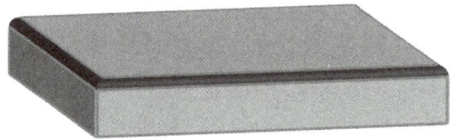

◆ 图 5-56　上盖-碰撞体 ◆

◆ 图 5-57　下盖单面-碰撞体 ◆

9）按照图 5-57 所示，完成下盖所有碰撞体的设置，如图 5-58 所示。

◆ 图 5-58　下盖-碰撞体 ◆

10）夹爪 - 碰撞体，如图 5-59、图 5-60 所示。

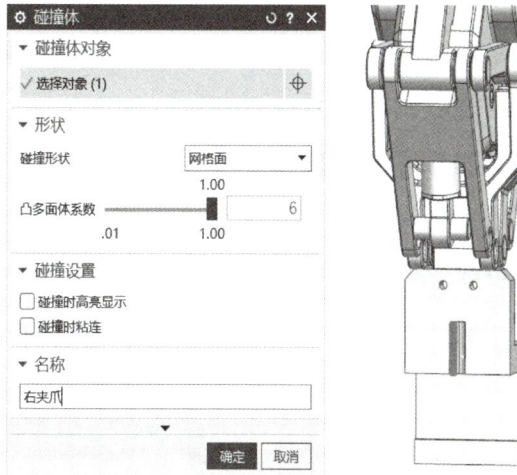

◆ 图5-59　右夹爪-碰撞体 ◆

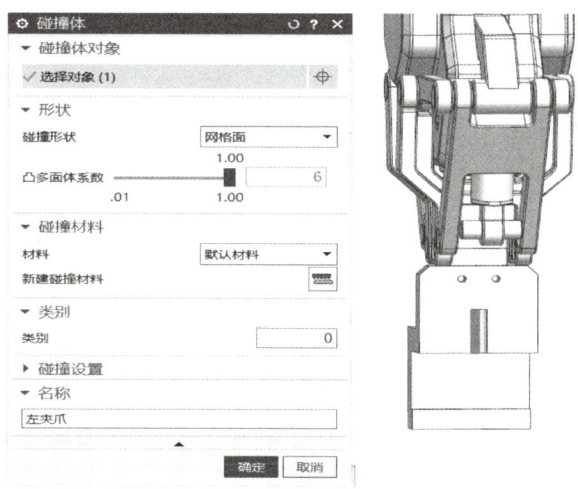

◆ 图5-60　左夹爪-碰撞体 ◆

（3）对象源和对象收集器

AGV 小车对象源每次激活时触发一次，如图 5-61 所示。

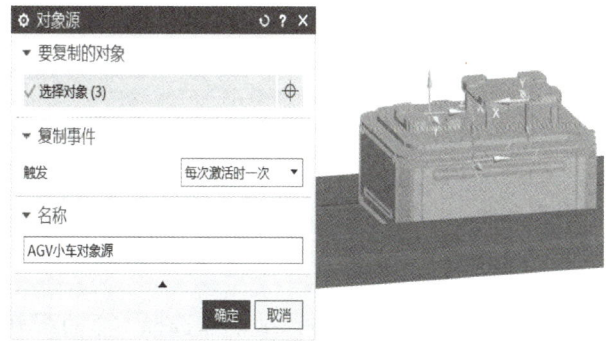

◆ 图5-61　AGV小车对象源 ◆

2. 运动副和约束

（1）滑动副

1）连接体选择名为"AGV挡块气缸"的刚体，基本体不选，轴矢量选择"X正向"，名称改为"AGV挡块气缸_SJ（1）"，如图5-62所示。

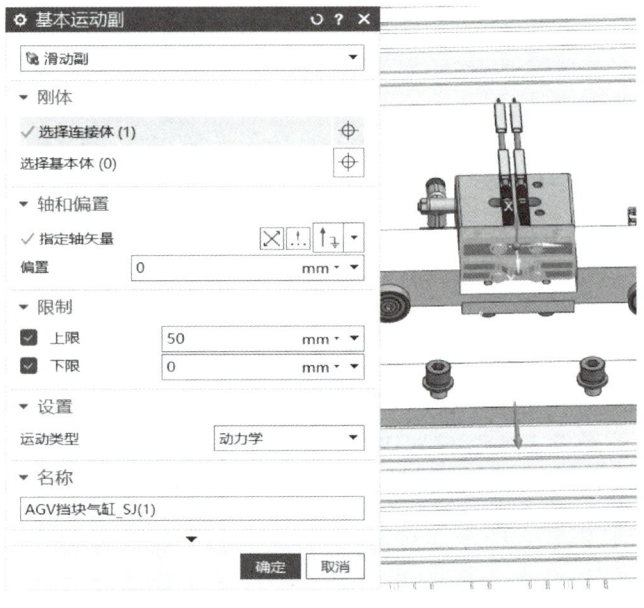

◆ 图5-62　AGV挡块气缸_SJ（1）-滑动副 ◆

2）连接体选择名为"气缸滑块部分"的刚体，基本体不选，轴矢量选择"X负方向"，名称改为"气缸滑块部分_SJ（1）"，如图5-63所示。

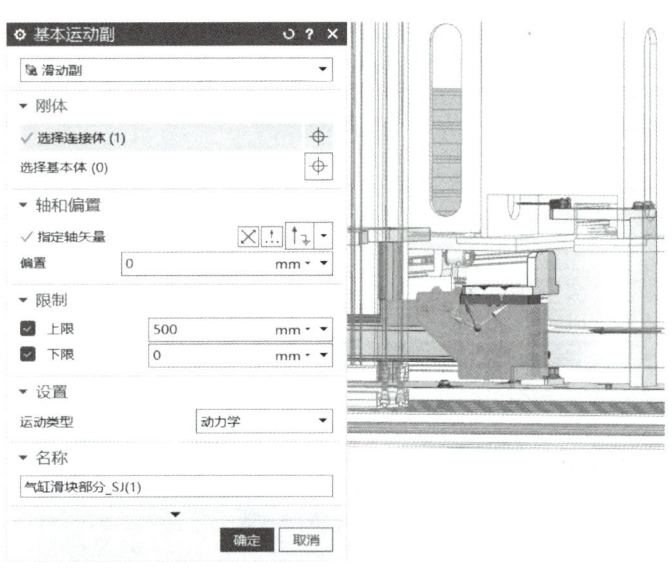

◆ 图5-63　气缸滑块部分_SJ（1）-滑动副 ◆

3）连接体选择名为"垂直导轨"的刚体，基本体选择"垂直导轨组件"，轴矢量选择"Y轴负方向"，名称改为"垂直导轨_垂直导轨组件_SJ（1）"，如图5-64、图5-65所示。

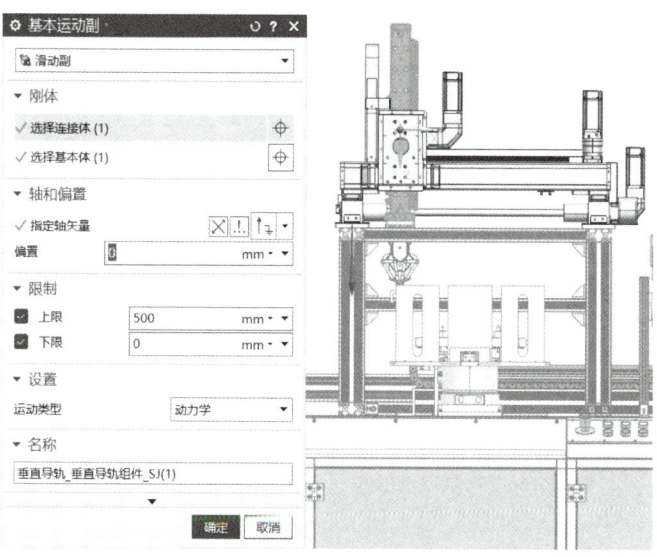

◆ 图5-64　垂直导轨_垂直导轨组件_SJ（1）-连接体 ◆

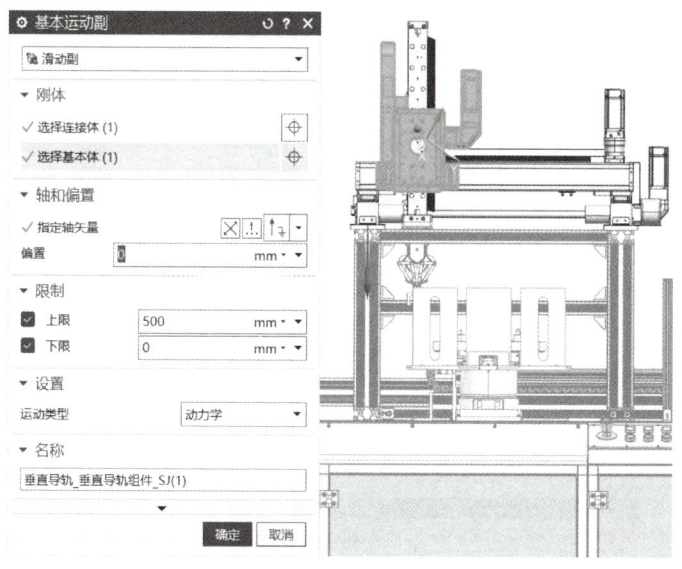

◆ 图5-65　垂直导轨_垂直导轨组件_SJ（1）-基本体 ◆

4）连接体选择名为"垂直导轨组件"的刚体，基本体选择"平移导轨"，轴矢量选择"Z轴负方向"，名称改为"垂直导轨组件_平移导轨1_SJ（1）"，如图5-66、图5-67所示。

5）连接体选择名为"气缸及物料推板"的刚体，基本体选择"气缸及滑块部分"，轴矢量选择"Y轴正向"，名称改为"气缸及物料推板_气缸滑块部分_SJ（1）"，如图5-68所示。

6）连接体选择名为"气缸及平移导轨部分"的刚体，基本体不选，轴矢量选择"Z轴负方向"，名称改为"气缸及平移导轨部分_SJ（1）"，如图5-69所示。

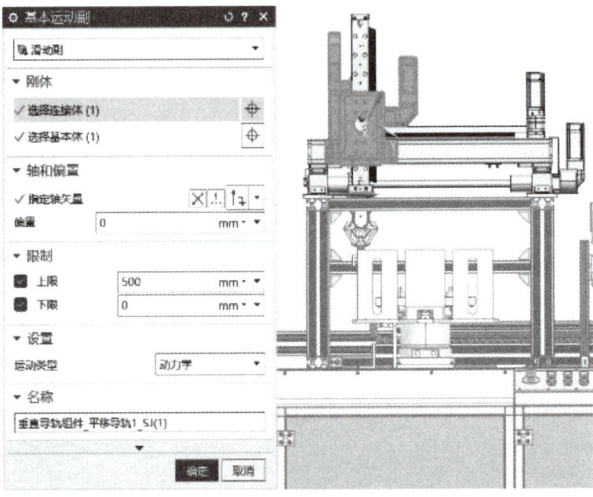

◆ 图5-66　垂直导轨组件_平移导轨1_SJ（1）-连接体 ◆

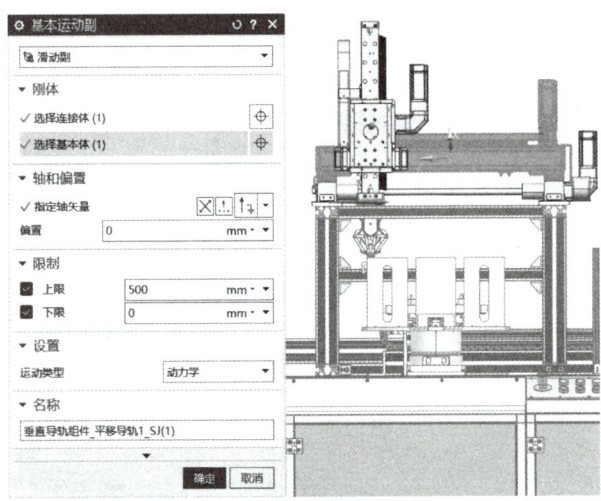

◆ 图5-67　垂直导轨组件_平移导轨_SJ（1）-基本体 ◆

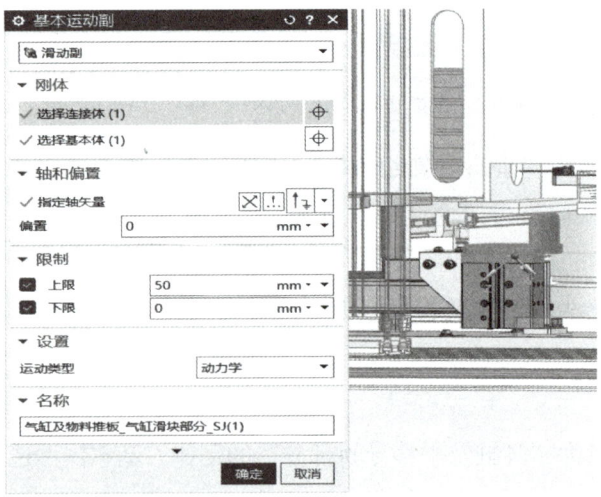

◆ 图5-68　气缸及物料推板_气缸滑块部分_SJ（1）-滑动副 ◆

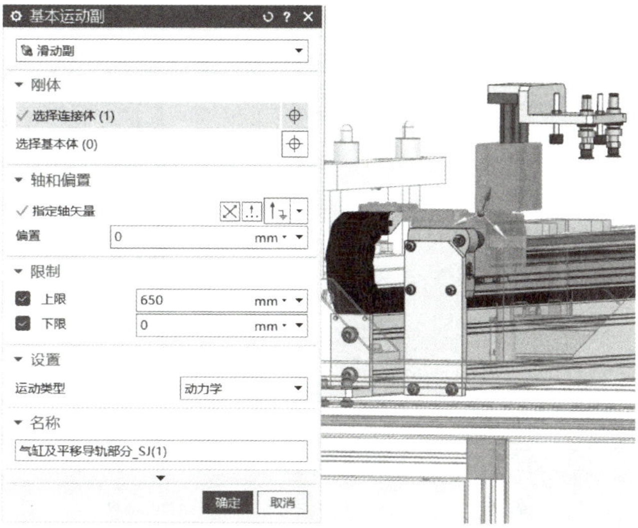

◆ 图5-69 气缸及平移导轨部分_SJ（1）-滑动副 ◆

7）连接体选择名为"气缸及吸盘部分"的刚体，基本体选择"气缸及平移导轨部分"，轴矢量选择"Y轴正方向"，名称改为"气缸及吸盘部分_气缸及平移导轨部分_SJ（1）"，如图5-70所示。

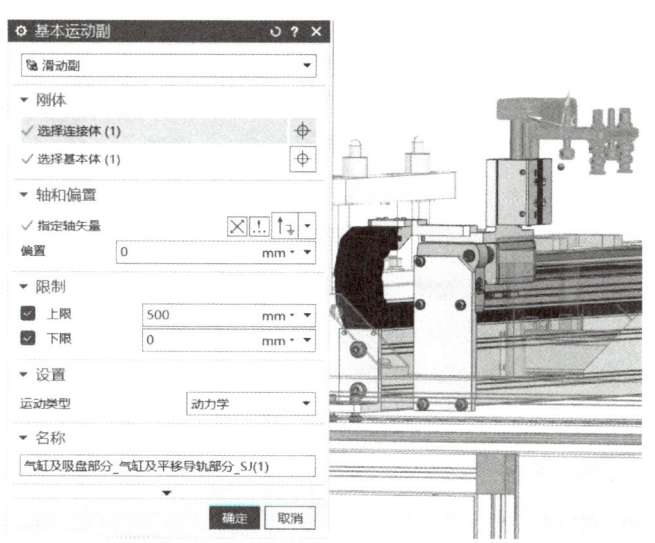

◆ 图5-70 气缸及吸盘部分_气缸及平移导轨部分_SJ（1）-滑动副 ◆

8）连接体选择名为"连杆5"的刚体，基本体选择"机械手"，轴矢量选择"X轴正方向"，名称改为"连杆5_机械手_SJ（1）"，如图5-71所示。

9）连接体选择名为"平移导轨"的刚体，基本体不选，矢量轴选择"X轴正方向"，名称改为"平移导轨1_SJ（1）"，如图5-72所示。

（2）固定副

1）连接体选择名为"机械手"的刚体，基本体选择"垂直导轨"，名称改为"机械手_1_垂直导轨_1_FJ（1）"，如图5-73所示。

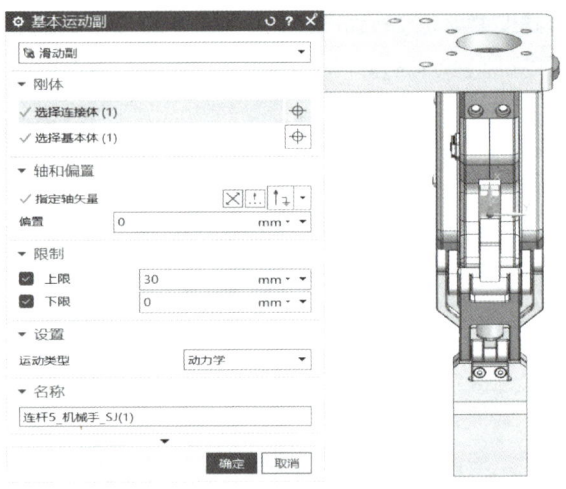

◆ 图5-71　连杆5_机械手_SJ（1）-滑动副 ◆

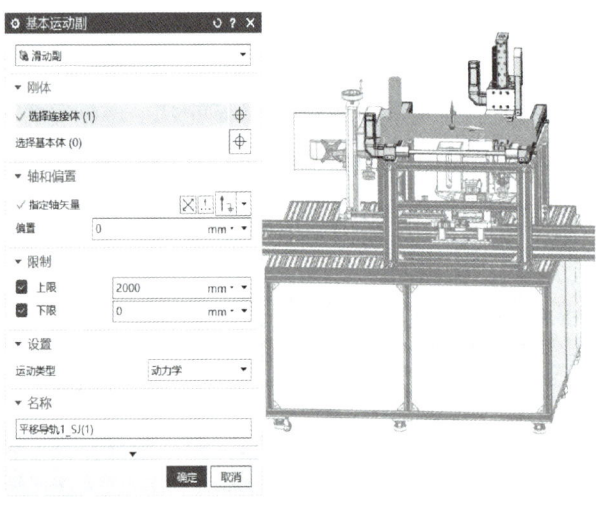

◆ 图5-72　平移导轨1_SJ（1）-滑动副 ◆

2）连接体不选，基本体选择"右夹爪"，名称改为"右夹爪_FJ（1）"，如图5-74所示。

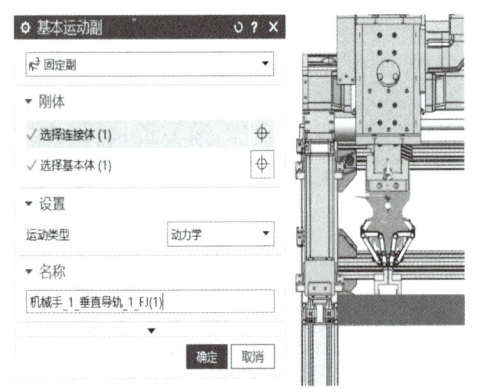

◆ 图5-73　机械手_1_垂直导轨_1_FJ（1）-固定副 ◆

◆ 图5-74　右夹爪_FJ（1）-固定副 ◆

3)连接体选择名为"物料转盘底座"的刚体,基本体不选,名称改为"物料转盘底座_FJ(1)",如图5-75所示。

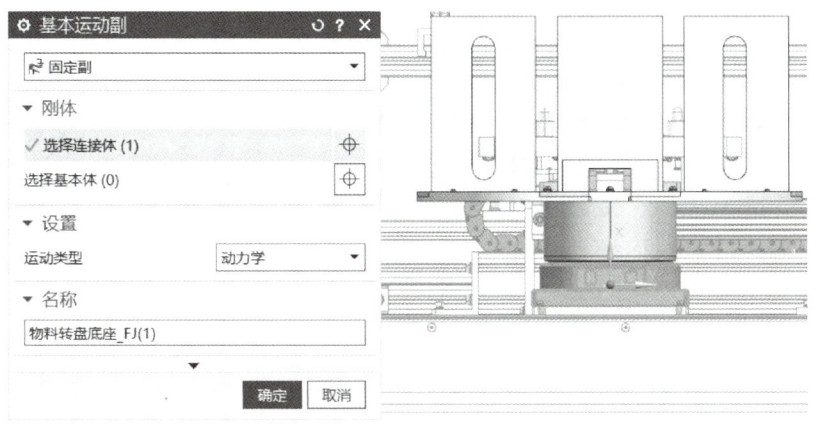

◆ 图5-75　物料转盘底座_FJ（I）-固定副 ◆

（3）铰链副

1)连接体选择名为"物料转盘"的刚体,基本体选择"物料转盘底座",名称改为"物料转盘_物料转盘底座_HJ(1)",如图5-76所示。

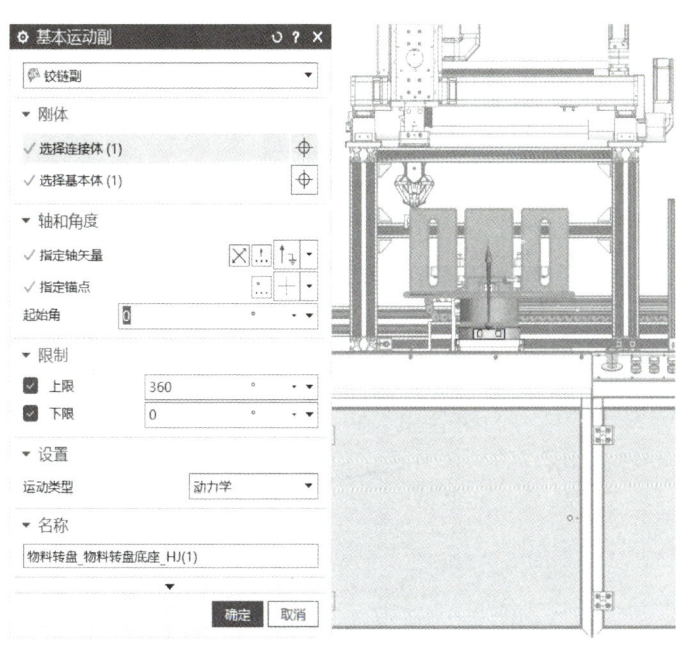

◆ 图5-76　物料转盘_物料转盘底座_HJ（1）-铰链副 ◆

2)连接体选择名为"左夹爪"的刚体,基本体选择"连杆1-左",名称改为"左夹爪_连杆1-左_HJ(1)",如图5-77所示。

3)连接体选择名为"右夹爪"的刚体,基本体选择"连杆1-右",名称改为"右夹爪_连杆1-右_HJ(1)",如图5-78所示。

◆ 图5-77　左夹爪_连杆1-左_HJ（1）-铰链副◆　　　◆ 图5-78　右夹爪_连杆1-右_HJ（1）-铰链副◆

3. 传感器和执行器

（1）传输面

选择如图 5-79a 中黄色的四个面分别创建传输面，并指定矢量的方向，如图 5-79b 所示。

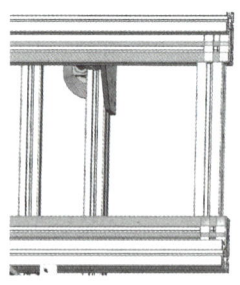

a) 传输面位置

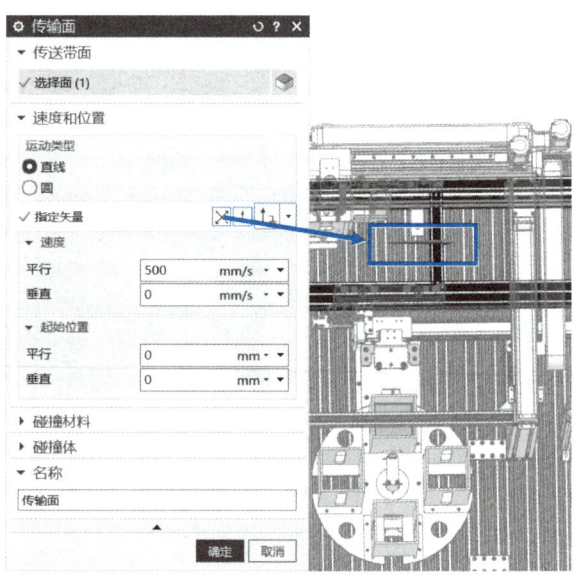

b) 传输面方向

◆ 图5-79　传输面◆

(2)位置控制

1)机电对象选择"垂直导轨_垂直导轨组件_SJ(1)_PC(1)",速度选择"100",名称改为"垂直导轨_垂直导轨组件_SJ(1)_PC(1)",如图5-80所示。

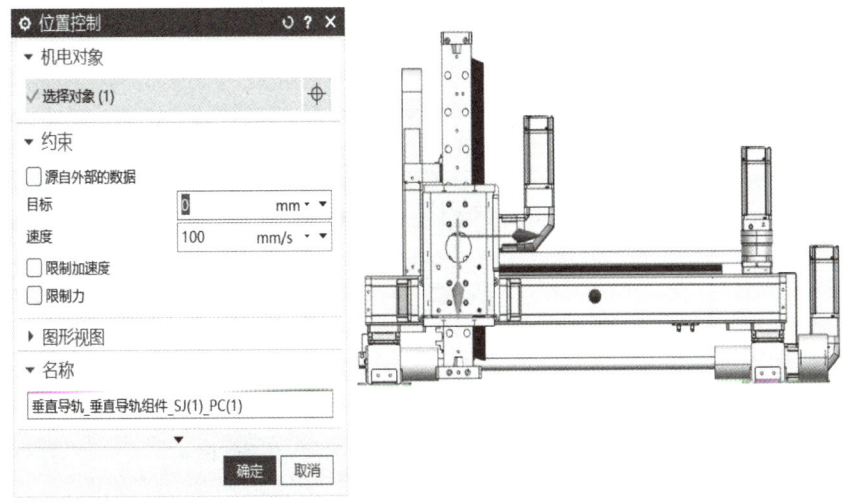

◆ 图5-80　垂直导轨_垂直导轨组件_SJ（1）_PC（1）-位置控制 ◆

2)机电对象选择"垂直导轨组件_平移导轨1_SJ(1)_PC(1)",速度选择"100",名称改为"垂直导轨组件_平移导轨1_SJ(1)_PC(1)",如图5-81所示。

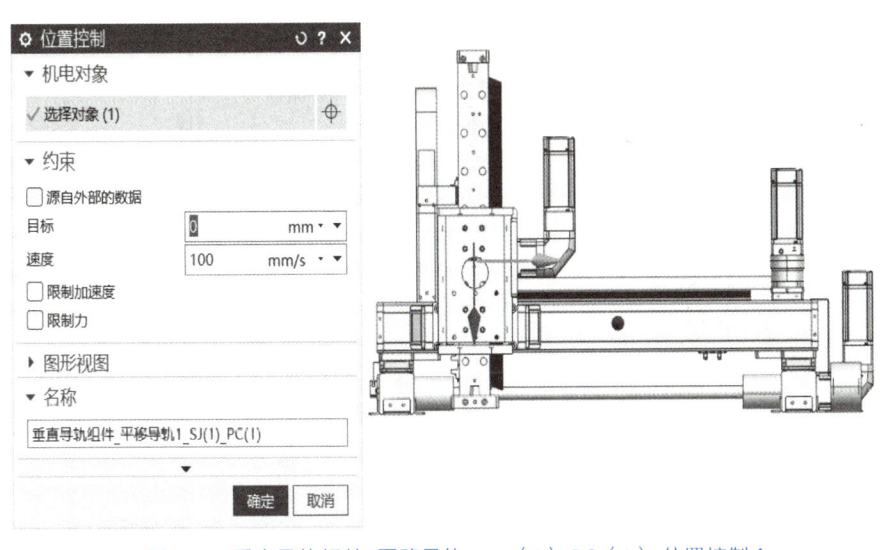

◆ 图5-81　垂直导轨组件_平移导轨1_SJ（1）_PC（1）-位置控制 ◆

3)机电对象选择"平移导轨1_SJ(1)_PC(1)",速度选择"500",名称改为"平移导轨1_SJ(1)_PC(1)",如图5-82所示。

(3)碰撞传感器

1)小车到位传感器的创建。"选择对象"为图5-83所示零件,碰撞形状为"直线",形状属性为"用户定义",单击指定坐标系修改合适位置,长度改为"18",名称改为

"CollisionSensor（1）"，如图 5-83 所示。

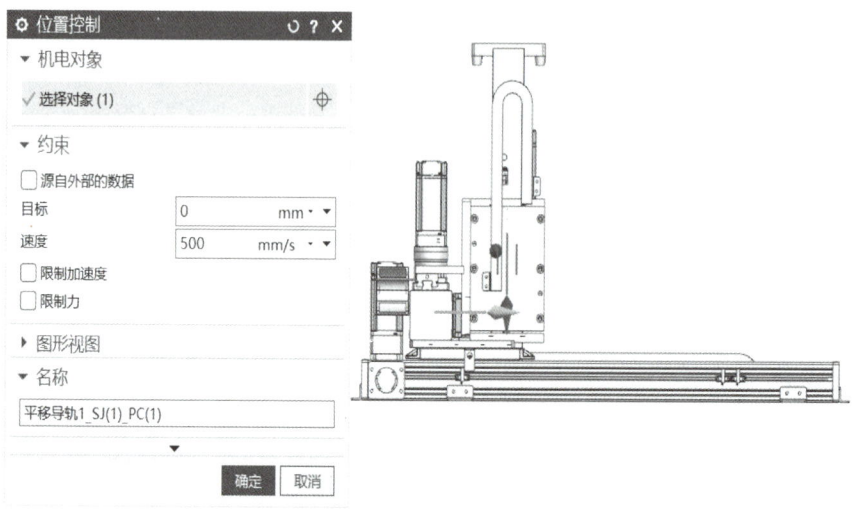

◆ 图5-82　平移导轨1_SJ（1）_PC（1）-位置控制 ◆

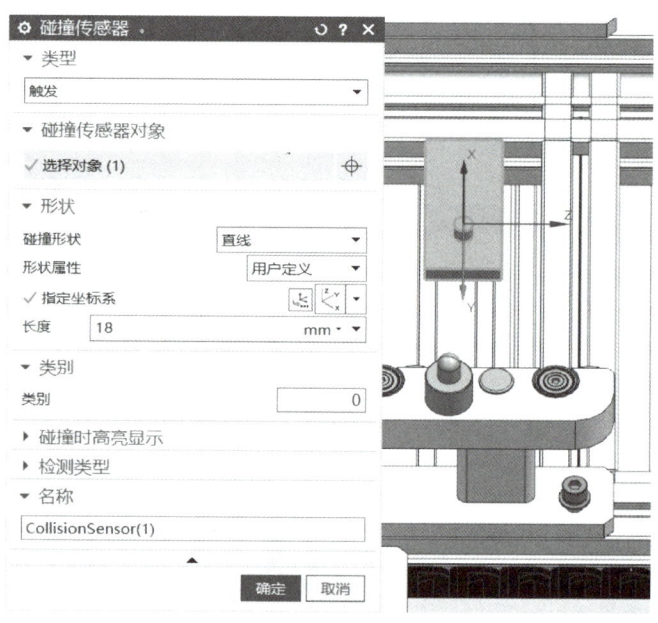

◆ 图5-83　CollisionSensor（1）◆

2）夹爪传感器的创建。"选择对象"为图 5-84 所示零件，碰撞形状为"方块"，形状属性为"用户定义"，单击指定坐标系修改合适位置，长度设为"0"，宽度设为"32"，高度设为"6.5"，名称改为"夹爪传感器"，如图 5-84 所示。

4. 运行时行为

选择对象为名称是"气缸及吸盘部分"的刚体，检测区域选择"中心点、半径和高度"并合理设置检测区域的大小和位置，矢量方向选择 Y 轴负方向，持续时间为 0.2s，名称为"吸盘"，如图 5-85 所示。

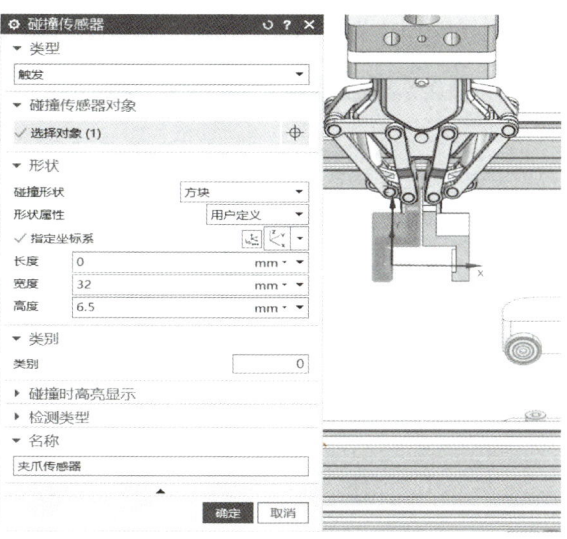

◆ 图5-84 夹爪传感器 ◆

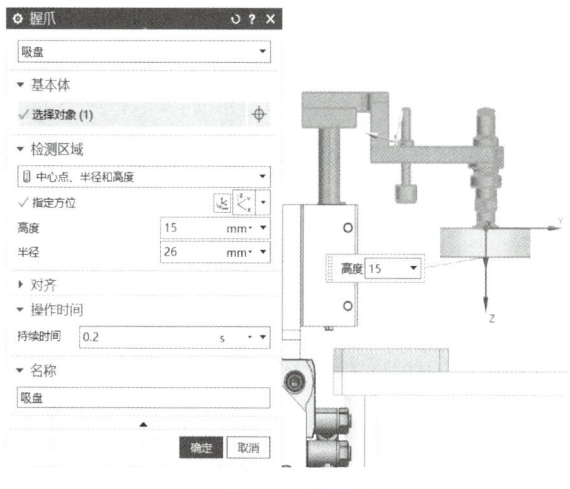

◆ 图5-85 吸盘 ◆

5. 信号

（1）符号表

1）创建如图5-86所示的5个符号。

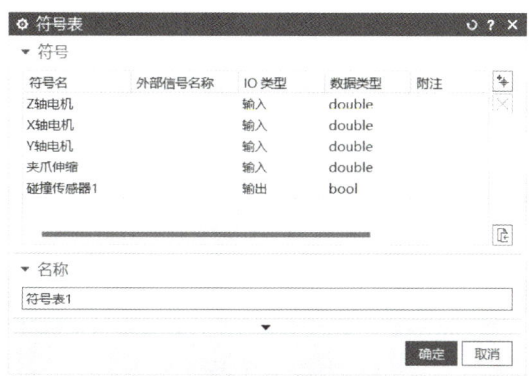

◆ 图5-86 符号表1 ◆

2）重新创建符号表，创建如图 5-87~图 5-89 所示的所有符号。

◆ 图5-87　符号表2 ◆

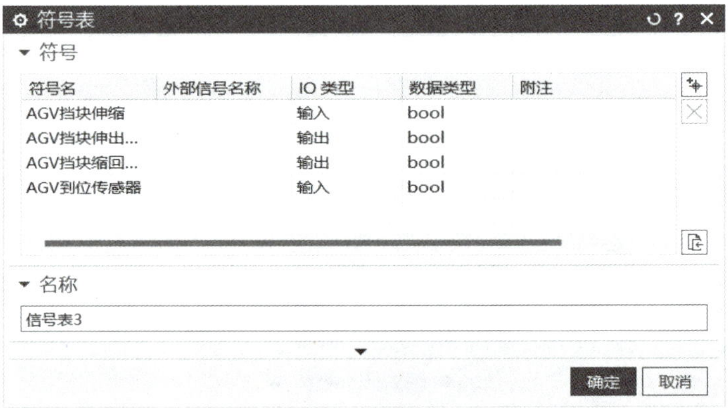

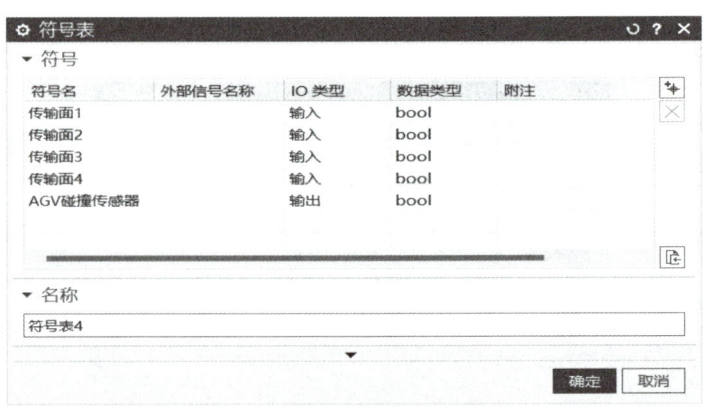

◆ 图5-88　符号表3 ◆

◆ 图5-89　符号表4 ◆

（2）信号适配器

1）设置信号表 1 适配器，"参数"栏如图 5-90 所示。

◆ 图5-90　信号表1的"参数"栏-适配器 ◆

2）信号表 1 的"信号"栏如图 5-91 所示。

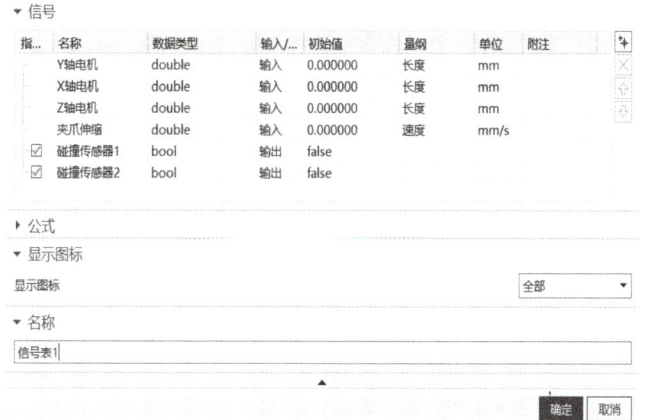

◆ 图5-91　信号表1的"信号"栏-适配器 ◆

3）信号表 1 的"公式"栏如图 5-92 所示。

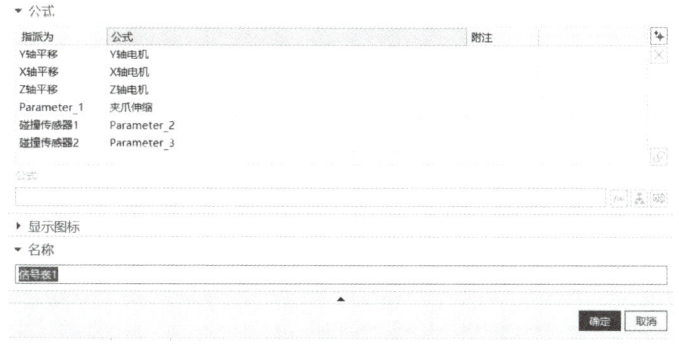

◆ 图5-92　信号表1的"公式"栏-适配器 ◆

4）设置信号表 2 适配器，"参数"栏如图 5-93 所示。

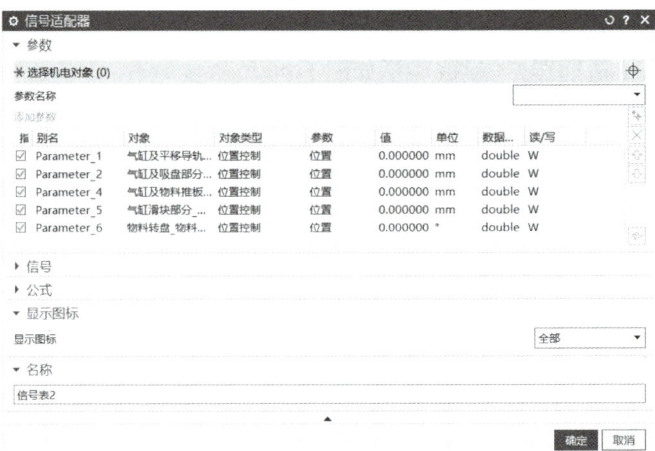

◆ 图5-93　信号表2的"参数"栏-适配器 ◆

5）信号表2的"信号"栏如图5-94所示。

◆ 图5-94　信号表2的"信号"栏-适配器 ◆

6）信号表2的"公式"栏如图5-95所示。

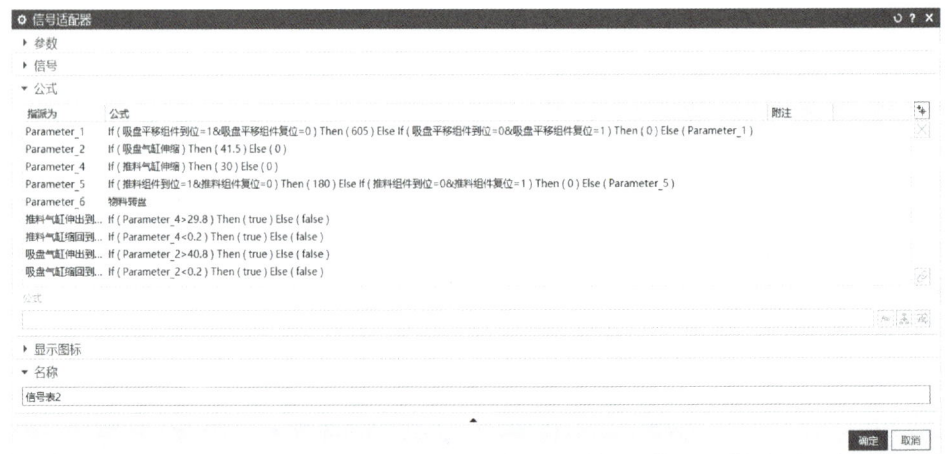

◆ 图5-95　信号表2的"公式"栏-适配器 ◆

7）设置信号表 3 适配器，"参数"栏如图 5-96 所示。

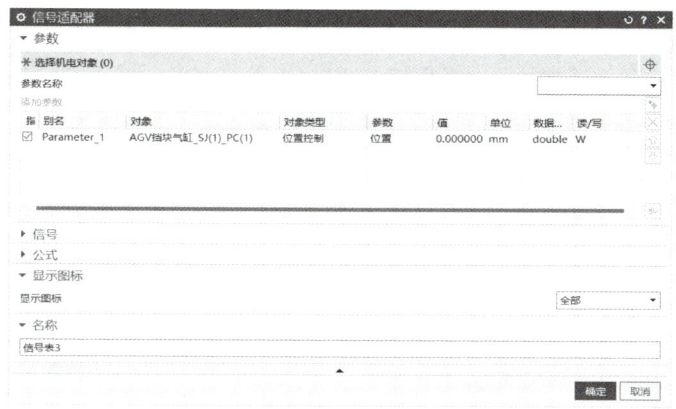

◆ 图5-96　信号表3的"参数"栏-适配器 ◆

8）信号表 3 的"信号"栏如图 5-97 所示。

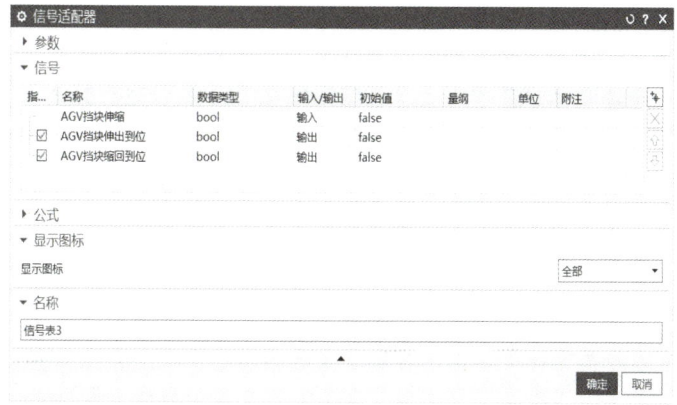

◆ 图5-97　信号表3的"信号"栏-适配器 ◆

9）信号表 3 的"公式"栏如图 5-98 所示。

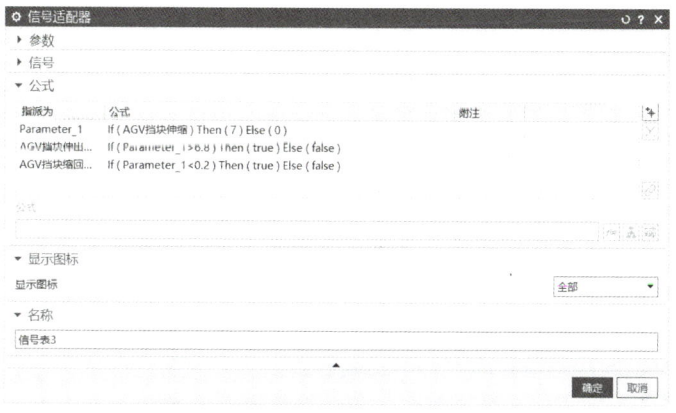

◆ 图5-98　信号表3的"公式"栏-适配器 ◆

10）设置信号表 4 适配器，"参数"栏如图 5-99 所示。

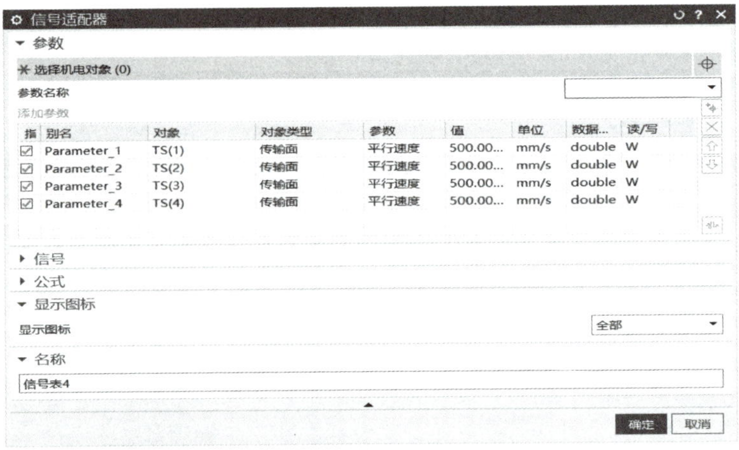

◆ 图5-99　信号表4的"参数"栏-适配器 ◆

11）信号表4的"信号"栏如图5-100所示。

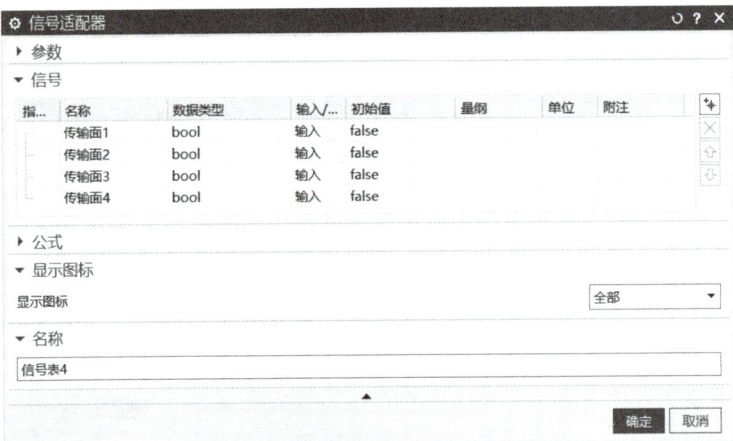

◆ 图5-100　信号表4的"信号"栏-适配器 ◆

12）信号表4的"公式"栏如图5-101所示。

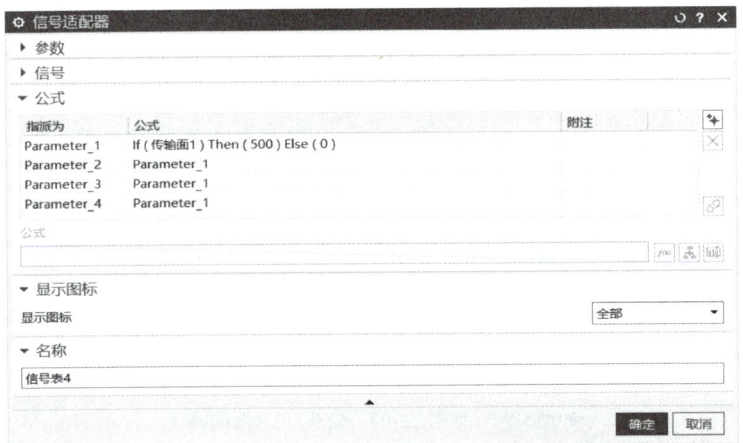

◆ 图5-101　信号表4的"公式"栏-适配器 ◆

> 任务5.2 包装站点仿真创建

任务提出

在工作过程中，请结合表 5-2 中的内容了解本项目的任务和关键指标。

表5-2 任务书

任务名称	包装站点仿真创建	任务来源	企业综合项目
姓名		实施时间	
任务描述	本任务是"包装站点仿真创建"。某生产线在进行设备工艺仿真时，要求采用创建信号的方式控制机构进行仿真。请根据本任务中 NX MCD 软件相关命令的学习，对包装站点的工艺过程进行分析，选择合适的方式对包装站点的工艺进行仿真		
关键指标要求	1. 掌握包装站点的工艺仿真过程 2. 熟练运用软件术语及指令 3. 能通过序列实现仿真 4. 能够通过调试最终实现工艺仿真		

知识准备

5.2.1 包装站点工艺过程

包装站点在生产线中起着非常重要的作用，其工艺过程如下。

（1）穿梭车定位和停车

穿梭车从上一站点运送到包装站点后，首先需要准确地停放在停车位置上，此时，停车装置中的挡块伸出将穿梭车固定在准确的位置上，以确保后续操作的准确性和稳定性。

（2）存料转盘转动

在穿梭车停稳后，存料转盘会将储料位上装有包装盒的位置转到出口位置，确保待包装的盒子位于正确的位置，便于后续处理。

（3）包装盒推出

推料气缸向前推动，将装有物料的包装盒从存料转盘上推出，以便进行下一步的处理。推出过程需要确保包装盒的稳定性和准确性。

（4）盒盖打码

辅助打码装置将包装盒的盒盖吸附并移动到打码位置。打码机会根据预设的标识，在盒盖上烧印标识。这个步骤通常用于包装盒的标识和标记，以便追溯和识别。

（5）物料放入包装盒

在盒盖打码之前，机械夹爪将两个物料（可能是产品零件或其他物品）放入待包装的盒子中。这个步骤需要确保物料正确放置和整齐摆放，以确保包装品质。

（6）包装盒封盖

在物料放入盒子之后，辅助打码装置会将盒盖放回原位，将打包好的盒子封盖起来，确保物料的安全和完整性。

5.2.2 包装站点工艺过程仿真

运用 MCD 对包装站点进行工艺过程仿真的步骤如下。

1）穿梭车到达指定停车位置，被碰撞传感器检测到并确认到位，传输面的速度被降为零以确保安全停车。接着，挡块气缸伸出将穿梭车固定在准确位置防止移动。

2）辅助打码装置将气缸缩回，用气压吸住料盒，气缸伸出，移动到打码位置，打码机进行打码操作。

3）伺服模组带动机械夹爪走到取料位置，夹起物料，放到包装盒中，辅助打码装置将打码完成的盖子放回去，进行封盖。

4）机械夹爪将包装好的成品放到穿梭车上，自己回到初始位置，定位挡块缩回，穿梭车启程去往下一站。

任务实施

5.2.3 工作站操作创建

工作站操作创建思路如图 5-102 所示。

工作站操作创建

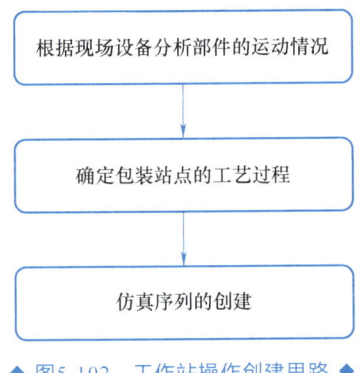

◆ 图5-102　工作站操作创建思路 ◆

1. 运动情况分析

AGV 小车进入包装站点触碰到 AGV 小车到位传感器时，小车阻挡气缸就会伸出，此时 AGV 小车停止运动，各个气缸、滑块及电机三轴运动。首先是取放温湿度计，然后是取放小柱，最后是取放成品包装盒。

2. 工艺过程

1）当 AGV 小车碰撞传感器信号触发时，小车到位信号变为 True，AGV 小车到位，此时 AGV 小车阻挡气缸伸出。

2）推料垂直气缸伸出，推料平移滑块把包装盒推至指定位置，推料垂直气缸缩回，推料平移滑块复位。

3）吸盘垂直气缸缩回，吸盘吸取包装盒上盖，然后吸盘垂直气缸伸出，吸盘平移组件到位。

4）电机三轴运动，首先夹取温湿度计放入包装盒中，接着夹取小柱放入包装盒中，此后吸盘平移组件复位，吸盘放下包装盒上盖，吸盘平移组件到位，电机三轴运动，夹爪夹取成品包装盒放到AGV小车指定位置，电机三轴复位，吸盘平移组件复位。

5）AGV小车阻挡气缸缩回，AGV小车进入下一工站。

3. 仿真序列的创建

（1）添加仿真序列

在"序列编辑器"中创建包装站点整个工艺过程的仿真序列，右击空白处，选择"添加仿真序列"，如图5-103所示。

（2）创建仿真序列

1）机电对象选择"AGV小车"，持续时间为"1s"，运行时参数勾选"活动"，值设为"true"，不需要进行"条件"设置，名称设为"AGV小车出现True"，单击"确定"按钮即可，如图5-104所示。

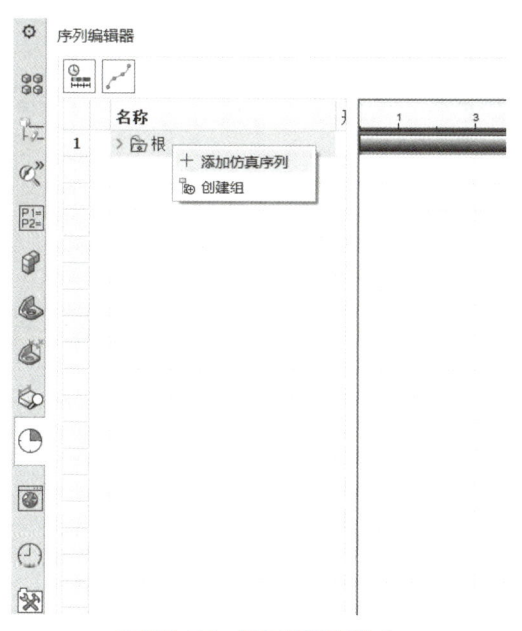

◆ 图5-103　添加仿真序列 ◆

◆ 图5-104　AGV小车出现True-仿真序列 ◆

2）机电对象选择"AGV小车"，持续时间为"1s"，运行时参数勾选"活动"，值设为"false"，不需要进行"条件"设置，名称设为"AGV小车出现False"，单击"确定"按钮即可，如图5-105所示。

3）机电对象选择"AGV小车"，持续时间为"2.0015132s"，运行时参数勾选"传输面1"~"传输面4"，值均设为"true"，不需要进行"条件"设置，名称设为"AGV小车启动"，单击"确定"按钮即可，如图5-106所示。

◆ 图5-105　AGV小车出现False-仿真序列 ◆

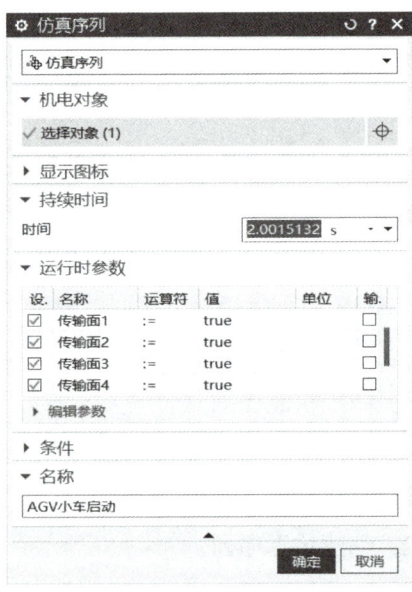

◆ 图5-106　AGV小车启动-仿真序列 ◆

4）机电对象选择"AGV 小车"，持续时间为"0s"，运行时参数勾选"传输面1"~"传输面 4"，值均设为"false"，条件选择"AGV 碰撞传感器"，值设为"true"，名称设为"AGV 小车停止"，单击"确定"按钮即可，如图 5-107 所示。

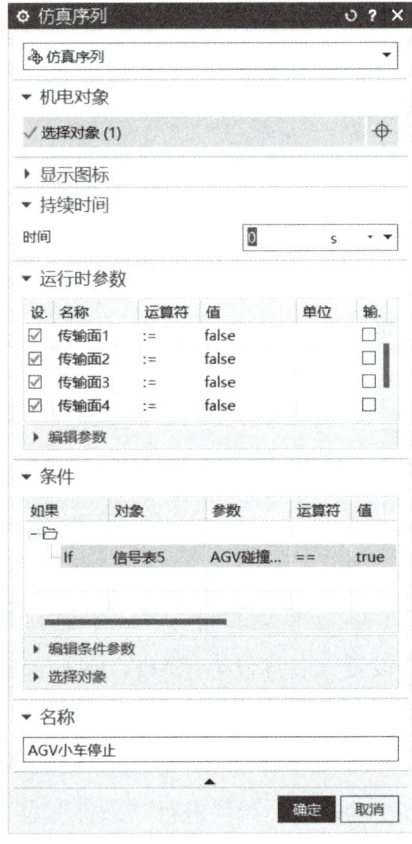

◆ 图5-107　AGV小车停止-仿真序列 ◆

5）机电对象选择"AGV阻挡气缸"，持续时间为"0.3s"，运行时参数勾选"AGV挡块伸缩"，值设为"true"，不需要进行"条件"设置，名称设为"AGV阻挡气缸伸出"，单击"确定"按钮即可，如图5-108所示。

6）机电对象选择"推料垂直气缸"，持续时间为"0.5s"，运行时参数勾选"推料气缸伸缩"，值设为"true"，不需要进行"条件"设置，名称设为"推料垂直气缸伸出"，单击"确定"按钮即可，如图5-109所示。

 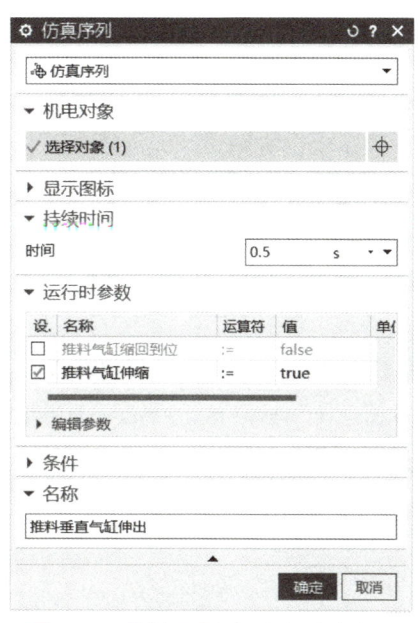

◆ 图5-108　AGV阻挡气缸伸出-仿真序列 ◆　　　◆ 图5-109　推料垂直气缸伸出-仿真序列 ◆

7）机电对象选择"推料平移滑块"，持续时间为"1.2s"，运行时参数勾选"推料组件到位"，值设为"true"，不需要进行"条件"设置，名称设为"推料平移滑块到位"，单击"确定"按钮即可，如图5-110所示。

8）机电对象选择"推料垂直气缸"，持续时间为"1s"，运行时参数勾选"推料气缸伸缩"，值设为"false"，不需要进行"条件"设置，名称设为"推料垂直气缸缩回"，单击"确定"按钮即可，如图5-111所示。

9）机电对象选择"推料平移滑块"，持续时间为"1s"，运行时参数勾选"推料组件到位"和"推料组件复位"，推料组件复位值设为"true"，推料组件到位值设为"false"，不需要进行"条件"设置，名称设为"推料平移滑块复位"，单击"确定"按钮即可，如图5-112所示。

10）机电对象选择"吸盘垂直气缸"，持续时间为"0.5s"，运行时参数勾选"吸盘气缸伸缩"，值设为"true"，不需要进行"条件"设置，名称设为"吸盘垂直气缸缩回"，单击"确定"按钮即可，如图5-113所示。

11）机电对象选择"吸盘"，持续时间为"0.3s"，运行时参数勾选"抓握"和"释放"，抓握值设为"true",释放值设为"false",不需要进行"条件"设置,名称设为"吸盘吸取包装盒上盖",单击"确定"按钮即可,如图5-114所示。

◆ 图5-110　推料平移滑块到位-仿真序列 ◆

◆ 图5-111　推料垂直气缸缩回-仿真序列 ◆

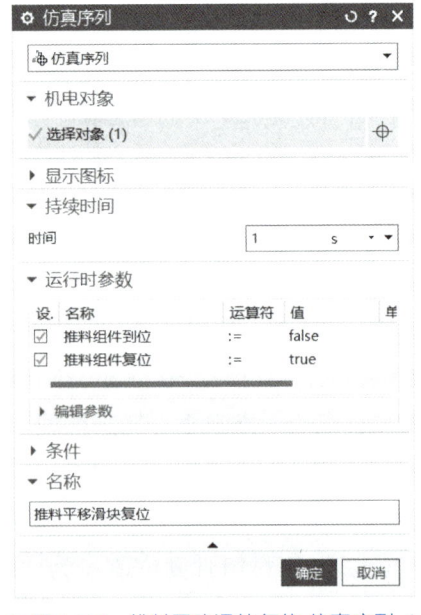

◆ 图5-112　推料平移滑块复位-仿真序列 ◆

◆ 图5-113　吸盘垂直气缸缩回-仿真序列 ◆

12)机电对象选择"吸盘垂直气缸",持续时间为"0.5s",运行时参数勾选"吸盘气缸伸缩",值设为"false",不需要进行"条件"设置,名称设为"吸盘垂直气缸伸出",单击"确定"按钮即可,如图5-115所示。

13)机电对象选择"吸盘平移组件",持续时间为"1s",运行时参数勾选"吸盘平移组件到位"和"吸盘平移组件复位",吸盘平移组件到位值设为"true",吸盘平移组件复位值设为"false",不需要进行"条件"设置,名称设为"吸盘平移组件到位",单击"确定"按钮即可,如图 5-116 所示。

◆ 图5-114　吸盘吸取包装盒上盖-仿真序列 ◆

◆ 图5-115　吸盘垂直气缸伸出-仿真序列 ◆

14）机电对象选择"垂直导轨组件",持续时间为"0.5s",运行时参数勾选"X 轴电机",值设为"120mm",不需要进行"条件"设置,名称设为"电机向 -Z 轴平移",单击"确定"按钮即可,如图 5-117 所示。

◆ 图5-116　吸盘平移组件到位-仿真序列 ◆

◆ 图5-117　电机向-Z轴平移-仿真序列 ◆

15）机电对象选择"平移导轨",持续时间为"0.5s",运行时参数勾选"Z 轴电机",值设为"40mm",不需要进行"条件"设置,名称设为"电机向 Z 轴正方向平移",单击

"确定"按钮即可,如图 5-118 所示。

16）机电对象选择"夹爪",持续时间为"1s",运行时参数勾选"夹爪伸缩"值设为"30mm/s",不需要进行"条件"设置,名称设为"夹爪张开",单击"确定"按钮即可,如图 5-119 所示。

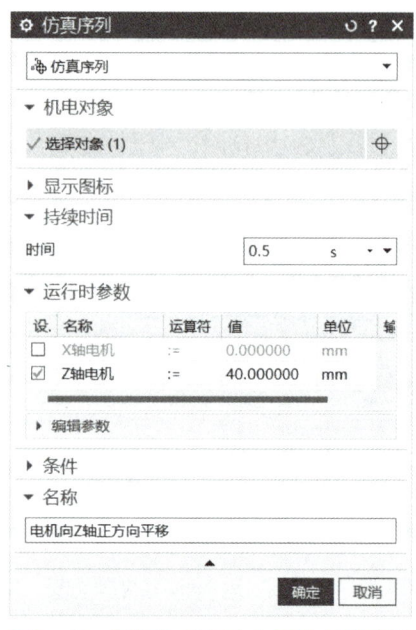

◆ 图5-118　电机向Z轴正方向平移-仿真序列 ◆　　◆ 图5-119　夹爪张开-仿真序列 ◆

17）机电对象选择"垂直导轨",持续时间为"0.5s",运行时参数勾选"Y 轴电机",值设为"80mm",不需要进行"条件"设置,名称设为"电机向 Y 轴负方向移动",单击"确定"按钮即可,如图 5-120 所示。

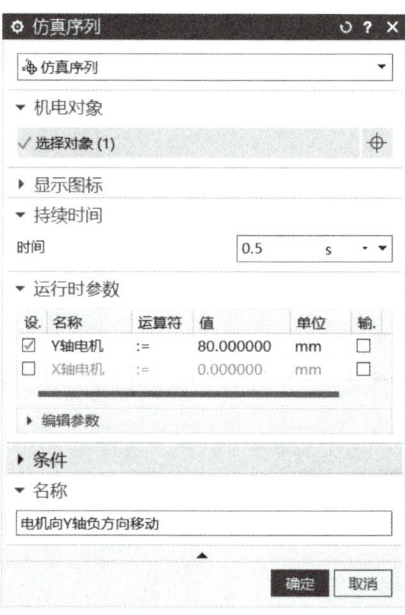

◆ 图5-120　电机向Y轴负方向移动-仿真序列 ◆

18）机电对象选择"夹爪"，持续时间为"0s"，运行时参数勾选"夹爪伸缩"，值设为"-30mm/s"，不需要进行"条件"设置，名称设为"夹爪伸缩"，单击"确定"按钮即可，如图 5-121 所示。

19）机电对象选择"夹爪传感器"，持续时间为"0.5s"，运行时参数勾选"夹爪伸缩"，值设为"0mm/s"，条件设置对象为"夹爪传感器"，值设为"true"，名称设为"碰撞传感器 1"，单击"确定"按钮即可，如图 5-122 所示。

◆ 图5-121　夹爪伸缩-仿真序列 ◆

◆ 图5-122　碰撞传感器1-仿真序列 ◆

20）机电对象选择"夹爪传感器"，持续时间为"0.2s"，运行时参数勾选"连接体"，值选择"夹爪传感器"，条件设置对象为"夹爪传感器"，值设为"true"，名称设为"生成温湿度计固定副"，单击"确定"按钮即可，如图 5-123 所示。

◆ 图5-123　生成温湿度计固定副-仿真序列 ◆

21）机电对象选择"垂直导轨"，持续时间为"0.5s"，运行时参数勾选"Y轴电机"，值设为"0mm"，不需要进行"条件"设置，名称设为"电机向Y轴正方向移动"，单击"确定"按钮即可，如图5-124所示。

22）机电对象选择"垂直导轨组件"，持续时间为"0.5s"，运行时参数勾选"Z轴电机"，值设为"455mm"，不需要进行"条件"设置，名称设为"电机向X轴正方向移动"，单击"确定"按钮即可，如图5-125所示。

◆ 图5-124　电机向Y轴正方向移动-仿真序列 ◆

◆ 图5-125　电机向X轴正方向移动-仿真序列 ◆

23）机电对象选择"垂直导轨组件"，持续时间为"0.5s"，运行时参数勾选"X轴电机"，X轴电机值设为"220mm"，不需要进行"条件"设置，名称设为"电机向Z轴负方向移动"，单击"确定"按钮即可，如图5-126所示。

◆ 图5-126　电机向Z轴负方向移动-仿真序列 ◆

24）机电对象选择"垂直导轨组件",持续时间为"1s",运行时参数勾选"Y轴电机",值设为"130mm",不需要进行"条件"设置,名称设为"电机向Y轴负方向移动",单击"确定"按钮即可,如图5-127所示。

25）机电对象选择"夹爪",持续时间为"0.5s",运行时参数勾选"连接体",不需要进行"条件"设置,名称设为"取消温湿度计固定副",单击"确定"按钮即可,如图5-128所示。

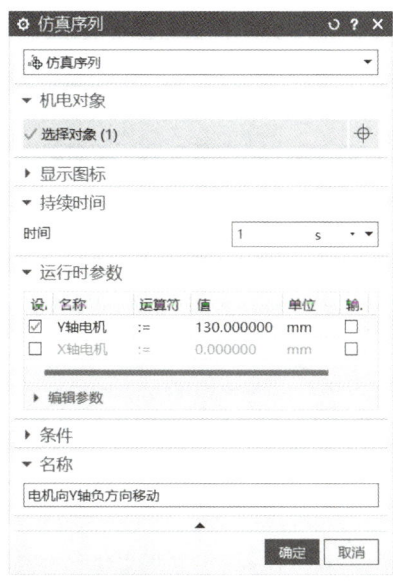
◆ 图5-127 电机向Y轴负方向移动-仿真序列 ◆

◆ 图5-128 取消温湿度计固定副-仿真序列 ◆

26）机电对象选择"夹爪",持续时间为"1s",运行时参数勾选"夹爪伸缩",值设为"30mm/s",不需要进行"条件"设置,名称设为"夹爪张开",单击"确定"按钮即可,如图5-129所示。

◆ 图5-129 夹爪张开-仿真序列 ◆

以上就完成了温湿度计夹取与放置的仿真序列。小柱与包装盒夹取和放置的仿真序列与上述操作步骤基本一致，在此就不过多赘述。

27）机电对象选择"AGV小车阻挡气缸"，持续时间为"0.5s"，运行时参数勾选"AGV挡块伸缩"，值设为"false"，不需要进行"条件"设置，名称设为"AGV小车阻挡气缸缩回"，单击"确定"按钮即可，如图5-130所示。

28）机电对象选择"传输面"，持续时间为"3s"，运行时参数勾选"传输面1"~"传输面4"，值均设为"true"，不需要进行"条件"设置，名称设为"AGV小车流入下一工站"，单击"确定"按钮即可，如图5-131所示。

 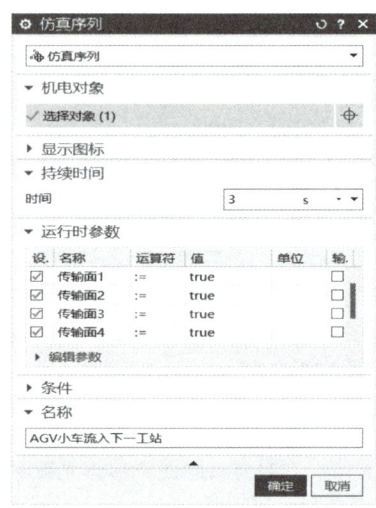

◆ 图5-130　AGV小车阻挡气缸缩回-仿真序列 ◆　　◆ 图5-131　AGV小车流入下一工站-仿真序列 ◆

上述就完成了包装盒站点工艺过程仿真序列的创建，之后可开始仿真序列连接。链接创建的顺序按工艺过程顺序进行。

5.2.4　仿真验证

信号控制仿真验证操作的思路如图5-132所示。

仿真验证

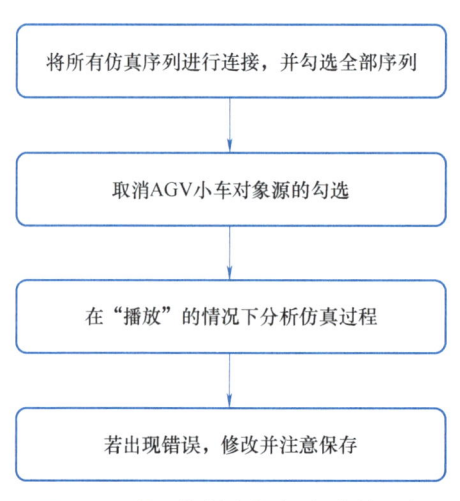

◆ 图5-132　信号控制仿真验证操作的思路 ◆

1）打开序列编辑器，勾选所有的仿真序列，将全部序列进行连接，如图 5-133 所示。

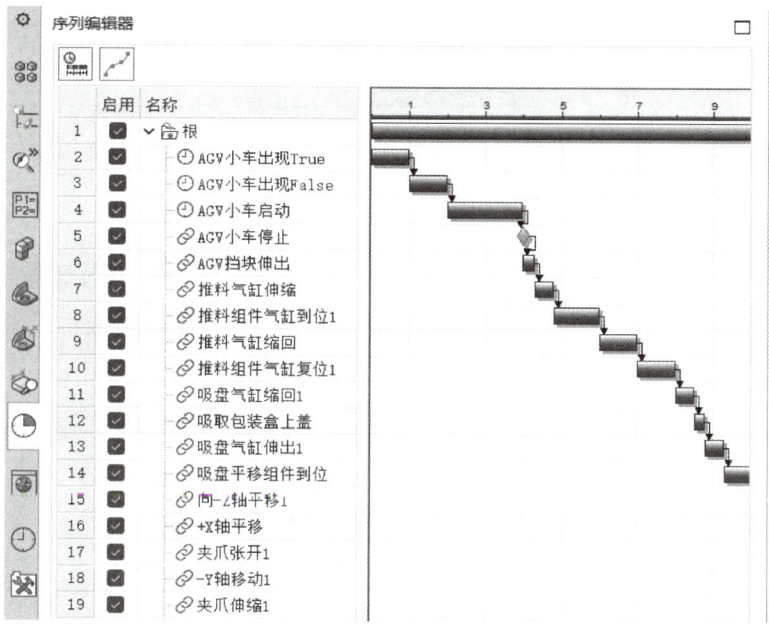

◆ 图5-133　仿真序列的连接 ◆

2）取消"AGV 小车对象源"的勾选，如图 5-134 所示。

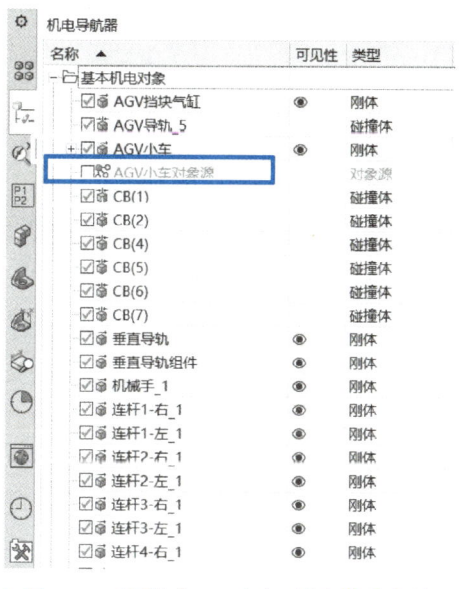

◆ 图5-134　取消"AGV小车对象源"的勾选 ◆

3）在"播放"状态下分析运动过程，如图 5-135 所示。
4）若出现错误或元器件之间发生干涉，修改并保存后，重新播放即可。

仿真验证针对所有的仿真序列。循环上述步骤，包装站点所有的仿真序列都通过测试，即所有仿真序列都能够正常运行，各个元器件之间不存在干涉，仿真序列的运动情况和现场设备运动情况一致即可。

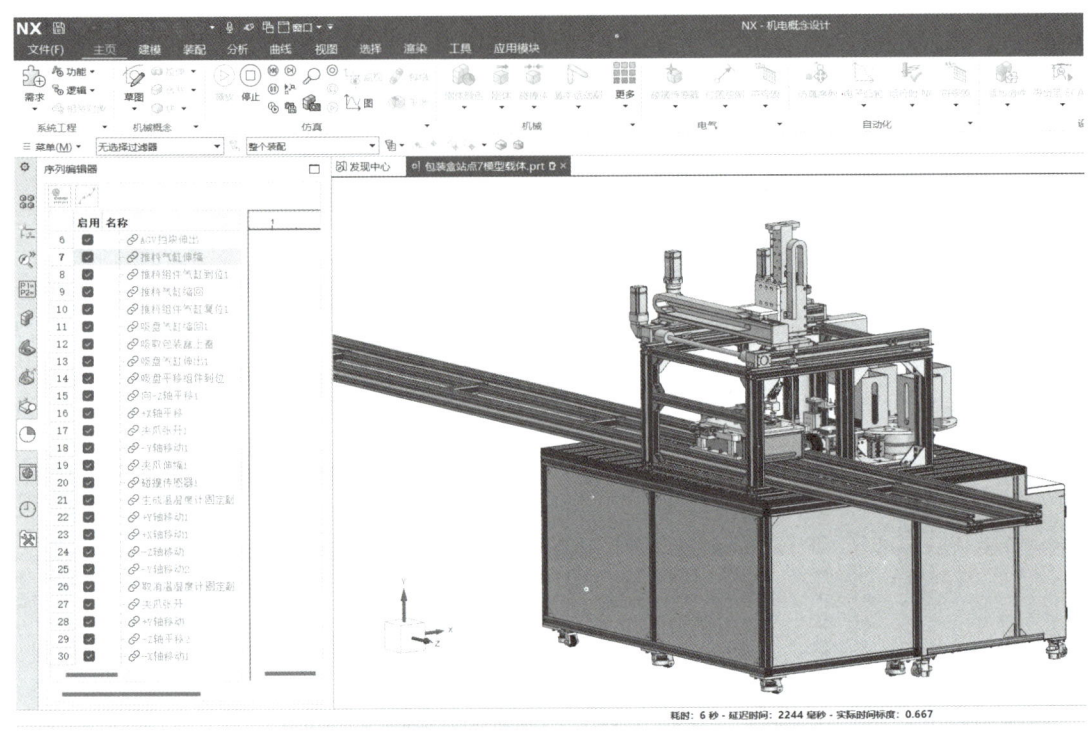

◆ 图5-135 仿真序列运动情况分析 ◆

"工匠精神"内涵——人本

"工匠精神"的核心在人。产品是人品的物化。过去,产品、人品是分离的;现在,产品、人品是合一的。正如海尔集团董事局主席、首席执行官张瑞敏所言,所谓企业就是"以心换心",即用员工的"良心"换取顾客的"忠心"。打磨产品的过程,就是打磨自己的内心。个人内心升华的过程,就是产品质量提升的过程。

——摘自《工匠精神与工业文明》,作者:李海舰,徐韧

通过本书的学习,我们要牢固树立"以人为本"的理念,不断打磨自己,只有个人内心得到了升华,产品的质量才能得到极大的提升。

练习题

1. 包装工作站由哪几部分组成?它们的作用分别是什么?
2. 简述一下包装工作站的工艺过程。
3. 在创建基本机电对象时,为什么要分组件模块进行定义?
4. 对包装工作站进行MCD设置时,用到了哪些传感器和执行器?
5. 什么是刚体?什么是碰撞体?两者有什么区别?

PROJECT 6
项目 ⑥

仓储工作站仿真

项目描述

工艺仿真是通过计算机建立模型来模拟和分析工艺过程的一种技术，可帮助工程师和制造商更好地理解和优化生产过程。工艺仿真通过在三维虚拟环境中真实再现具体工艺过程中的各种情景和可能的问题，可以预测潜在的风险和故障，以便采取相应的措施进行预防和应对。本项目将完成仓储工作站（又称仓储站点）的动力学工艺仿真。仓储站点的设备模型如图 6-1 所示。

◆ 图6-1 设备模型 ◆

技能证书要求

对应 1+X 生产线数字化仿真应用证书技能点
能够根据生产线的功能原理，描述生产线上各个设备的功能及运动特性
能够根据设备机构的运动特性及特点，分析相关运动关系
能够根据设备的运动要求，定义各个运动机构的运动参数及位置极限
能够根据生产线生产工艺，对物料运动过程中的拾取与放置进行定义
能够根据生产线工艺要求，演示虚拟仿真运动状态

学习目标

1. 掌握仓储工作站的设备组成，并熟悉仓储工作站各个组成机构的功能特点及运动方式。
2. 掌握"握爪"命令的创建和使用方法，能够实现握爪抓取成品。
3. 掌握 MCD 常见指令和内部逻辑，能够创建生产线的基本机电对象定义及信号逻辑。
4. 掌握 MCD 中序列的创建方法，并能够创建符合设备运动的序列。
5. 熟悉工作站的工艺过程和调试方法，能够完成仓储工作站的仿真序列的创建。

学习导图（图6-2）

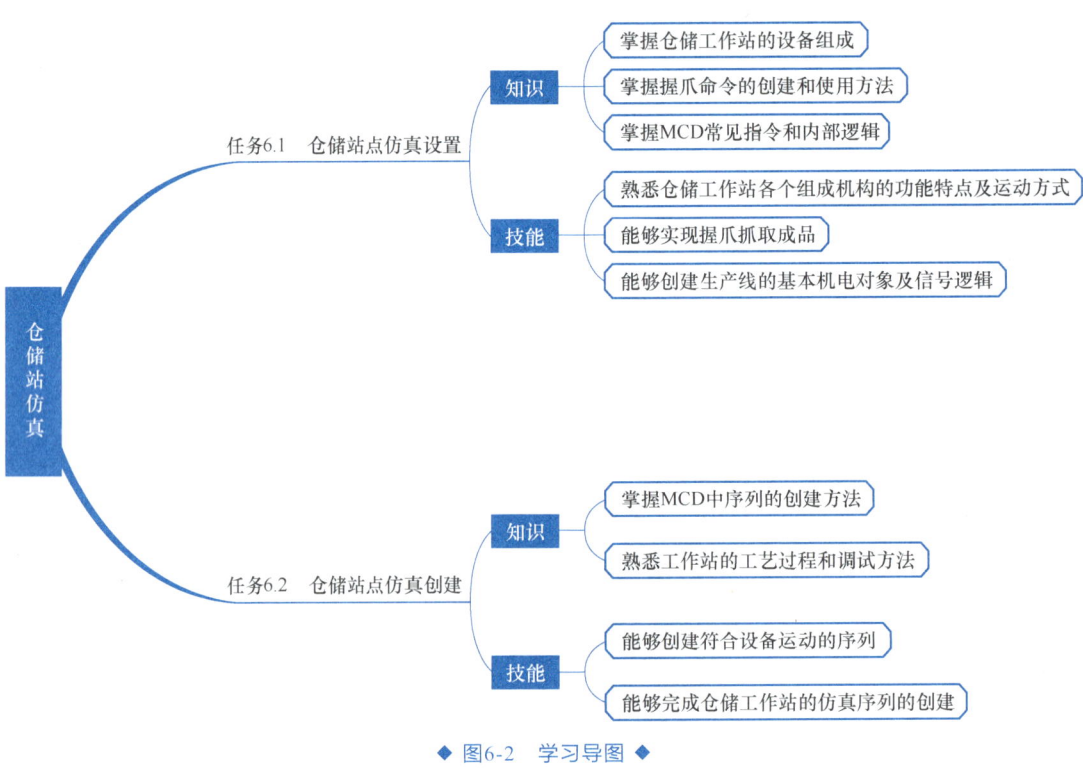

◆ 图6-2　学习导图 ◆

▶ 任务6.1　仓储站点仿真设置

任务提出

在工作过程中，请结合表 6-1 中的内容了解本项目的任务和关键指标。

表6-1　任务书

任务名称	仓储站点仿真设置	任务来源	企业综合项目
姓名		实施时间	
任务描述	本任务是"仓储站点仿真设置"。某生产线在进行设备工艺仿真之前，要完成站点的仿真设置。请根据本任务仓储站点的组成，对仓储站点的任务进行分析，灵活处理数字模型，合理设置机电对象		

(续)

关键指标要求	1. 基本机电对象的创建 2. 运动副和约束的创建 3. 传感器和执行器的创建 4. 信号的创建 5. 工艺仿真

知识准备

6.1.1 仓储站点认识

立体库是一种用于自动储存和检索物品的设备，通常用于仓库、物流中心等场所。立体库由多个储存槽和提取机构组成，可以通过自动控制系统实现对物品的存取管理，其工作原理是将物品存放在垂直堆叠的储存槽中，通过机械手臂或者传送带等方式将物品从储存槽中提取出来。用户可以通过计算机或者终端设备发送指令，让立体库自动找到并提取指定的物品。立体库通常具有高密度存储的特点，能够有效利用有限的空间，提高存储效率。立体库还能够提供自动化的物品管理和快速的取货速度，减少人工操作和减轻工作负担。立体库可以提高存储和物流效率，节约人力成本，还可以减少错误和损失，在物流行业和仓储管理中得到广泛应用，同时，立体库也逐渐被推广应用到医疗、零售等领域。

本项目涉及的立体库工作站是用于存储成品的工作站点，故又名仓储工作站。本站的主要作用是将生产线装配好的成品放在相应的库位上，等待消费者取货。仓储站点的实物案例如图 6-3 所示。

◆ 图6-3 仓储站点 ◆

6.1.2 仓储站点设备介绍

1. 出入库装置

抓取装置由夹爪、伸缩气缸、伺服模组组成，其中夹爪通过夹紧气缸活塞带动两个金属夹爪实现伸缩，从而实现夹取、释放功能。本站所涉及的夹爪不存在力学传感装置，只是简单地利用气动压力实现取放。伸缩气缸由气压提供能量，实现手臂的伸出缩回。伺服模组由两个伺服电机组合而成，可以实现Y轴、Z轴的移动，带动夹爪找到准确位置。出入库装置的实物案例如图6-4所示。

◆ 图6-4　出入库装置 ◆

2. 上下料装置

上下料装置由气缸和托盘两部分构成，其工作原理是小车将物料运送到指定位置，由外部协作机械臂将物料放到托盘上，气缸带动托盘缩回，到达夹爪可以抓取的位置。上下料装置的实物案例如图6-5所示。

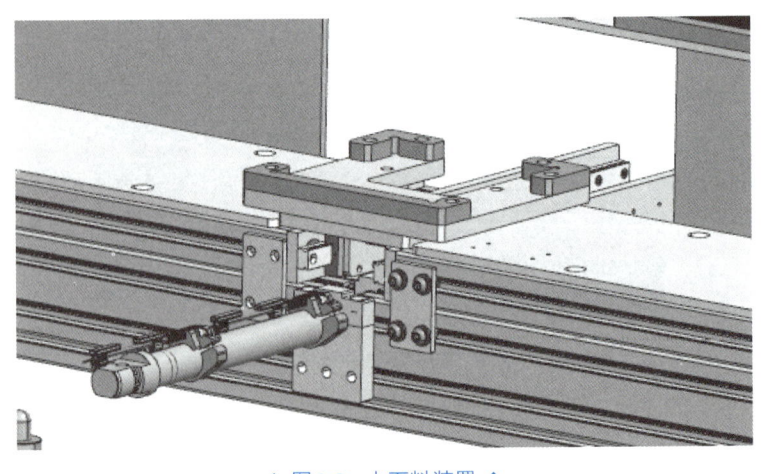

◆ 图6-5　上下料装置 ◆

3. 仓储平台

仓储平台上设有防止物料错位的底座，如图6-6所示。

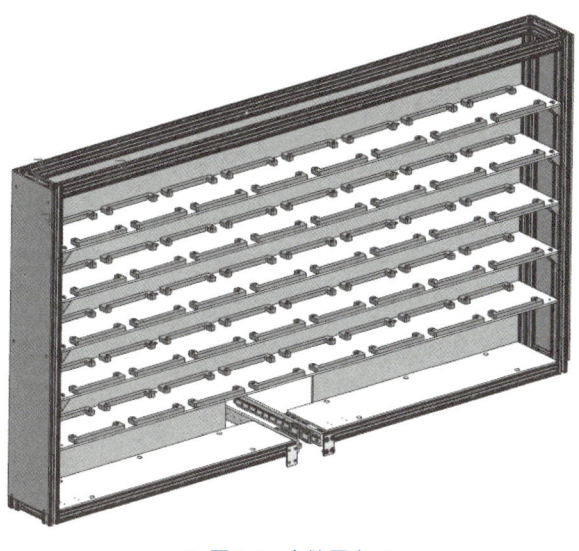

◆ 图6-6 仓储平台 ◆

4. 小车定位装置和 AGV 穿梭车

前述包装站点讲述了小车定位装置和 AGV 穿梭车，这里不再赘述。

以上就是仓储工作站的主要设备构成，当然还包含其他的装置，此处不做赘述。

> 任务实施

6.1.3 仓储站点的模型处理

仓储站点的模型处理思路如图 6-7 所示。

仓储站点的模型处理

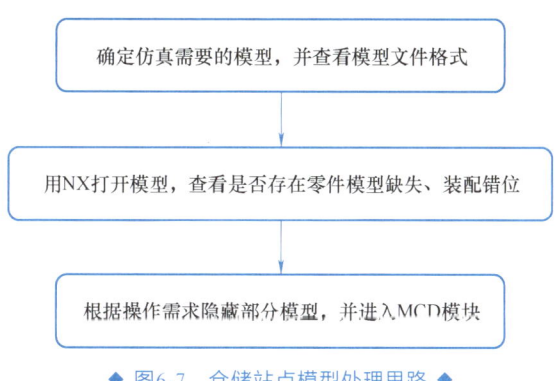

◆ 图6-7 仓储站点模型处理思路 ◆

1. 确定文件格式

以"成品库 - 项目六 - 最终模型"为例。找到目标文件，查看文件格式是否为".prt"，如果是，用 NX 打开文件，如图 6-8 所示。

2. 检查模型

（1）检查装配位置

1）单击"分析"选项卡中的"测量"，如图 6-9 所示。

◆ 图6-8　文件格式 ◆

2）弹出如图6-10所示对话框，要测量的对象选择"对象"。

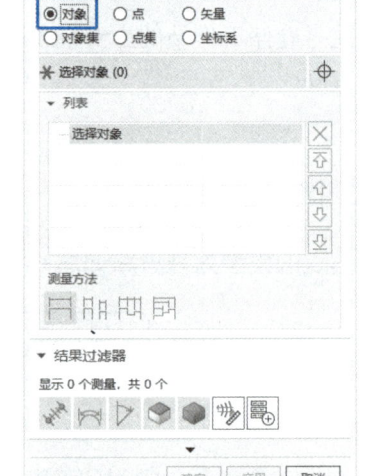

◆ 图6-9　测量指令 ◆　　　　　　　◆ 图6-10　"测量"对话框 ◆

（2）测量两个面之间的距离

1）如图6-11所示，选择模型上表面（绿色底，红框所示位置）为第一个面。

2）如图6-12所示，选择模型下表面（绿色底，红框所示位置）为第二个面，之后，系统会自动测量出第一个面与第二个面之间的最小距离。

利用该测量方法可判断数字模型与实体设备之间是否存在位置差异，若存在，则根据实体设备进行数字模型的装配调整。

3. 隐藏模型

对模型进行隐藏的原因有两个：一是为了减少因模型复杂而导致的仿真过程卡顿；二是为了方便创建基本机电对象。

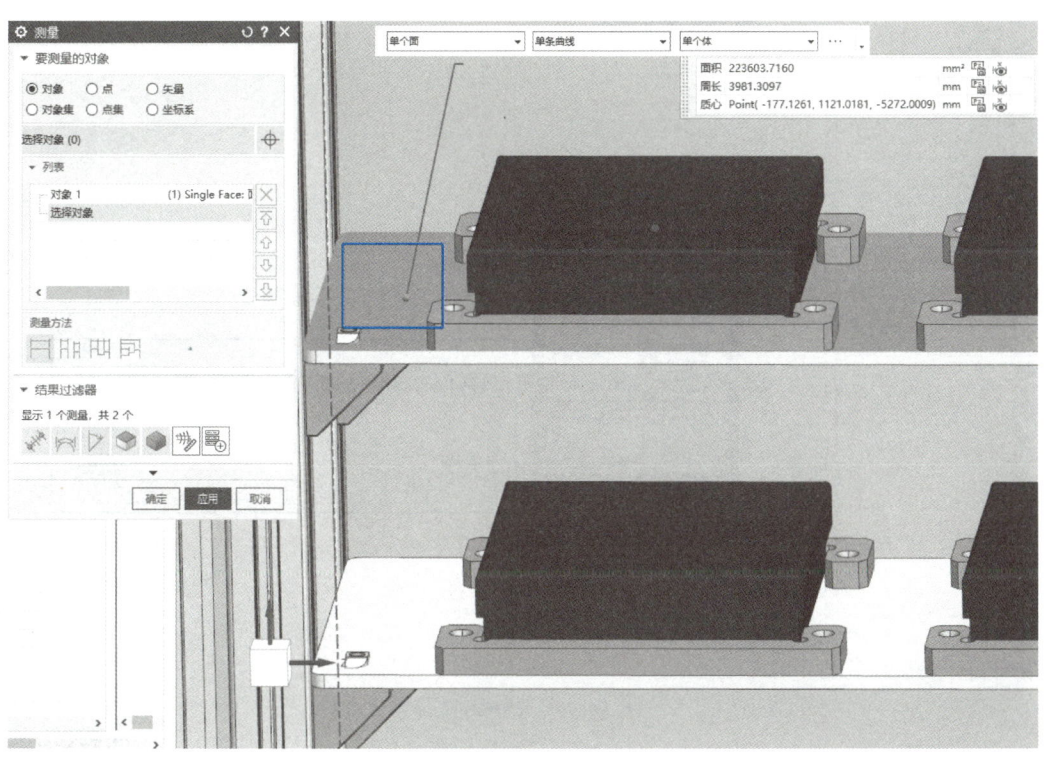

◆ 图6-11 第一个面 ◆

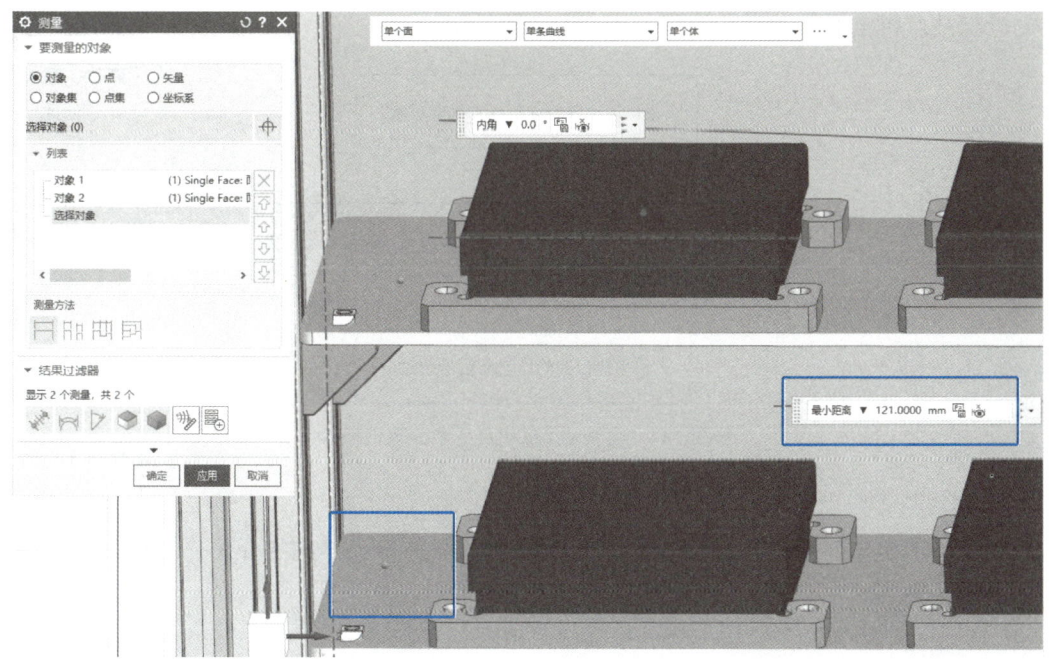

◆ 图6-12 面与面之间的最小距离 ◆

隐藏方法很多,最直接的方法是在装配导航栏中,找到不影响 MCD 序列仿真关系的零件或者机构,单击红色"√"使其变为灰色即可。如图 6-13 所示,找到"支架箱子"并单击前面的红色"√"使其变为灰色,即可完成"支架箱子"模型隐藏。

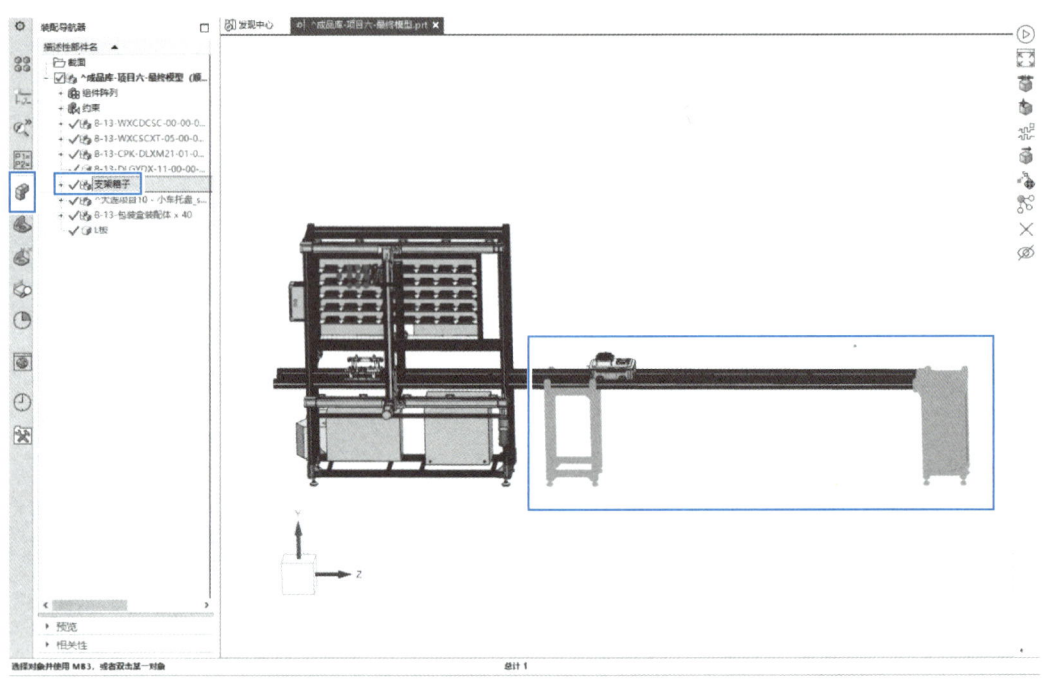

◆ 图6-13 隐藏模型 ◆

6.1.4 仓储站点的机电对象设置

仓储站点机电对象的设置流程如图 6-14 所示。

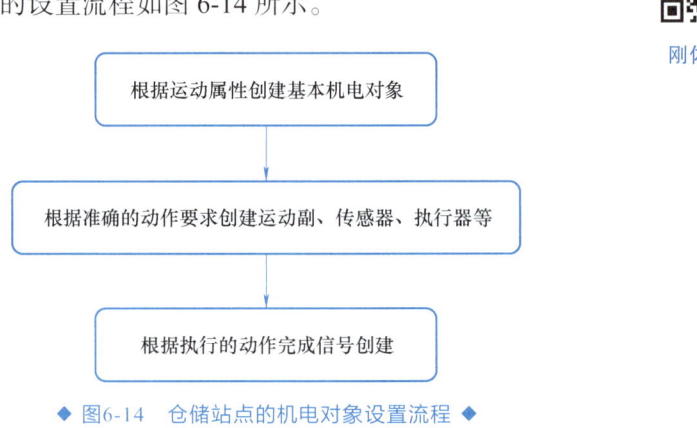

◆ 图6-14 仓储站点的机电对象设置流程 ◆

刚体、碰撞体创建

1. 创建基本机电对象

关于基本机电对象的创建，在前面的项目中已经进行了详细的介绍，本项目只强调需要创建的内容。

（1）刚体

1）车载物料，如图 6-15 所示。

2）挡块活塞，如图 6-16 所示。

3）活动物料台，如图 6-17 所示。

4）链，如图 6-18 所示。

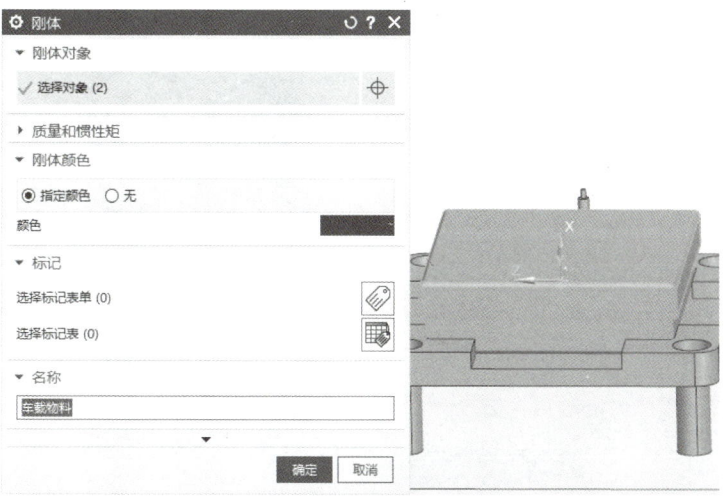

◆ 图6-15 车载物料-刚体 ◆

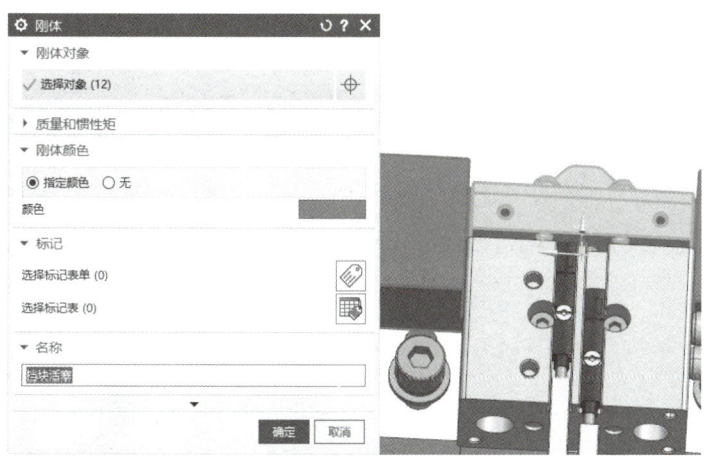

◆ 图6-16 挡块活塞-刚体 ◆

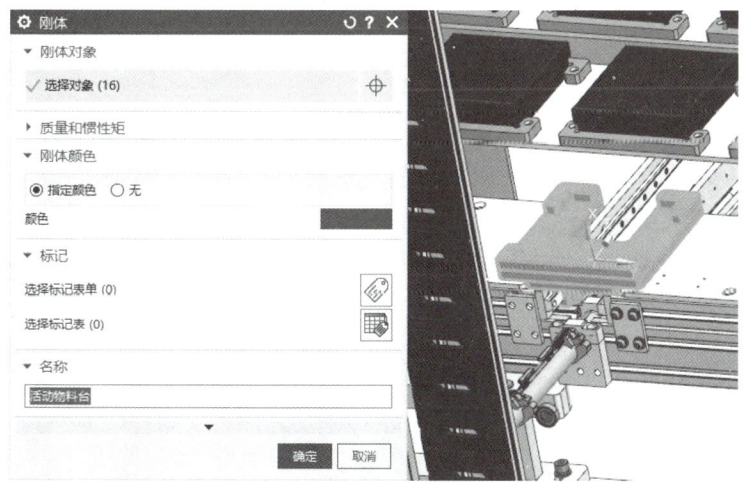

◆ 图6-17 活动物料台-刚体 ◆

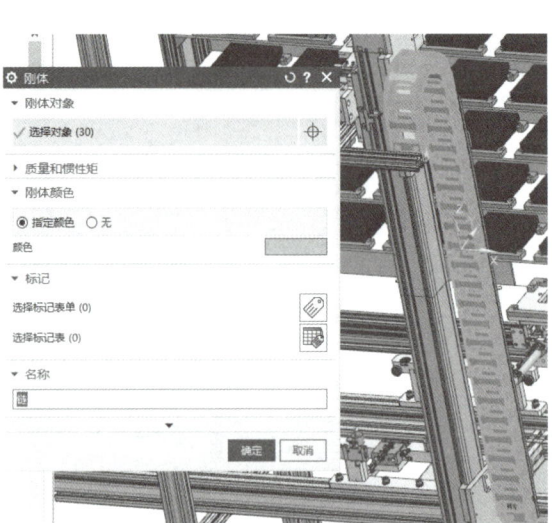

◆ 图6-18 链-刚体 ◆

5）上下滑动部分，如图6-19所示。

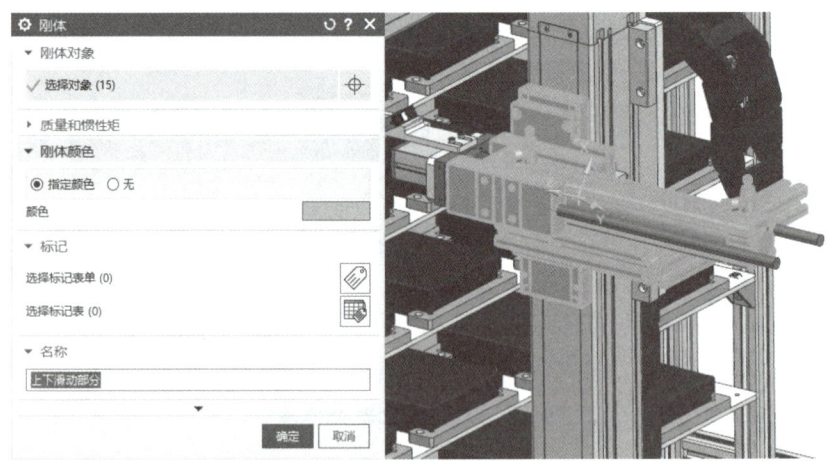

◆ 图6-19 上下滑动部分-刚体 ◆

6）手臂气缸，如图6-20所示。

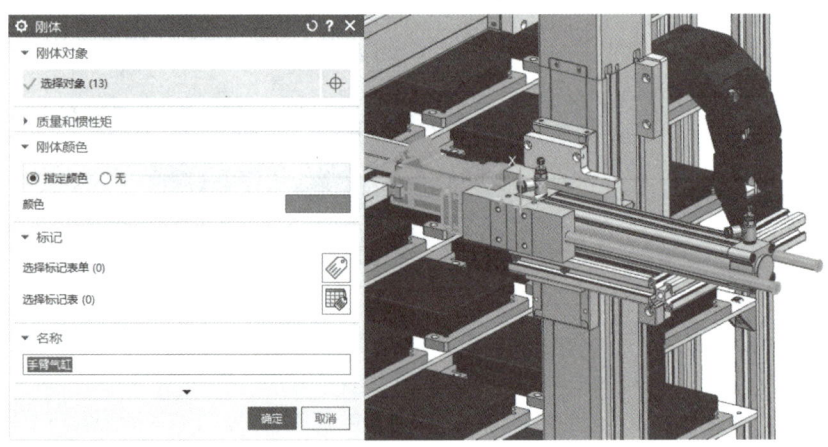

◆ 图6-20 手臂气缸-刚体 ◆

7）手指1，如图6-21所示。

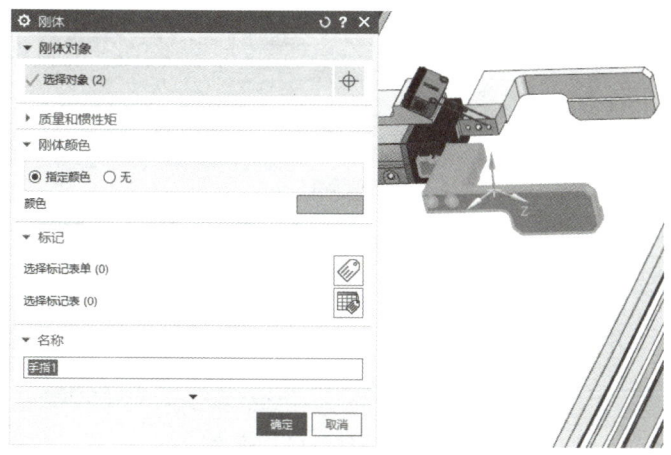

◆ 图6-21　手指1-刚体 ◆

8）手指2，如图6-22所示。

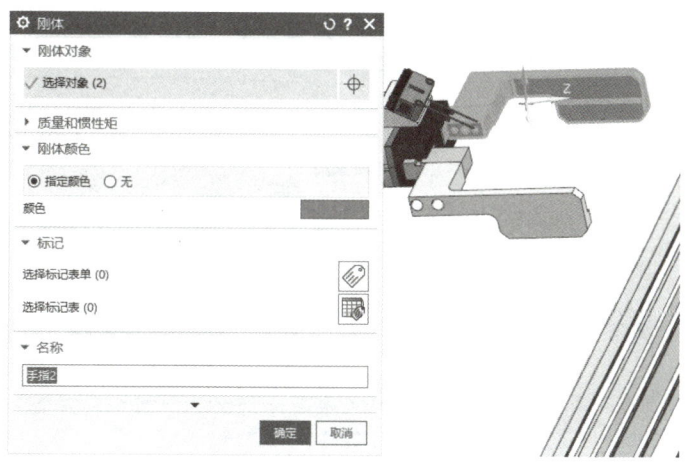

◆ 图6-22　手指2-刚体 ◆

9）物料11表示第一行第一列的物料，如图6-23所示。

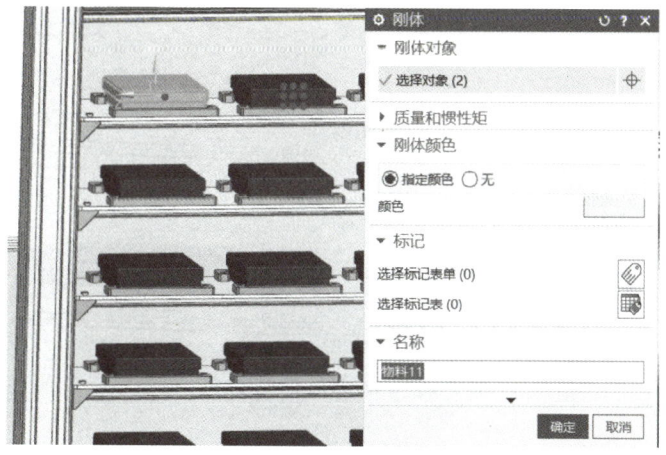

◆ 图6-23　物料11-刚体 ◆

10）物料12表示第一行第二列的物料，如图6-24所示。

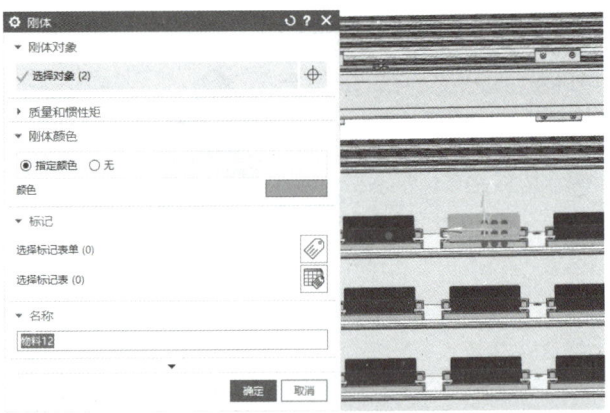

◆ 图6-24　物料12-刚体 ◆

11）物料13表示第一行第三列的物料，如图6-25所示。

◆ 图6-25　物料13-刚体 ◆

12）物料14表示第一行第四列的物料，如图6-26所示。

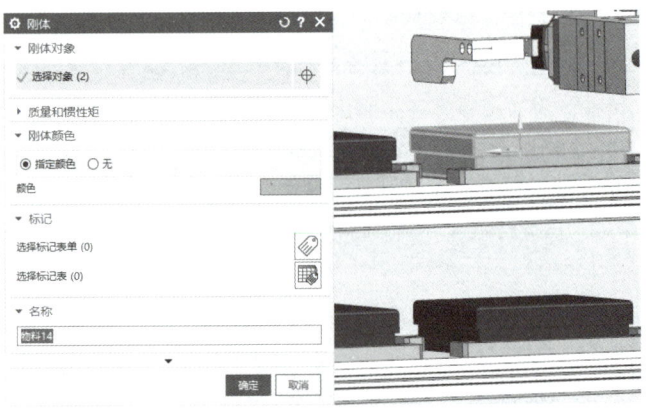

◆ 图6-26　物料14-刚体 ◆

13）小车，如图6-27所示。

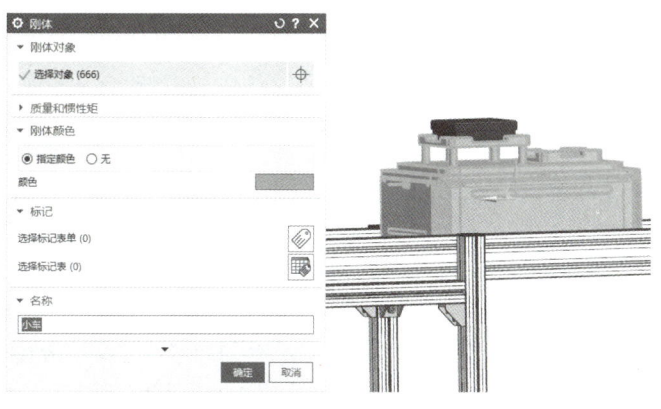

◆ 图6-27 小车-刚体 ◆

14）左右滑动部分，如图6-28所示。

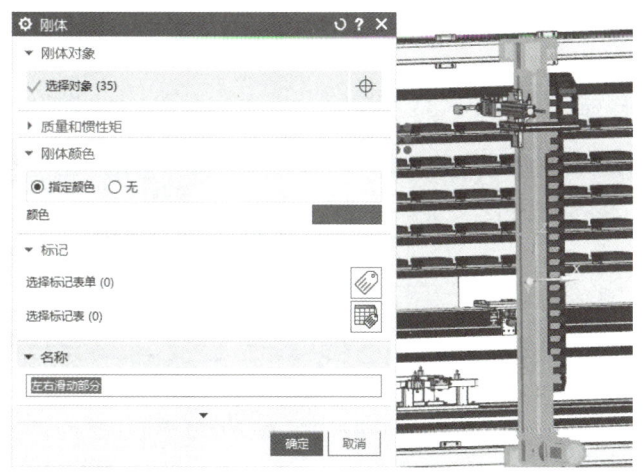

◆ 图6-28 左右滑动部分-刚体 ◆

（2）碰撞体

1）创建车载物料碰撞体。单击打开"碰撞体"对话框，选择对象→碰撞形状选择"方块"→碰撞设置勾选"碰撞时高亮显示"→名称设为"车载物料"→单击"确定"按钮，如图6-29所示。物料11~14碰撞体的创建方式与车载物料相同。

◆ 图6-29 车载物料-碰撞体 ◆

2)创建挡块活塞碰撞体,如图 6-30 所示。

◆ 图6-30 挡块活塞-碰撞体 ◆

3)创建导轨底碰撞体,如图 6-31 所示。

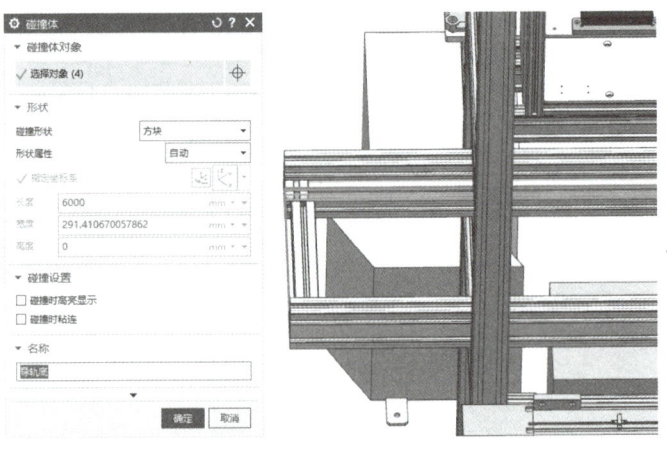

◆ 图6-31 导轨底-碰撞体 ◆

4)支撑板 1~5,分别创建碰撞体,如图 6-32 所示。

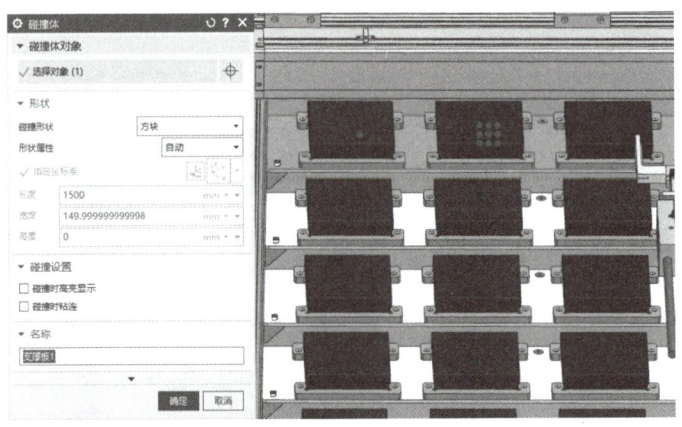

◆ 图6-32 支撑板1-碰撞体 ◆

5) 创建活动物料台碰撞体，如图6-33所示。

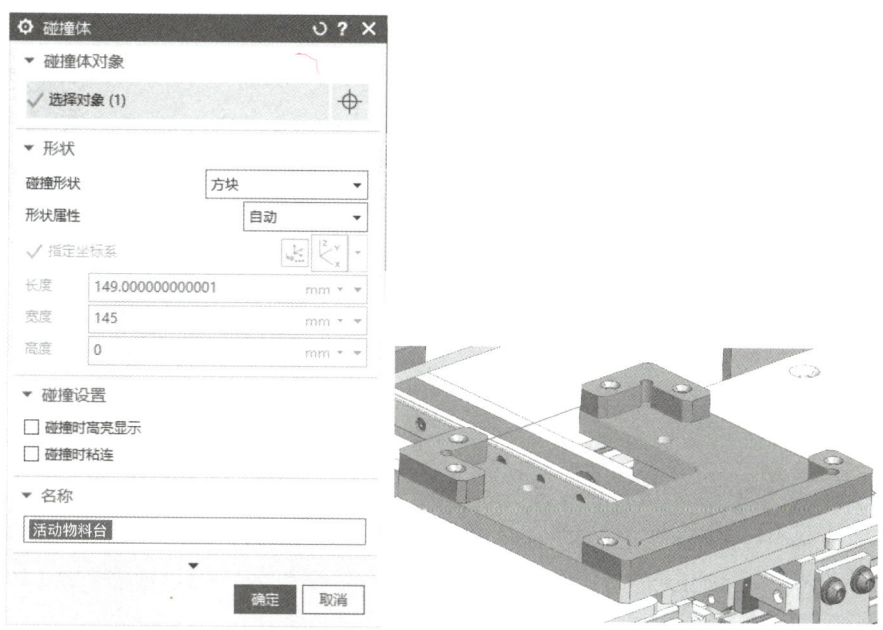

◆ 图6-33　活动物料台-碰撞体 ◆

6) 小车内设有很多碰撞体，此处不再赘述，只列举一例，详情可见模型内部，如图6-34所示。

◆ 图6-34　部分小车-碰撞体 ◆

（3）对象源和对象收集器

打开"对象源"对话框，勾选"选择对象"→复制事件"触发"选择"每次激活时一次"→名称选择"车载物料"→单击"确定"按钮，即可完成车载物料对象源创建，如图6-35所示。物料11~14和小车的对象源的创建方式与车载物料相同，不再赘述。

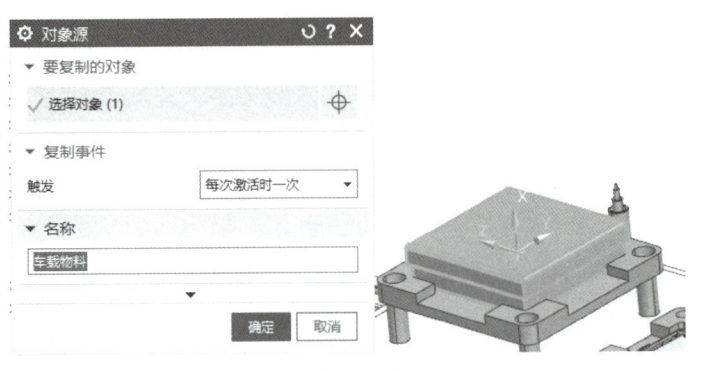

运动副和信号
的创建

◆ 图6-35 车载物料-对象源 ◆

2. 运动副和约束

（1）滑动副

1）创建"挡块活塞"滑动副。打开"基本运动副"对话框，单击最上边的下拉按钮，在下拉列表中选择"滑动副"→连接体选择名为"挡块活塞"的刚体，基本体默认不选→指定轴矢量选择"X轴正向"，偏置选择"0mm"→名称改为"挡块活塞_SJ（1）"→单击"确定"按钮，如图6-36所示。

2）创建"活动物料台"滑动副。打开"基本运动副"对话框，单击最上边的下拉按钮，在下拉列表中选择"滑动副"→连接体选择名为"活动物料台"的刚体，基本体默认不选→指定轴矢量选择"X轴正向"，偏置选择"0mm"→名称改为"活动物料台_SJ（1）"→单击"确定"按钮，如图6-37所示。

◆ 图6-36 挡块活塞-滑动副 ◆　　◆ 图6-37 活动物料台-滑动副 ◆

3）创建"上下滑动部分"滑动副。打开"基本运动副"对话框，单击最上边的下拉按钮，在下拉列表中选择"滑动副"→连接体选择名为"上下滑动部分"的刚体，基本体选择"左右滑动部分"→指定轴矢量选择"Y轴正向"，偏置选择"540mm"→

名称改为"上下滑动部分_左右滑动部分_SJ（1）"→单击"确定"按钮，如图6-38所示。

4）创建"手臂气缸"滑动副，打开"基本运动副"对话框，单击最上边的下拉按钮，在下拉列表中选择"滑动副"→连接体选择名为"手臂气缸"的刚体，基本体选择"上下滑动部分"→指定轴矢量选择"X轴正向"，偏置选择"0mm"→名称改为"手臂气缸_上下滑动部分_SJ（1）"→单击"确定"按钮，如图6-39所示。

5）创建"左右滑动部分"滑动副，打开"基本运动副"对话框，单击最上边的下拉按钮，在下拉列表中选择"滑动副"→连接体选择名为"左右滑动部分"的刚体，基本体默认不选→指定轴矢量选择"Z轴正向"，偏置选择"282mm"→名称改为"左右滑动部分_SJ（1）"→单击"确定"按钮，如图6-40所示。

 图6-38 上下滑动部分_左右滑动部分_SJ（1）-滑动副

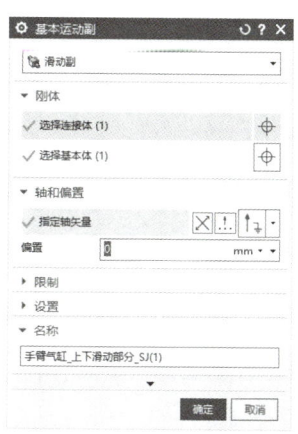 图6-39 手臂气缸_上下滑动部分_SJ（1）-滑动副

（2）固定副

创建"链"固定副，打开"基本运动副"对话框，单击最上边的下拉按钮，在下拉列表中选择"固定副"→连接体选择名为"链"的刚体，基本体选择"左右滑动部分"→运动类型设置为"动力学"→名称改为"链_左右滑动部分_FJ（1）"→单击"确定"按钮，如图6-41所示。

3. 传感器和执行器

（1）传输面

如图6-42所示，选择图中黄色的四个面分别创建传输面，打开"传输面"对话框，传输带面选择其中的一个面，如"TS（2）"→运动类型选择"直线"→指定矢量选择"X轴正向"→平行速度和垂直速度均选择"0mm/s"→名称修改为"TS（2）"→单击"确定"按钮，如图6-43所示。同理，创建另外三个面。

（2）位置控制

1）打开"位置控制"对话框，机电对象选择"挡块活塞_SJ（1）"→速度选择"50mm/s"→名称修改为"挡块活塞_SJ（1）_PC（1）"→单击"确定"按钮，如图6-44所示。

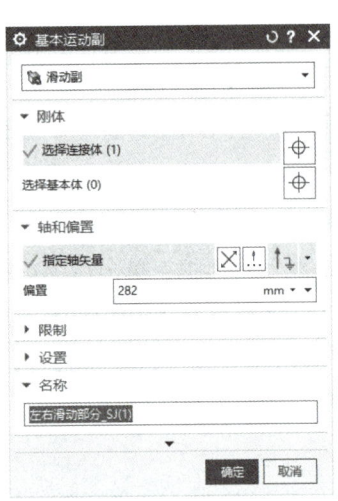

◆ 图6-40 左右滑动部分_SJ（1）-滑动副 ◆

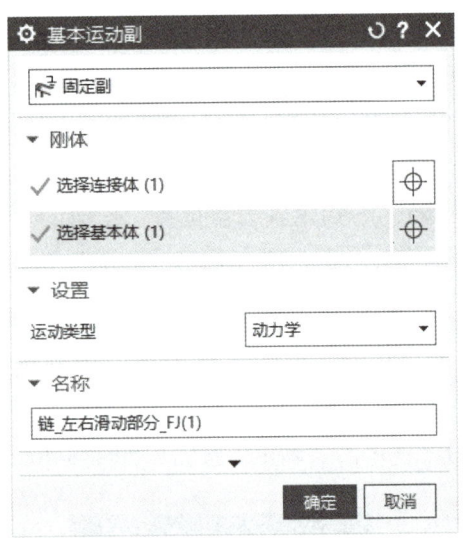

◆ 图6-41 链_左右滑动部分_FJ（1）-固定副 ◆

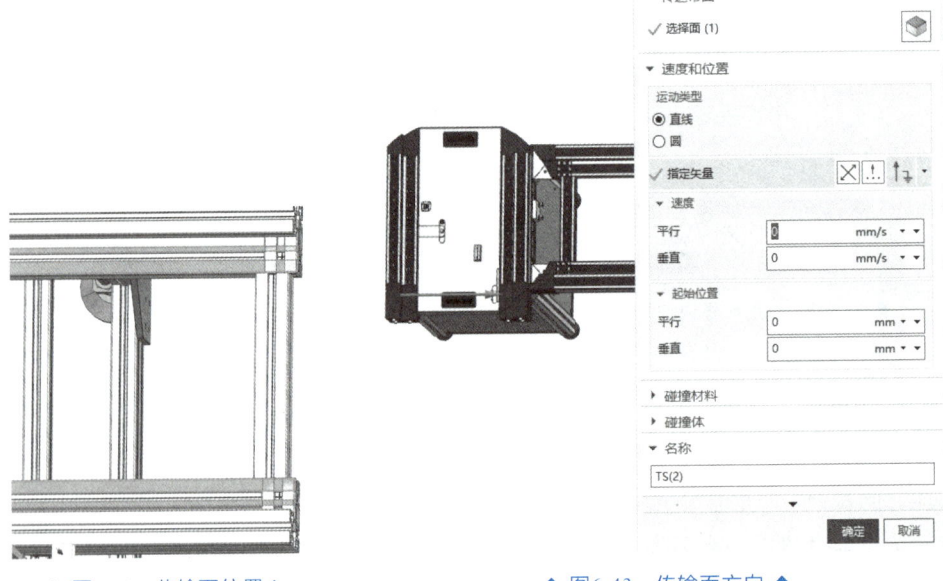

◆ 图6-42 传输面位置 ◆　　　　◆ 图6-43 传输面方向 ◆

2）打开"位置控制"对话框，机电对象选择"活动物料台_SJ（1）"→速度选择"200mm/s"→名称修改为"活动物料台_SJ（1）_PC（1）"→单击"确定"按钮，如图6-45所示。

3）打开"位置控制"对话框，机电对象选择"上下滑动部分_左右滑动部分_SJ（1）"→速度选择"200mm/s"→名称修改为"上下滑动部分_左右滑动部分_SJ（1）_PC（1）"→单击"确定"按钮，如图6-46所示。

4）打开"位置控制"对话框，机电对象选择"手臂气缸_上下滑动部分_SJ（1）"→速度选择"200mm/s"→名称修改为"手臂气缸_上下滑动部分_SJ（1）_PC（1）"→单击

"确定"按钮,如图 6-47 所示。

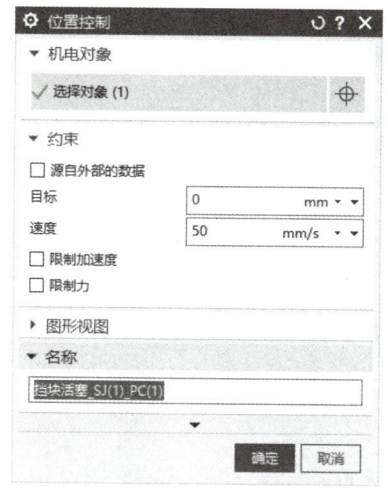

◆ 图6-44 挡块活塞_SJ(1)_PC(1)-位置控制 ◆

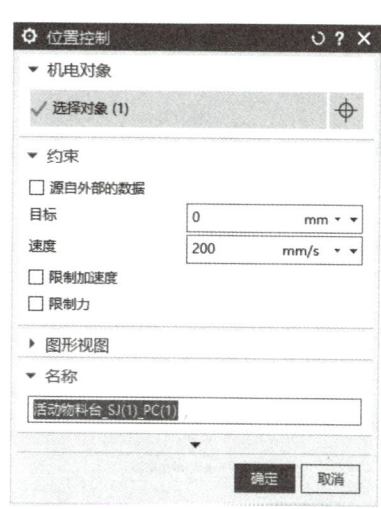

◆ 图6-45 活动物料台_SJ(1)_PC(1)-位置控制 ◆

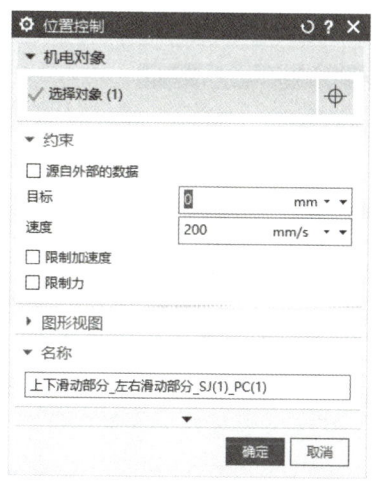

◆ 图6-46 上下滑动部分_左右滑动部分_SJ(1)_PC(1) ◆

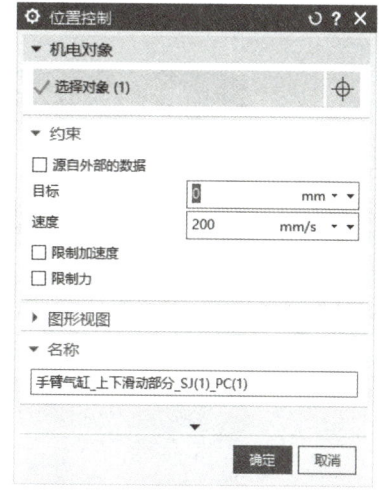

◆ 图6-47 手臂气缸_上下滑动部分_SJ(1)_PC(1) ◆

(3)碰撞传感器

1)物料收集传感器的创建。打开"碰撞传感器"对话框,类型选择"触发"→碰撞传感器对象选择附近的任意零件(方便进行方向的调整即可)→碰撞形状选择"直线"→形状属性选择"用户定义"→单击指定坐标系修改合适位置→长度选择"50mm"→名称修改为"物料收集传感器"→单击"确定"按钮,如图 6-48 所示。

2)小车到位传感器的创建。打开"碰撞传感器"对话框,类型选择"触发"→碰撞传感器对象选择图 6-49 所示零件→碰撞形状选择"直线"→形状属性选择"用户定义"→单击指定坐标系修改合适位置→长度选择"20mm"→名称修改为"小车到位传感器"→单击"确定"按钮,如图 6-49 所示。

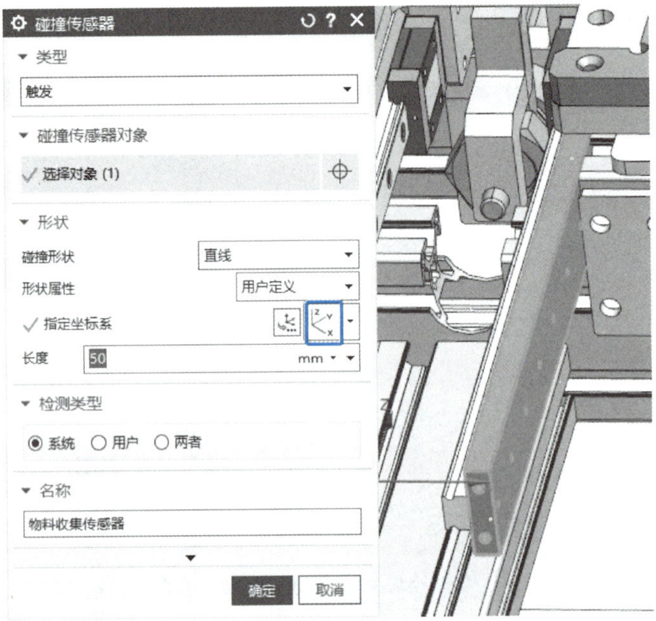

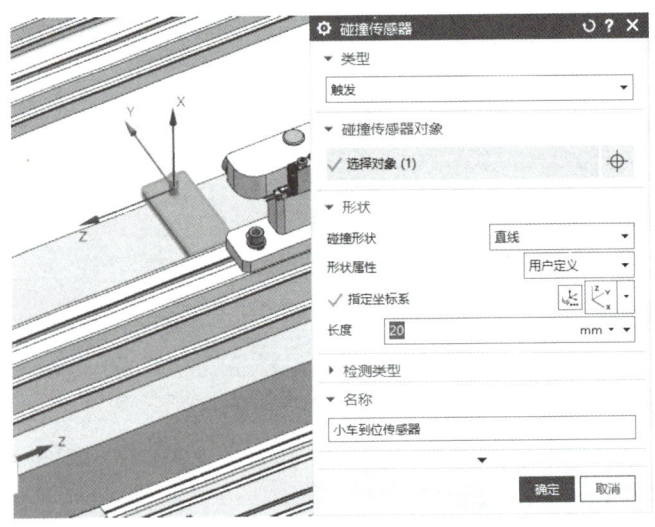

◆ 图6-48 物料收集传感器 ◆

◆ 图6-49 小车到位传感器 ◆

3）小车收集传感器的创建。打开"碰撞传感器"对话框，类型选择"触发"→碰撞传感器对象选择图 6-50 所示零件→碰撞形状选择"直线"→形状属性选择"用户定义"→单击指定坐标系修改合适位置→长度选择"50mm"→名称修改为"小车收集传感器"→单击"确定"按钮，如图 6-50 所示。

4. 运行时行为

打开"握爪"对话框，基本体对象选择"手臂气缸"刚体→检测区域选择"原点和长度"→单击指定方位修改检测区域的大小和位置→X 偏移选择"39mm"，Y 偏移选择"55mm"，Z 偏移选择"22mm"→手指体分别选择"手指 1"和"手指 2"→指定矢量选择

"向内收紧"→名称修改为"握爪"→单击"确定"按钮，如图6-51所示。

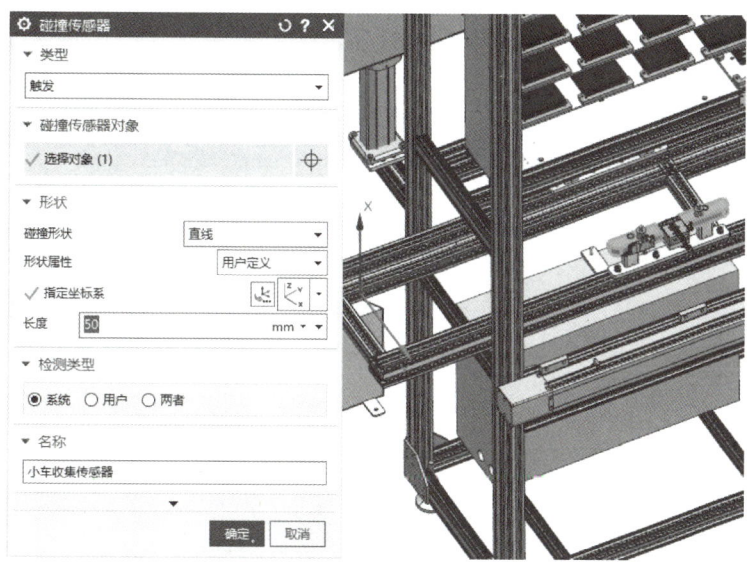

◆ 图6-50　小车收集传感器 ◆

◆ 图6-51　握爪 ◆

5. 信号

（1）符号表

1）打开"符号表"对话框，创建如图6-52所示的"放13""取11""放14"和"取12"四个符号。

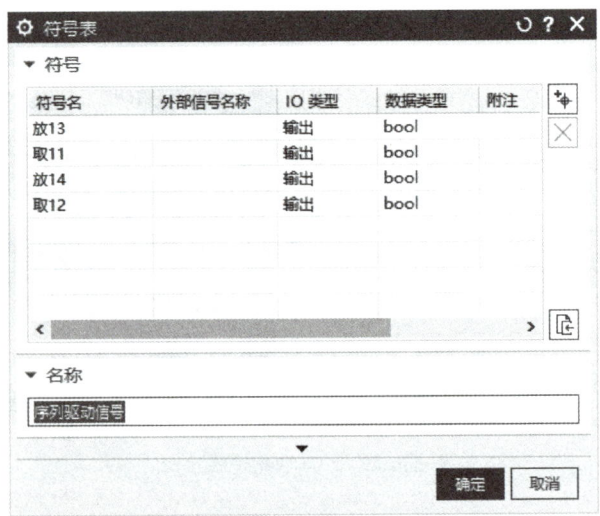

◆ 图6-52 序列驱动信号-符号表 ◆

2）重新打开"符号表"对话框，创建如图6-53所示的所有符号。

◆ 图6-53 执行部件-符号表 ◆

（2）信号适配器

1）打开信号适配器，在"信号"栏中创建四个与表6-52符号表对应的四个信号→名称修改为"序列驱动信号"→单击"确定"按钮,如图 6-54 所示。

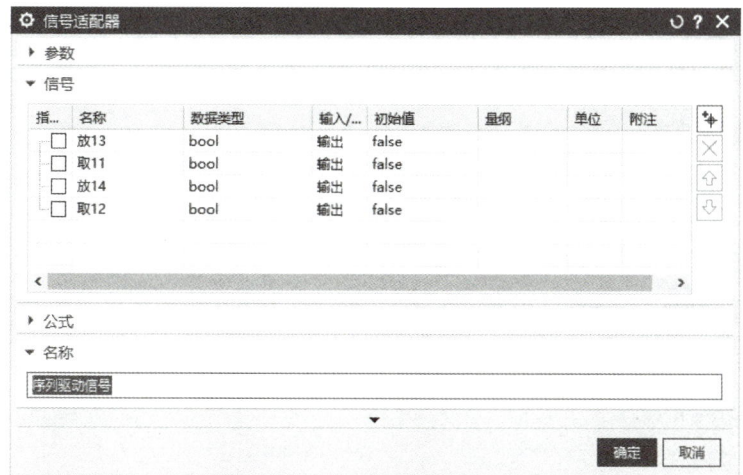

◆ 图6-54 序列驱动信号-适配器 ◆

2)打开信号适配器,单击"添加参数"按钮→添加如图 6-55 所示的参数→名称修改为"执行部件"→单击"确定"按钮。

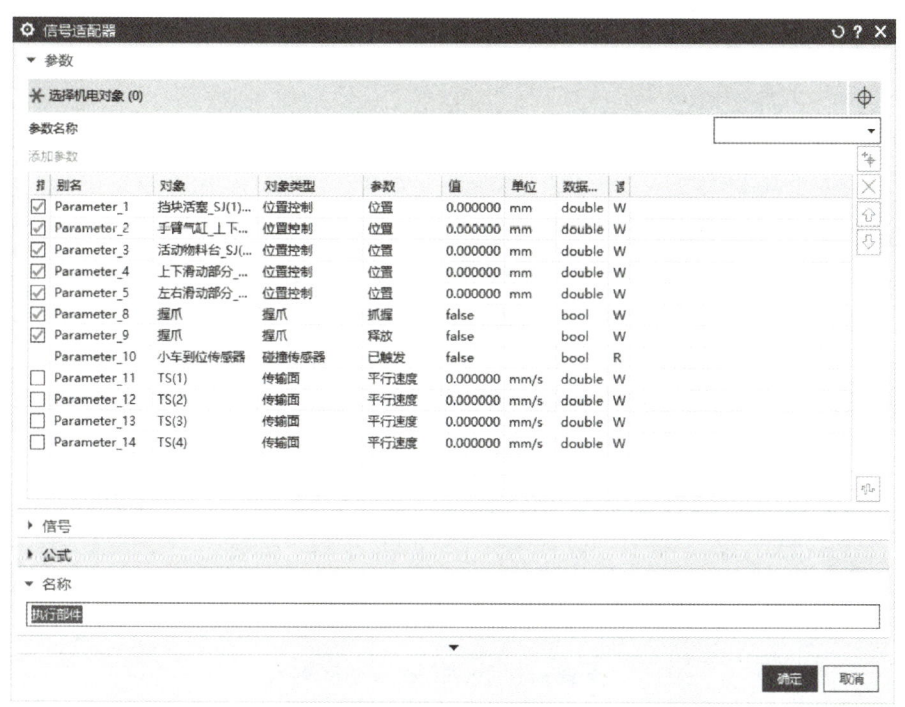

◆ 图6-55 "参数"栏-适配器 ◆

3)打开信号适配器,在"信号"栏中创建如图 6-56 所示的信号→名称修改为"执行部件"→单击"确定"按钮。

4)打开信号适配器,在"公式"栏中创建如图 6-57 所示的公式→名称修改为"执行部件"→单击"确定"按钮。

◆ 图6-56 "信号"栏-适配器 ◆

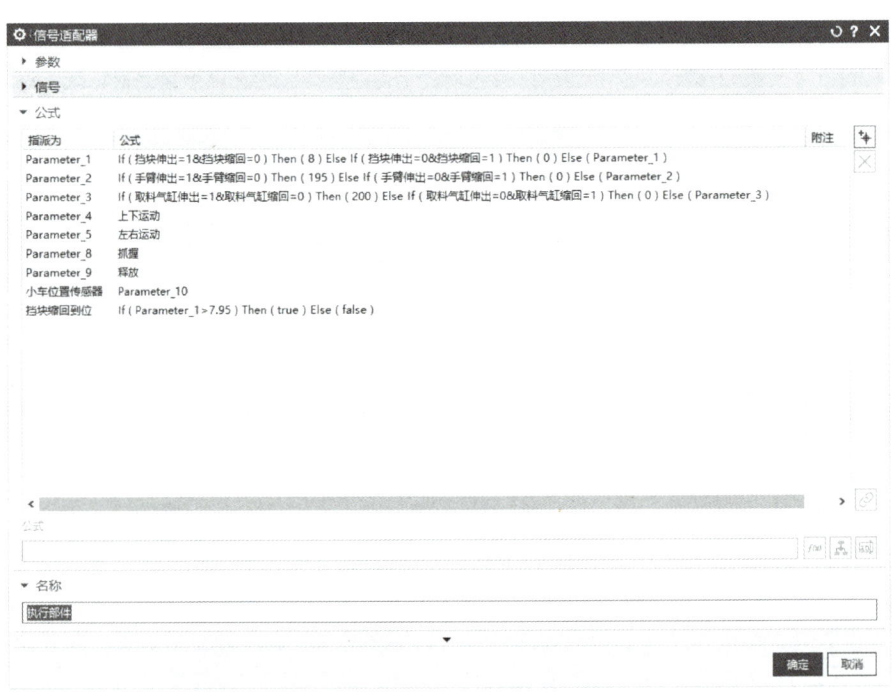

◆ 图6-57 "公式"栏-适配器 ◆

▶任务6.2 仓储站点仿真创建

任务提出

在工作过程中，请结合表 6-2 中的内容了解本项目的任务和关键指标。

表6-2 任务书

任务名称	仓储站点仿真创建	任务来源	企业综合项目
姓名		实施时间	
任务描述	本任务是"仓储站点仿真创建"。某生产线在进行设备工艺仿真时，采用创建信号的方式控制机构进行仿真。请根据本任务中 NX MCD 相关命令的学习，对仓储站点的工艺过程进行分析，选择合适的方式对仓储站点的工艺进行仿真		
关键指标要求	1. 掌握仓储站点的工艺仿真过程 2. 熟练运用软件术语及指令 3. 能通过序列实现仿真 4. 能够通过调试最终实现工艺仿真		

知识准备

6.2.1 仓储站点工艺过程

仓储工作站属于 1+X 装配产线中的最后一站，其作用是储存成品物料，又称为成品库。

成品库的工艺过程是穿梭车将成品物料从包装站点运送至成品库停车位，由外设机械臂将成品物料放到入库料台，再由成品库夹取装置将成品物料放到仓库中，其中：

1）穿梭车是承载物料的载体。成品物料被放置在穿梭车或类似的搬运设备上，以确保安全、高效地运输到成品库。穿梭车通常配备导航和定位系统，确保准确地将成品物料从包装站点输送到成品库。

2）停车位顾名思义就是穿梭车停靠的位置。停车位通常按照一定的规格和布局划分设置，其设计宗旨在于最大限度地利用空间，并确保成品有序地储存和取出。

3）入库料台是物料暂时存放的位置，通常位于成品库的临时储存区域。成品被外设机械臂等自动化设备从穿梭车上取下并放置到入库料台上，以方便进一步处理、分类和校验。

4）夹取装置是将成品从入库料台上夹取起来，并将其准确放置到成品库仓库中的一种装置，如机械臂或自动夹具等。夹取装置应具有灵活的操作能力，可以适应不同形状和尺寸成品的夹取。

5）仓库是储存物料的库房。成品被夹取装置放置到成品库的仓库中，并根据需要进行分类、分区或按一定规则进行储存。成品仓库可以根据产品特性和需求进行合理划分、标记和编码，以便快速定位所需储存或取出的成品。

仓储工作站的整个工艺过程需要依赖自动控制系统，通过控制程序确保穿梭车、停车位、入库料台、夹取装置的协调运作。自动化的成品库管理系统可以提高物料管理的效率、准确性和安全性，降低人力成本，并提供实时的数据追踪和库存管理功能。通过优化整个工艺过程，企业能更好地管理成品库存，提高客户满意度，并保持供应链的稳定性。

6.2.2 仓储站点工艺过程仿真

运用 MCD 对仓储站点进行工艺过程仿真的步骤如下。

1）穿梭车到达指定停车位置→碰撞传感器检测确认到位→传输面的速度被降为零，以确保安全停车→挡块气缸伸出固定穿梭车，以防止移动。

2）伺服模组携带机械夹爪来到预备取料位置→手臂气缸伸出→夹爪张开，准备取料→伺服模组进入正式取料位置→夹爪闭合并微微抬升，从穿梭车上抓起物料。

3）手臂气缸缩回，将抓取的物料带回伺服模组→伺服模组再携带机械夹爪来到 1 号放料位→手臂伸出→微降夹爪，释放物料并稍微抬升，将物料放到 1 号放料位。

4）手臂气缸缩回→伺服模组携带机械夹爪回到初始位置。

任务实施

6.2.3 仓储站点操作创建

仓储站点操作创建

仓储站点操作创建思路如图 6-58 所示。

1. 工艺过程实现方法

运动情况简要分析如下：

穿梭车沿着轨道运动，从包装站点进入原料库的过程是连续的。本任务采用对象源产生的方式进行仿真，当穿梭车到达对象源位置并与对象源重合时，产生对象源并沿着传输面进入仓储工作站。

实际上，真实生产线上的穿梭车是通过无线电信号与站点进行通信的，会受到站点控制影响，且穿梭车使用自带的驱动装置运动。为了方便进行仿真，本任务忽略穿梭车的运动方式，采用传输面将穿梭车送到指定位置。

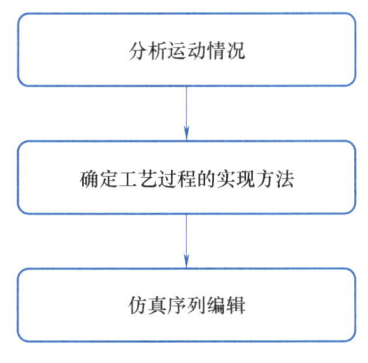

◆ 图6-58 仓储站点操作创建思路 ◆

2. 仿真序列编辑

（1）小车和物料的产生

1）小车。创建"小车产生 true"仿真序列，打开"仿真序列"对话框，机电对象选择小车的"对象源"→持续时间选择"0.5s"→运行时参数勾选"活动"，值为"true"→条件对象选择"序列驱动信号"，参数为"放 13"，值为"true"→名称改为"小车产生 true"→单击"确定"按钮，如图 6-59 所示。

在"小车产生 true"仿真序列后，再创建一个"小车活动 false"序列，打开"仿真序列"对话框，机电对象选择小车的"对象源"→持续时间选择"0.5s"→运行时参数勾选"活动"，值为"false"→条件对象选择"序列驱动信号"，参数为"放 13"，值为"false"→名称改为"小车活动 false"→单击"确定"按钮。

2）车载物料。同理，参照小车产生仿真序列的创建方法，创建车载物料产生仿真序列。

（2）传输面

1）打开"仿真序列"对话框，机电对象选择小车的"传输面"→持续时间选择"4.66s"→运行时参数勾选"平行速度"，值为"500mm/s"→名称改为"TS1速度500"→单击"确定"按钮，如图6-60所示。

◆ 图6-59　小车产生true ◆

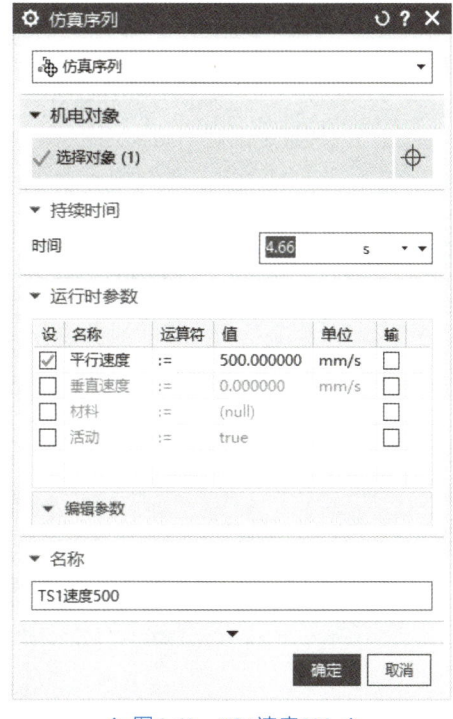
◆ 图6-60　TS1速度500 ◆

2）同理，创建TS2、TS3、TS4的前进序列。

3）打开"仿真序列"对话框，机电对象选择小车的"传输面"→持续时间选择"1s"→运行时参数勾选"平行速度"，值为"0mm/s"→名称改为"TS1停"→单击"确定"按钮，如图6-61所示。

4）同理，创建TS2、TS3、TS4的停止序列。

5）当小车到达指定位置时，需要创建挡块伸出固定小车的仿真序列。打开"仿真序列"对话框，机电对象选择执行部件的"传输面"→持续时间选择"1s"→运行时参数，勾选"挡块伸出"、值为"true"，勾选"上下运动"、值为"0mm"，勾选"左右运动"、值为"0mm"→名称改为"（0，0）挡块伸出true"→单击"确定"按钮，如图6-62所示。

◆ 图6-61　TS1停 ◆

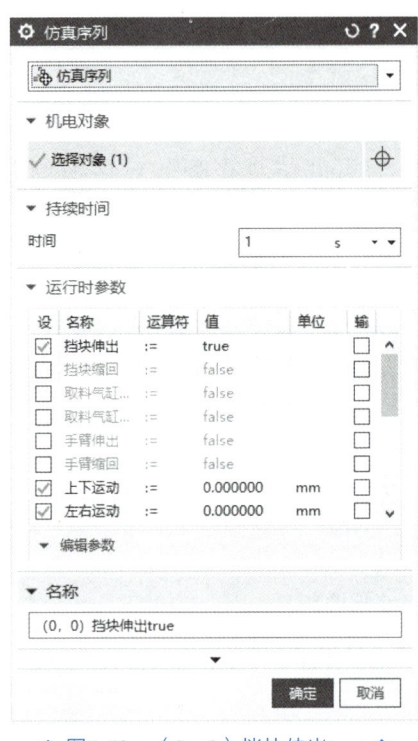
◆ 图6-62　（0，0）挡块伸出true ◆

6）同理，根据名称及其工艺过程选择内部参数，依次创建如图6-63所示的全部仿真序列。

◆ 图6-63　序列仿真 ◆

7)序列创建完成后,按照工艺过程顺序完成仿真序列连接的创建。

6.2.4 仿真验证

信号控制仿真验证的思路如图6-64所示。

1. 勾选相应的仿真序列

全部勾选如图6-65所示的序列。

◆ 图6-64 信号控制仿真验证的思路 ◆　　◆ 图6-65 序列 ◆

2. 检查易错序列

（1）序列连接

由于传输面的速度需要同时变化,所以在"车载物料false"序列后应再连接"TS1速度500""TS2速度500""TS3速度500"和"TS4速度500"四个序列,如图6-66所示。

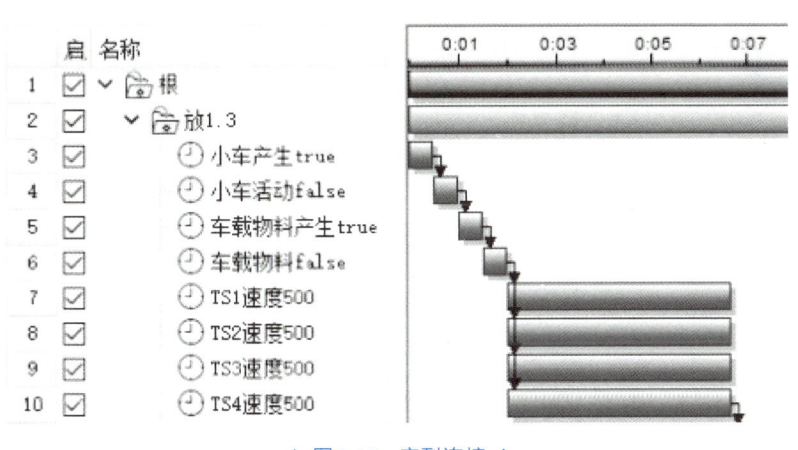

◆ 图6-66 序列连接 ◆

（2）信号变换

"true"和"false"成对使用,当序列控制信号给一个"true"值时,后边就需要给一个"false"值,否则在这之后就不能再给"true"。

以小车的产生和车载物料的产生为例,后续都要给"false",如图6-67所示。

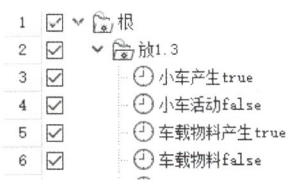

◆ 图6-67 信号变换 ◆

单击"播放"按钮,在播放状态下逐步调整至能完成所有工艺过程的仿真。

"工匠精神"内涵——精准

精准包括:精准研发、精准制造、精准营销、精准物流、精准服务。不仅每一区段都要做到精准,而且整个过程都要做到精准。就每一区段而言,精准最高目标为:研发做到与用户零距离交互,制造出的产品做到没有缺陷,营销时能使库存为零,物流优化为零时间,服务实现零抱怨。

进入互联网时代后,"精准"在技术上又有了新的挑战。一是精准数据。例如,采用自动化和信息化技术收集数据可以保证数据的完整性和精准性,而国内由于自动化和信息化水平低,一般还以人工收集数据为主,从而导致数据的不完整和不精确性。二是精准链接。例如,国内供应商因自动化和信息化水平参差不齐,造成了即使一个自动化和信息化水平较成熟的制造企业,也很难实现包括供应商整合管理在内的精准性。

——摘自《工匠精神与工业文明》,作者:李海舰,徐韧

通过对本书的学习,我们对"精准"有了更深刻的认识。"通过连接到适当的控制器,伺服模组可以实现精确的运动控制",伺服模组的应用使得整个系统具备了高度的自动化和精准性,这也是伺服模组广泛应用于工业自动化、机械加工、机器人技术、半导体设备、医疗设备等领域的原因所在。

练习题

1. MCD中用于控制伺服模组移动的是何指令?
2. 碰撞体的创建越符合实际情况越好吗?
3. 何时要设置复杂刚体?如何快速完整地设置复杂刚体?
4. 什么是固定副?在进行MCD设置中,什么时候使用固定副?
5. "抓握"指令有哪些类型?它们有什么作用?

参 考 文 献

[1] 臧冀原，季桓永，黄庆学．数智化赋能传统产业转型升级［J］．中国科学院院刊，2024，39（7）：1183-1190．

[2] 乔阳，敖冰峰，杨宏帅，等．基于虚拟仿真技术的智能制造生产线自动控制系统［J］．自动化与仪表，2024，39（5）：45-48；53．

[3] 乔海玉，刘亚运，陈峰，等．基于数字孪生技术的智能制造专业教学模式探索［J］．模具制造，2024，24（4）：81-84．

[4] 郭文斌．机电一体化技术在智能制造中的应用分析［J］．中国设备工程，2023（24）：30-32．

[5] 王东辉，曹坤洋．智能制造技术的一体化教学实践［J］．集成电路应用，2023，40（10）：120-121．

[6] 夏丹．数字孪生技术在智能制造领域的发展与应用［J］．现代农机，2023（5）：118-120．

[7] 黑生海．智能制造背景下PLC技术在机械工程控制系统中的应用［J］．现代制造技术与装备，2023，59（8）：204-206．

[8] 任成波，童群．探析智能制造技术在工业自动化中的运用［J］．机电产品开发与创新，2023，36（4）：91-92；98．

[9] 王赞，何俊峰．智能制造背景下机电一体化技术的应用与发展［J］．南方农机，2023，54（15）：141-143；158．

[10] 单琴．智能制造与机电一体化技术的应用［J］．电子技术，2023，52（6）：325-327．

[11] 梁辰．高职1+X虚拟仿真实训教学模式研究［J］．辽宁高职学报，2024，26（5）：77-80．

[12] 张耀武，刘宇，马付建，等．虚拟PLC驱动的生产线调试系统设计［J］．机械与电子，2024，42（4）：39-44．

[13] 宋振伟，孙玉忠，王绍奇，等．基于UG NX与PLC的码垛机器人联合仿真分析［J］．机电工程技术，2024，53（4）：86-91．

[14] 李有兵，曾一新，李海林，等．基于虚拟仿真技术的机电一体化技术专业群人才培养的改革与实践［J］．装备制造技术，2024（4）：77-79．

[15] 路东兴．数字孪生仿真与调试实训平台的设计［J］．科技资讯，2024，22（4）：50-52．

[16] 徐亚雷，李玮．基于NX-MCD的机电产品概念设计应用与研究［J］．林业机械与木工设备，2023，51（12）：19-24．

[17] 张鸣．基于数字孪生技术的智能生产线设计与调试［J］．黄河水利职业技术学院学报，2023，35（4）：37-43．

[18] 王有新，蔡玉奎，辛倩倩，等．基于NX MCD的数字孪生虚拟仿真系统实验教学研究与实践［J］．装备制造技术，2023（10）：80-85．

[19] 赵健．PLC编程虚拟调试技术研究［J］．中国设备工程，2023（14）：269-271．

[20] 赵永信，度国旭，吴坚，等．基于TCP的气动手爪MCD模型虚拟调试的研究［J］．机床与液压，2022，50（3）：70-72．